사랑 후 스트레스 장애

-

Post-Romantic Stress Disorder

John Bradshaw

PRSD : Post-Romantic Stress Disorder는 현재 정신장애 진단에 쓰이고 있는 「외상 후 스트레스 장애」 PTSD : Post-traumatic stress disorder와 비슷한 명칭이다. PRSD는 〈낭만 후 스트레스 장애〉라고 직역 할 수 있지만, 이 책에서는 〈사랑 후 스트레스 장애〉라고 표기하였다. 즉 PRSD는 낭만적이고 열정적인 사랑이 끝난 후에 오는 스트레스를 의미한다.

| 부부 성 상담 |

사랑 후
스트레스 장애

존 브래드쇼 | 정동섭 옮김

 글샘

POST-ROMANTIC STRESS DISORDER
What To Do When the Honeymoon Is Over

나의 용감한 누이 바바라 앤(Barbara Ann),
좋은 친구이며 형제였던 리차드 알렌(Richard Allen)에게
정서적 상처 때문에 생애의 일부를 홀로 살게 되었습니다.
두 분을 지극히 사랑합니다!

나의 비범하며 아름다운 아내 캐런(Karen),
나의 자녀 존(John Jr)과 아리엘(Ariel),
나의 손자와 손녀 브래드(Brad)와 브렌다(Brenda)에게
소중한 자신을 나에게 주어서 감사합니다.
나는 여러분 모두를 지극히 사랑합니다!

부부관계 진단표 (본서 p.175)

친밀한 부부 [건강한 4D]

☐ **Disclose** : 우리 가정을 타인에게 개방할 수 있다.

☐ **Declare** : 내가 원하는 욕망을 선포할 수 있다.

☐ **Discuss** : 상대가 싫어하는 것을 거론할 수 있다.

☐ **Divulge** : 서로 '부끄러운 비밀'을 털어 놓을 수 있다.

이혼으로 치닫는 부부 [치명적인 7D]

☐ **Denigrating attacks** : 행동을 폄하하는 비판이 멈추지 않는다.

☐ **Devaluing demeaning** : 인격을 폄하하고 모욕감, 수치심을 자극한다.

☐ **Defensiveness** : 배우자를 적으로 보며, 만성적 불안감에 시달린다.

☐ **Distance & Detachment** : 말다툼 후 대화거부, 담을 쌓고 냉담한 거리감을 유지한다.

☐ **Dis-smell** : 배우자 악취를 멸시하고 편견으로 고립시킨다.

☐ **Disgust** : 상대를 혐오하며 토할 것 같은 감정을 느낀다.

☐ **Despair** : 상대는 가해자로 본인은 피해자로 느끼며 절망한다.

어떤 수리작업도 하지 않으면, 부정성의 사이클은 자동적으로 퇴보하며 하강하게 되어 있다. 파트너가 당신을 폄하하는 것에 대해 아무 것도 하지 않고 무대응하면, 이것은 상태를 더 악화시키는 것이다 … 결혼이 번성하고 살아남으려면, 이 파괴적인 과정에 개입하지 않으면 안된다. 방어적이고 거리를 두는 단계에 이르면, 결혼은 정체될 것이고 그렇게 끝날지 모른다.

성숙한 사랑의 발달단계 (본서 p.138)

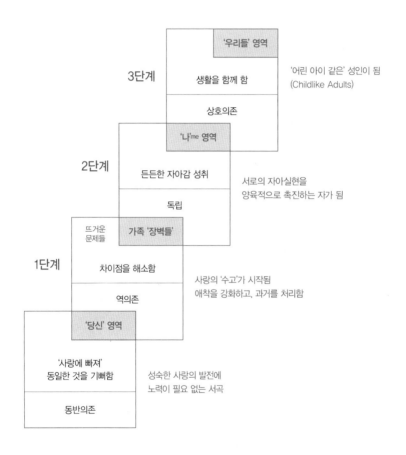

3단계
- '우리들' 영역
- 생활을 함께 함
- 상호의존

'어린 아이 같은' 성인이 됨
(Childlike Adults)

2단계
- '나'me 영역
- 든든한 자아감 성취
- 독립

서로의 자아실현을
양육적으로 촉진하는 자가 됨

1단계
- 뜨거운 문제들
- 가족 '장벽들'
- 차이점을 해소함
- 역의존

사랑의 '수고'가 시작됨
애착을 강화하고, 과거를 처리함

- '당신' 영역
- '사랑에 빠져' 동일한 것을 기뻐함
- 동반의존

성숙한 사랑의 발전에
노력이 필요 없는 서곡

본서는 부부관계 회복을 위해 성숙한 사랑과 친밀감을 심화시키는 단계적 프로그램을 제시한다. 이것은 사랑에 실패한 커플들이 경험하는 '〈사랑 후 스트레스 장애〉 PRSD'를 이해하고, 로맨스, 욕망, 애착 프로그램을 거쳐 원가족 장벽을 뛰어 넘어 상처받은 내면아이를 치유함으로, '동반의존'에서 '상호의존'으로, 결국 '우리'를 찾아 '하나됨'을 이루는 과정이다.

차례

2부　지속적인 사랑의 '수고' : 당신의 애착 프로그램 세우기

추천의 글

우리 모두는 '나를 사랑해 주는 사람'과 '내가 사랑할 사람'이 필요합니다. 창조주 하나님은 인간관계 첫 출발을 아담과 하와, 즉 부부관계로 시작하게 하셨습니다. 부부 관계는 모든 관계 맺음의 열쇠입니다. 김남조 시인은 "사랑은 정직한 농사, 이 세상 가장 깊은데 심어, 가장 늦은 날에, 싹을 보나니"라고 노래했는데, 이런 면에서 부부 사랑은 일생에서 가장 중요한 첫 번째 사랑 농사입니다.

이 세상 어딘가 있을 것이라 기대했던 한 사람을 우연히 만나고, 사랑이 시작됩니다. 하지만 영원할 것 같았던, 그렇게 믿었던 사랑은 빠르게 우리를 배신합니다. 우리가 당황한 이 순간 고맙게도 저자는 사랑도 계절이 있음을 알려줍니다. 옷을 갈아입는 계절처럼 탱고를 추던 화려한 드레스가 작업복이 되는 순간까지…. 사랑은 배신하지 않고 오히려 성숙을 요구합니다. 그리하여 '나'를 발견하고, 견고한 '우리'가 되어 갑니다. 변화하는 사랑은 퇴색이 아니고 깊은 친밀함을 맛보는 비밀입니다.

결혼은 지독한 현실입니다. 내밀한 잠자리는 물론이고, 가치관과 세계관, 직업, 취미, 식사 등 모든 일상은 갈등을 일으킵니다. 성숙한 사랑만이 이 모든 갈등 속에서 '우리'를 발견하도록 도와줍니다. 오랫동안 부부 생활을 하면서도 인내로 시간을 끌다 노년에 헤어지는 부부, 눈 먼 사랑이 끝나

자마자 이혼 신청을 하는 젊은 부부들이 늘어나고 있습니다. 모든 부부들이 이 책을 통해 도움을 받았으면 합니다. 세상 모든 것을 배워야 하듯 인생의 가장 중요한 부부생활이야 말로 겸손하게 배워야 할 영역입니다.

저자는 자신의 이야기와 구체적인 부부들을 예로 들며 우리가 부끄러움과 실패의 느낌 대신 '완전히 좋은' 부부로 자라도록 친절하게 격려합니다. 이미 「가족」, 「수치심의 치유」 그리고 「상처받은 내면아이 치유」같은 베스트 셀러를 통해 수많은 개인과 가정에게 도움을 준 저자의 새로운 책이 이번에는 사랑으로 스트레스 받는 모든 부부들에게 용기를 줄 것을 기대합니다. 덕분에 지금 옆에 있는 배우자를 더 깊이 사랑하는 농사꾼들이 많아지기를 소망합니다.

신경정신과 전문의/토마스 아 켐피스 영성원 및 평온의원 대표

김경빈 박사

국내 마약·알코올중독 치료 권위자
국립병원 최초 알코올중독 치료 프로그램 개발(86년)
한국형 알코올중독 선별검사표(91년)
청소년 약물중독 선별검사표 개발(96년)
자비로 '약물상담가협회'를 설립(88년) 무료 상담, 치료
개인의원 최초 알코올중독 환자를 위한 전문프로그램 시작(94년)

역자 서문

우리의 일생은 '성취하는 경험'과 '연결하는 경험'으로 이뤄져 있다. 우리나라는 경쟁에서 이기고 성취하는 경험에서는 여러 면에서 앞서가고 있지만, 서로 관계를 맺고 사랑하고 대화하며 유지하는 일에서 크게 뒤처지고 있다. 이혼율이 급증하고 가정폭력이 증가하며 자살률이 높은 것이 이를 입증하고 있다. 우리는 일과 사랑에서 행복을 찾는다. 우리는 일에서 만족하는 이들도 많지 않지만, 남녀가 서로 사랑하는 일에서도 실패하는 이들이 많다. 세계 178개 나라 가운데, 행복도가 102위로 떨어져 있는 것만 봐도 우리나라는 행복하지 않다.

이 책은 부부간의 생활만족도를 높이는 방법을 구체적으로 안내하는 책이다. 자신의 부부관계를 매우 행복하다고 평가하는 부부는 인생 전체를 매우 행복하다고 평가한다는 말이 있다. 공적인 생활에서 대기업 회장으로 성공하고 배우나 연예인으로 성공한다 해도 부부관계에 실패한다면 그 인생이 무슨 의미가 있는가? 행복은 가장 가까운 사람과 사이좋게 지내는데서 온다고 하지 않는가!

존 브래드쇼는 신학과 심리학을 공부한 가족치유상담자로서 존 가트맨과 데보라 태넌, 존 그레이와 함께 미국은 물론 전 세계적으로 부부관계와 가족관계의 치유와 회복에 가장 많은 영향을 끼친 저자이며 강사 중하나다. 그동안 자존감, 중독, 역기능가정, 동반의존을 주제로 여러 권의 베스트셀러를 저술하였는데, 이 책은 그가 남녀 간의 사랑이라는 가장 기본적이고 중요한 주제를 다루고 있는 그의 최신작이다.

전문가들은 남녀 간의 사랑을 낭만적(열정적 사랑) 사랑과 우애적(동반자) 사랑으로 나누는데, 브래드쇼는 낭만적 사랑이 끝난 후에 어떻게 부부가 원가정에서 받은 상처를 치유하고 갈등을 해소하면서 친구로서의 사랑을 키워갈 수 있는지를 구체적으로 안내하고 있다. 이마고 부부치료를 비롯해 최근에 개발된 상담이론을 두루 소개하고 있는 것도 이 책의 큰 장점이라 할 수 있다. 학문적으로도 최첨단 연구결과를 모두 반영하고 있으면서 결혼 전·후의 모든 남녀가 공감하며 배울 수 있는 일반적이고 대중적인 '사랑의 기술'을 차례로 소개하고 있다.

사랑이란 무엇인가? 낭만적 사랑이 끝난 후에 우리는 어떻게 평생 지속되는 사랑을 배울 수 있는가? 이 책은 낭만적 사랑이 식었을 때, 열정과 친밀감과 헌신이 잘 배합된 우애적, 동반자적 사랑을 키워가는 비결을 제시하고 있다. 이론과 실제가 잘 어우러져 있는 책이다. 남녀 간의 사랑, 부부간의 사랑에 관심 있는 모든 분이 이 책을 통해 부부관계를 강화하는 지혜를 얻게 되기를 바란다

가족관계연구소장/전 침례신학대학교 상담심리학 교수

정동섭 교수

리차드 버튼이 엘리자베스 테일러를 처음 보았을 때 :

"그녀는 굶주림, 불, 파멸과 열병…
유일한 생산자, 묵시적인 그녀의 가슴
시들지 않은 제국이 무너져 내린다…

그녀의 육체는 기적이 쌓은 궁전…
의문의 여지없는 화려함과 지독한 아름다움
그녀의 정체는 관능이다.

그녀는 한마디로 풍만하다…
보라빛 거대한 눈망울이 알 수 없는 빛을 발한다.
우주를 비추던 전조등이 나의 부끄러움을 찾아내는 동안
거대한 시간은 흐르고 문명이 밀려오고 스러진다.
내 얼굴 얽은 상처는 달 분화구가 되었다."

「젠킨스 부인을 만날 때」에서 인용

| 제1부 |

자연의
오래된 흑마술

Mother Nature's Old Black Magic

침대에 올라 폴은 아내에게 다가갔다. 셜리가 돌아눕자 폴은 그녀 가슴에 손을 뻗었다. 그들은 1년 반 연애하며 성적인 구애 단계를 거치는 동안 폴은 이 행위를 셀 수 없이 되풀이했었다. 이것은 폴이 그들 사이의 성적 교감을 위해 전희를 시도할 때 제일 먼저 사용하는 의식적인 동작이었다. 셜리는 그때마다 분명하고 예측할 수 있는 반응을 보였다. 그녀는 폴을 향해 드러누웠는데, 다른 가슴을 만져도 된다는 신호였다. 이 상호작용 전희는 서로 예측할 수 있지만 즐겁게 끝마무리 하는, 거의 무의식적이며 자동적인 교환 반응이었다.

폴과 셜리는 결혼한 지 한 달쯤 되는 신혼 단계이다. 두 사람은 원기 왕성한 성생활을 하고 있는데, 피차 피곤한 일과로 지쳐있을 때나 운동으로 녹초가 되었을 때를 제외하고는 성적 활동을 멈추지 않기로 합의했다. 그러므로 다음에 일어난 일은 그들의 일상에서 크게 벗어난 것이며, 그들의 관계를 예상치 못한 길로 안내한 것이었다. 셜리는 늘 했던 것처럼 폴을 향해 눕는 대신에, 고개를 반대쪽으로 돌리며 말했다. "오늘 밤에는 껴안기만 해요."

안타깝게도 폴은 이런 상황에 아무런 준비가 되어 있지 않았다. 하루 종일 폴은 아내와 섹스할 것을 기대하고 있었다. 셜리의 거부 반응은 그에게 강한 아드레날린 분비를 부추겼고 명치를 한 방 얻어맞은 것 같은 기분이 들게 했다. 폴은 "결혼한 후부터 당신은 달라졌어!"라고 소리치고 싶었다. 그러나 그는 입을 다물고 아무 말도 하지 않았다. 그는 갑자기 반대편으로 몸을 움직였다. 더는 미동하지 않았고, 근육은 굳었고, 숨소리는 잦아들었다.

폴은 구애 기간 동안 자신과 셜리가 얼마나 성적으로 왕성하고 격렬한 시간을 보냈는지를 되돌아보았다. 초창기에 그들은 적어도 하루에 한 번은 섹스를 했다. 서로 만나지 못해 안달이었다. 폴이 셜리와 가졌던 섹스는 참으로 '놀라운 것'이었으며, 대개 그녀가 먼저 주도하였고 새로운 성적 시도를 제안하는 쪽도 그녀였다. 한번은 그녀가 직장에서 돌아오는 길에 포르노 DVD를 사왔는데, 이것을 보고 둘은 열정적으로 성관계를 나누다가 저녁을 통째로 거르기도 했었다. 폴은 셜리와 같은 여인을 만난 것을 행운이라고 느꼈다. 그런데 이제 '여기까지만─서로 껴안기─하자고?' 천장을 쳐다보면서 폴은 내뱉듯이 말했다. "대체 어떻게 된 거야? 내가 뭘 잘못한 거야?" "아무것도 잘못한 거 없어. 다만 내가 그럴 기분이 아니라고." 셜리는 사무적으로 대답했다. "내일 아침에 의논해도 되지?" 셜리는 그들의 성생활─아니면 다른 관계와 관련된 주제─에 대한 논의를 새벽 12시 30분에 하는 것을 피할 정도로 사려가 깊었다. 그러나 이것이 폴을 더 화나게 했다. 폴은 몸이 온통 마비된 기분으로 누워 있었는데, 셜리의 규칙적인 숨소리는 그녀가 잠들었다는 것을 알려주었다. 폴은 아직 발기된 그대로였다. 이때 그는 결혼에서 불화를 일으키는 일을 시작하였다. 그는 자위로 긴장을 풀었다.

다음날, 비록 셜리가 전날 밤에 있었던 일에 대해 논의하겠다고 했지만 아무도 그 주제를 꺼내지 않았다. 두 사람은 아무 일도 없었던 것처럼 그 주제를 회피하였다. 그러나 이 한 번의 사건은 불화를 일으키는 패턴의 시발점이 되었다. 그리고 이 시나리오는 그후 2년 동안 수없이 반복되었다.

3년 후 폴의 제안에 따라 두 사람은 이혼하였다. 셜리는 이혼으로 깊은 상처를 받았다. 폴은 친구들에게 셜리가 더는 자기를 사랑하지 않는다고 말했다. 그는 자신의 에너지를 환상적인 자위행위와 많은 일로 돌렸다. 성적 욕망이 다른 곳을 향하자 결국 그는 셜리를 더는 사랑하지 않는다고 느꼈다.

폴과 셜리는 내가 〈사랑 후 스트레스 장애〉 Post-Romantic Stress Disorder : PRSD라고 부르는 현상의 표본이다. 거의 모든 부부는 어느 정도 〈사랑 후 스트레스 장애〉 PRSD를 경험한다. '충분히 좋은' 애착 경험을 한 사람들과 미해결 과거 상처로부터 상대적으로 자유로워 '충분히 높은' 자존감을 가진 사람들은 일반적으로 이런 예상치 못한 도전을 별 상처 없이 통과할 수 있다.

반대로 자아상이 건강하지 못한 사람들은 결혼생활 만족도에 차이를 보인다. 심지어 헤어지지 않고 결혼을 유지하는 것만으로도 만족하는 사람들이 있다. 결혼한 커플 중 50%가 이혼하지 않고 동거하고 있으나, 실제로는 50% 가운데 17%는 서로 실망하고, 불행하며, 만족이 없다고 주장한다. 20년간 700쌍이 넘는 부부를 상담한 후 내가 내린 결론은 진짜 궁합이 맞지 않는 부부는 15%에 지나지 않으며, 나머지 85%는 '충분히 좋은' 보람 있는 결혼생활을 성취할 가능성이 있다. 이혼한 50% 사람들과 불행한 결혼생활을 하는 이들은 대부분 〈사랑 후 스트레스 장애〉의 후유증을 겪고 있다. 나는 이 엄청난 숫자의 사람들이 훌륭하고 잃기 아까운 결혼 파트너를 내쳐버리는 것을 보아왔다.

이 책의 가장 중요한 목표는 당신이 생각을 달리하면, 좋은 배우자로 변모할 수 있는 훌륭한 상대를 내쳐 버리지 못하게 막는 것이다. 교착상태처럼 보이는 관계가 모든 면에서 무난한 관계로 이어질 수 있도록 설득력 있게 논증을 제시하는 것이다.

이 책의 이차적인 목표는 독자들에게 '사랑 경험'being-in-love과 정욕lust 및 파트너에게 애착되는 경험, 그리고 장기적이고 지속적인 사랑의 기초가 되는 최근 발견된 생리학적이고 인류학적인 자료를 제공하는 것이다.

마지막으로 이 책의 특징은 독자들에게 사랑에 '빠지는 경험'과 지속적으로 '성장하고 깊어지는 사랑'에 머무를 수 있는 여섯 가지 새로운 발견을 제공하는 것이다.

제1부에서 나는 독자에게 우리가 파트너를 만나서 연애를 하고, 자녀를 낳기 위해 함께 하는 과정을 이해하도록 돕는 새롭게 발견된 세 가지 두뇌 프로그램을 제시할 것이다. 이 이론들은 성욕과 참된 사랑을 혼돈하는 오류를 충분히 이해할 수 있게 도와준다.

제2부에서, 나는 새롭게 발견된 두뇌의 *'신경가소성'neuroplasticity, 신체적 힘으로서의 '의지력', 그리고 인간 행동의 일차적 원천으로서의 '감정느낌 체계'라는 세 가지 발견을 제시할 것이다. 이들 새로운 진리는 교착상태에 있는 어떠한 관계라도 변화시킬 수 있을 것이다.

마지막으로, 나는 독자들에게 내가 신학자, 상담자, 교사라는 사실을 상기시켜주고 싶다. 나는 신학과 철학, 심리학 분야에서 모두 석사학위를 받았고, 라이스 대학교에서 4년간 대학원 이후 과정을 연구하였다. 생각컨데, 내가 할 일은 관계 건강 분야 전문가들의 업적을 종합하는 것이다. 이들 전문가들 중에는 다음과 같은 분들이 있다. 버지니아 사티어Virginia Satir, 머레이 보웬Murray Bowen, 밀턴 에릭스Milton Erickson, 리처드 밴들러 Richard Bandler, 존 그라인더John Grinder, 레슬리 카메론-밴들러Leslie Cameron Bandler, 해리엇 러너Harriet Lerner, 팻 러브Pat Love, 피아 멜로디Pia Melody, 클로디아 블랙Claudia Black, 패트릭 카네스Pat Carnes, 데이비드 쉬나흐David Schnarch, 피터 A.레빈Peter Levine, 베셀 반 데르 콜크Bessel van der Kolk 그리고 이 책에서 가장 중요한 전문가로는 헬렌 피셔Helen Fisher와 제프리 슈워즈Jeffrey Schwartz가 있다. 이분들의 업적이 이 책 전체에 스며있다. 그들의 탁월한 기여에 감사한다. 그들이 내린 결론에 대한 나의 해석에 오류가 있다면 이것은 전적으로 나의 책임이다.

---

*신경가소성(神經可塑性), 뇌의 변화능력 : 신경가소성은 인간의 두뇌가 경험에 의해 변화하는 능력을 말한다. 1970년대까지만 해도 뇌신경과학계는 뇌는 출생 후 매우 고정된 구조와 기능을 가지고 있다는 시각이 압도적이었다. 특히 출생 후에 새로운 뉴런이 생길 수 있다는 생각은 전혀 받아들여지지 않았다. 하지만 아주 최근에 들어서야 뇌의 구조가 시간이 지남에 따라 고정된다는 기존의 생각이 뒤집혔는데, 이는 매우 혁명적인 개념이다. 이 책의 6장에서 자세히 소개하고 있다.

1

당신에게
사랑을 가르쳐 준
사람은 누구인가?

저기에 고동치는 갈증의 쇄도와 연인의 속삭임,
거절할 수 없는 사랑의 열기가 있다–
가장 온전한 사람도 미치게 만드는 마술이라고 할까!

호머의 일리아드 「The Iliad」

누구나 사랑을 안다고 생각한다. 아쉽게도 영어에는 '사랑'love을 표현하는 단어가 하나밖에 없다. 나의 책 「창조적인 사랑」Creating Love에서 썼던 것처럼, 다른 언어, 특히 라틴어와 헬라어에는 여러 단어로 사랑을 구분한다. 예를 들어, 카르타스(하나님과 인류의 사랑caritas), 필로스(우정, 호감philos), 에로스(이성간의 사랑eros), 아가페(깊고 성숙한 사랑agape)라는 단어가 있다.

에로스eros는 우리 안에 있는 본능적인 욕망이다. 사랑에 빠진 연인들이 경험하는 에로스는 강력한 힘이 있다. 그 생리적인 목적이 적절한 파트너를 만나, 짝을 짓고, 흔하게는 후손을 생산하는 것이기 때문이다. 100여건이 넘는 연구에서 살펴보면, 성인의 50%가 에로스본능적 욕망와 아가페성숙하고 영혼적인 사랑를 혼동하고 있다. 대부분의 사람들이 사랑에 대해 말할 때, 그들은 대개 '사랑에 빠져 있는 것에로스'을 염두에 두고 있다.

우리는 '사랑에 빠져 있는 것'에 대해 누구에게 배우는가? 물론 우리 부모로부터 배우는 것은 아니다. 부모는 우리가 주변에 있을 때는 서로 사랑 안에 있는 것처럼 행동할지라도, 더는 사랑에 빠져 있지 않다. 우리는 보통 부부간의 갈등을 목격하면서 성장한다. 그리고 슬프게도 많은 경우에, 부부 사랑의 살아있는 모델들은 이혼으로 끝을 맺고 있다. 최근 연구에 의하면, 결혼한 부부 가운데 33%만이 진정으로 행복하다고 한다.

만일 이 연구가 정확한 것이라면, 인구의 67%는 거짓된 사랑 모델을 보며 성장했다는 것이다. 이혼율이 그렇게 높은 이유는 어떤 면에서 너무나 많은 이들이 실제로 성숙한 사랑에 대한 지식이 없거나, 성숙한 사랑을 사랑에 빠져 느끼는 강렬한 성욕과 혼동하고 있기 때문이다.

성숙한 사랑은 유순함과 인내와 타협이 필요한 단계를 거치면서 발전한

다. 그리고 때때로 되돌아가서 융 학파 치료사인 제임스 홀리스James Hollis
가 말하는 것처럼 '환영'hauntings이라고 부르는 현상을 반드시 직면해야 한
다. 당신이 사랑에 빠져 있으면, 모든 것이 자연스럽게 즉흥적으로 따라온
다. 당신은 단지 행복에 겨운 흐름을 따라가면 되고 배우거나 노력해야 할
필요가 전혀 없다. 하지만 성숙한 사랑에 도달하기 위해서는 사랑에 빠진
연인들 대부분이 필요 없다고 믿고, 어리석게도 배우려고 하지 않는 몇 가
지 기술들이 필요하다.

우리가 사랑에 빠지는 경험에 대해 부모에게서 배울 수 없다면, 그것에
대해 어디서 배울 수 있는가? 흔히, 우리 부모는 사랑과 친밀감의 표본으
로 다른 부부들을 언급하곤 했다. 내가 어릴 때, 이웃에는 어머니가 환상
적인 결혼생활을 하고 있다고 인정하는 부부가 있었다. 아마도 외부인에
게는 그랬는지 몰라도, 닫힌 문 뒤에서는 다른 이야기가 벌어지고 있었다.
나는 이 부부의 자녀들과 어울렸는데, 많은 논쟁과 불화에 대한 이야기를
들었던 것이 기억난다.

러브 스토리는 그저 '스토리'일 뿐이다

우리들 대부분은 책과 신화, 영화와 텔레비전 쇼에서 '사랑에 빠지는 것'
에 대해 배웠다. 재미있기는 하지만, 이들 모델은 적절하지 않을 뿐 아니라
파괴적이기까지 하다.

다음에 열거한 영화에 대해 생각해 보라.

아프리카의 여왕The African Queen

귀여운 여인Pretty Woman

매디슨 카운티의 다리The Bridges of Madison County

애정의 조건Terms of Endearment

카사 블랑카Casablanca

메리에겐 뭔가 특별한 것이 있다There's Something About Mary

닥터 지바고Dr. Zhivago

타이타닉Titanic

잉글리쉬 페이션트The English Patient

해리가 샐리를 만났을때When Harry Met Sally

프랜치 키스French Kiss

유브 갓 메일You've Got Mail

그 밖에 잠자는 미녀와 신데렐라 같은 동화를 생각해 보면 아마 목록은 여러 페이지를 채울 수 있을 것이다. 구성과 줄거리는 모두 다를지라도, 모든 이야기는 공통점이 있다. 그것은 사랑 이야기, 즉 강조점이 '이야기'에 있는 그저 러브 '스토리'라는 것이다. 어떤 것은 심오하고, 다른 것은 진부하지만, 모두 공상적이다. 우리는 아무 걱정 없이 사랑만 하면 좋겠다는 유토피아적 이상을 동경하기에 이러한 동화에 매력을 느낀다. 우리는 아쉬워하거나 애석해 하며 희망을 품고 영화관을 나오지만 이야기는 언제나 해피엔딩이다.

하지만 이러한 러브 스토리에는 또 다른 공통점이 있다. 진짜 사랑 과정 real love process이 시작되기 전에 끝난다는 것이다. 영화 목록에 등장하는 유명한 커플들 중에 단 한 쌍도 짧은 기간이라도 함께 사는 모습은 보여주지 않는다! 몇 개의 유명한 영화나 TV 연속극이 결혼 시작이나 중반을 보여줄 때가 있지만, 대부분의 경우, 변기가 막혔거나, 지붕이 내려앉거나, 남편이 해고되거나, 집이 저당 잡힐 경우 부부관계에 무슨 일이 일어날지를 보여주지는 않는다. 커플의 궁합이 얼마나 맞는지에 대해서는 조금도 보여주는 적이 없다. 우리는 연애의 환희로 흠뻑 젖어있는 문화를 멍에로 매고 있다. 진화는 점증하는 복잡성에 의해 점점 확대되고 있으며, 그 나름의 독특한 궁합에 의해 확대 재생산 되고 있다. 이것을 알고 나면, 사랑과 결혼에 대한 우리의 이상이 허구fiction와 상상에 기반을 두고 있다는 것이 두렵기까지 하다. 사실 우리의 이상은 영화에서 위대한 연인 역할을 해주었던 배우들 때문에 생긴 것인지도 모른다.

나는 이 책을 엘리자베스 테일러Elizabeth Taylor에 대한 리처드 버튼Richard Burton의 첫 인상을 인용하면서 시작하였다. 이들은 스크린 안과 밖에서 위대한 로맨스를 가졌다. 그러나 이들이 실제 함께 했던 생활은 꿈이라기보다는 낭만적 악몽에 더 가까웠다. 그들의 실제 생활에 근접한 영화는 아마도 '누가 버지니아 울프를 두려워했나?'who's Afraid of Virginia Woolf?였을 것이다. 절대적으로 기분 좋은 영화는 아니다.

러브 스토리love story는 그저 말 그대로 '이야기'일 뿐이다! 이혼율이 지금보다 훨씬 더 높지 않은 것이 놀라울 뿐이다. 그리고 기혼자 중에 불행한 부부들이 왜 그렇게 많은지 분명해졌다. 성숙한 사랑에 도달하기 위해, 스스로 노력할 다음 단계에 대한 분명한 비전이 없다면, 또한 자신의 자아감sense of self을 두고 '작업'하지 않는다면, 당신에게 남는 것은 아무 것도 없을 것이다.

나는 지난 20년 동안 약 700쌍의 부부를 상담했다. 내가 그동안 배운 가장 중요한 사실은 대부분의 커플이 과거로부터 해결되지 않은 미해결과 제가 있다는 것이었다. 그들의 미해결과제가 그들의 자아감을 손상시키고 있다. 대부분이 어느 정도의 해소되지 않은 어린 시절의 유기, 방임, 학대, 속박enmeshment의 문제를 안고 있는 것이다. 이들 상처가 즉각적인 '나이 퇴행'과 정서적 장애를 야기했고, 이런 것이 부부들이 서로간의 차이점을 다루지 못하고 갈등을 효과적으로 해소하지 못하는 한 가지 주요 원인이었다. 그들의 자아는 거짓된 자아false self였다. 내가 나의 책 「진정한 자아를 찾아 떠나는 심리여행」Bradshaw On: The Family에서 기술한 것처럼, 역기능 가정에서 성장한 사람들은 "그들의 건강한 자존감을 상실하고 거짓된 자아를 개발한다. 어린이로서 이들이 사랑을 얻는 방법은, 진실한 자기를 포기하고 맹목적인 순종과 의무의 요구를 들어주는 것이 바로 자기를 발전시키는 것이라고 배우게 된다. 자기의 중심이 거짓된 자기로 포장되면, 진정한 자기사랑과 자존감은 불가능해진다."

요엘 코비츠Joel Covitz는 그의 탁월한 책 「정서적 자녀 학대」에서 그의 내담자가 한 말을 인용하고 있다. "아버지가 나를 사랑하는 것을 아는 순간은 내가 나 자신이 되지 않을 때였다."

관계 속의 성인들로서, 그들의 해결되지 않은 과제들은 그들의 갈등을 아주 유아적childish으로 만들었고, 어느 파트너도 상대에게 수치심을 안겨주는 판단을 하지 않고 싸우는 법을 알지 못했고, 자신이나 상대의 경계선을 범하지 않고 논쟁하는 법을 알지 못했다. 대부분의 갈등을 보면, 그들은 계속 잘한 것과 잘못한 것에 대한 점수를 매기고, 누가 더 열심히 일했는가, 누가 아이들과 더 많은 시간을 보내주었는가, 누가 돈을 관장하는가,

누가 상대방을 위해 더 많이 봉사했는가를 따지며, 자신의 어린이 에고상 태ego state에서 벗어나지 못하고 있었다.

나에게는 두 명의 내담자가 있었는데, 두 명이 모두 박사학위 소지자로서, 임박한 이혼을 앞두고 누가 초록색 성탄트리 장식품을 차지할 자격이 있는가를 놓고 격렬한 싸움을 벌였다. 그들은 일 년에 한 번 보는 물건을 놓고 서로의 인격을 난도질하고 있었다. 두 명의 고등교육을 받은 직업인들이 벌이는 유아기적 행동의 전형이었다!

나는 내 내담자 위에 재판관이나 배심원이라고 믿지 않음을 유의해 주기 바란다. 나도 성인이 되어서야 나 자신의 발달 과정상의 의존욕구결핍DDD 장애를 수리해야 했다. (DDD는 어린 시절에 충족되지 않은 욕구를 가리키며, 건강한 자아감을 개발하려면 충족되어야 하는 욕구이다. 우리는 8장에서 DDD를 더 자세하게 다룰 것이다.) 최근에 나는 아내와 그녀의 비행 마일리지를 놓고 말다툼을 했다. 나는 내가 일하고 돈을 벌기 때문에, 그 마일리지는 내가 써야 마땅하다고 주장했다. 그러자 아내는 친한 친구와 여행을 하려고 마일리지를 저축하는 중이라고 항변했다. 갑자기 전등에 불이 나갔고, 나는 웃음을 터뜨렸다! 나는 누가 더 많이 차지하느냐를 놓고 싸우는 다섯 살짜리 어린이 역할을 하고 있는 자신을 발견했던 것이다. 아내도 따라 웃었다. 우리의 기능적 성인이 상황을 접수했다. 사실 우리 중 누구도 비행 마일리지가 돈을 절약하게 해준다는 사실 외에 별 신경을 쓰지 않았다.

최근에 당신이 배우자와 벌였던 논쟁에 대해 한 번 생각해 보라. 몇 분 동안 생각해 보고 한 번 적어보라—무엇에 대한 싸움이었는가? 큰 이슈는 무엇이었고, 당신은 무엇을 원했는가? 흑과 백으로 나눠보면, 당신은 두 명의 어린 아이가 '누가 더 많이 차지하느냐'를 놓고 싸우는 것을 발견할 것이다. 우리가 사랑 후 스트레스장애PSRD를 다루기 전까지는 똑같은 유아기적 미성숙이 거듭해서 튀어나온다. 이혼법정은 자기 안에 상처받은 내면아이를 품고 있는 성인아이들로 가득 차 있다. 성인아이는 또 하나의 성인아이를 찾아, 결혼하고, 이혼법정에서 다른 성인아이와 마주하는 것이다. 우리에게는 각자 사랑과 낭만에 대한, 비현실적으로 고착된 개념이 있다는 것을 깨닫는 것이 중요하다. 모든 성인아이들은 미성숙한 손상된 자아상이 있다.

'사랑에 빠지는 것'의 위력

왜 우리는 지금도, 수세기에 걸쳐 내려오는 '사랑에 빠져 있는' 낭만적 행위로 정의하는 제한된 사랑에 매달리고 있는가? 특별히 성적 욕망과 참된 사랑이 같은 것이라는 믿음을 왜 버리지 못하고 있는가? 차츰 알게 되겠지만, 성적 욕망이 식으면 더는 사랑하지 않는 것no longer in love이라는 믿음은 부부를 이혼으로 이끌거나 가족건강을 좀먹는 엄청나게 해로운 믿음이다. 그러나 '사랑에 빠져 있다'는 믿음이 가진 강력한 영향력을 무시하지 않도록 하자. 인류학자 헬렌 피셔Helen Fisher는 그녀의 책 「왜 사랑하는가」에서 이렇게 쓰고 있다. "사랑에 빠지게 하는 추동drive은 눈을 떼지 못하게 하는 현란한 오페라와 연극, 소설, 가장 감동적인 시와 환상적인 멜로디, 세계의 가장 우아한 조각상과 그림…낭만적 사랑을 만들어내서 우리에게 엄청난 기쁨을 주었다."

2

'사랑에 빠지는 것'과
그에 수반되는
놀라운 섹스

"두뇌는 정말 믿기 어려운 창조물이다.
두뇌는 당신이 탄생하기 훨씬 전에 일을 시작하며,
당신이 사랑에 빠질 때까지 그 일을 멈추지 않는다."

팻 러브의 「사랑에 대한 진실」

사랑 안에 빠져 있는 경험으로부터 오는 '에너지'는 어떤 것인가? 사랑의 에너지는 왜 시인과 예술가들에게 그 심오한 아름다움으로 동기를 부여해서 우리의 지구촌 문화에 자리를 잡은 것인가? 그리고 낭만적 사랑은 왜 건강하고 적당하게 지속될 수 있는 부부관계를 무너뜨리고 정서적으로 건강해 보이는 사람들에게 강력한 고통을 안겨줄 잠재력을 지니는 것인가? 앞으로, 나는 세 가지 태고부터 내려오는 두뇌망three primordial brain networks 에 대한 혁명적 사실을 새롭게 제시할 것이다. 이 두뇌망은 만남과 짝짓기, 재생산을 지휘하고 유지하기 위해 진화되었다. 이러한 발견은 생명력의 일부라 할 수 있는 내재적 추동, 즉 사랑에 빠지는 힘을 설명해준다.

이 장에서, 나는 '사랑에 빠지는 경험' 증상이라 할 수 있는, 몇 가지 미친 듯이 보이는 행동들을 제시할 것이다. 이 행동의 예로 내가 선택한 부부들은 내가 직접 상담했던 사람들이다. 그들의 이름, 성격의 특징들, 주변 환경은 다르게 바꾸었다. 하지만 그들의 행동과 관련된 세부사항은 사실대로 적었다. 내가 선택한 부부들은 어떤 상호작용에 참여하였는데, 사랑에 빠진 커플들의 정상적인 모습을 넘어서고 있다. 이 사례에 나오는 과정은 자연의 오래된 흑마술로 만들어진 행동을 예시하는데 도움을 줄 것이다.

톰과 앨리스 : 십대의 시간으로 돌아가 길을 잃음

나는 내담자 한 사람톰이라 부르겠다을 3년 반 동안 상담한 적이 있다. 톰은 앨리스에게 흠뻑 빠져 있었다. 연애 초기에, 톰은 앨리스와의 대화가 너무 황홀해 어떤 때는 5시간씩 전화 통화를 했다고 내게 말했다. 가끔 화장실에 다녀오는 시간 외에는, 대화는 단절되지 않았으며, 톰 자신도 전화를 끊고 시계를 보기 전에는 그렇게 많은 시간이 흘렀는지를 알지 못했다. 잡다한 주제를 넘나드는 많은 대화는 감성을 건드리는 사랑의 표현들로 이뤄졌다. 톰은 자기가 앨리스에게 느끼는 감정을 바로 표현할 수 있는 단어를 찾기가 힘들었다고 말했다. 그는 계속 "사랑해"라는 말을 되풀이 했으며, 앨리스도 같은 말로 답하기를 반복했다. 이것은 고등학생 커플이 주고받는 대화처럼 들릴지 모르겠지만 당시 톰이 58세이고 앨리스가 32세라는 것을 생각하면 참으로 흥미롭다. 앨리스가 톰보다 훨씬 더 젊은 것이 사실이지만—그들은 이것이 문제가 되지 않는다고 했다—그녀가 사춘기 소녀가 아닌 것은 분명했다.

그들의 사랑은 두 사람의 모든 것을 빨아들이는 거대한 소용돌이처럼 보였다. 그 소용돌이 속에서 이 둘은 십대처럼 행동하며 퇴행하고 있다. 어떻게, 왜 이러한 일이 벌어지는 것인가? 이것은 사랑에 빠진 뇌가 자극을 받아 일으킨 화학작용 때문이다.

두 사람은 마치 보이지 않는 힘에 묶여 있는 영혼의 동반자가 된 것처럼 느꼈다. 톰과 앨리스는 두 사람이 서로 만나기 전에 비슷한 경험을 했다는 사실에 놀라고 있었다. 사실 이것은 놀라운 우연의 일치가 아니다. 그들이 놀라운 우연이라고 생각한 비슷한 경험 대부분은 완전히 터무니없는 것이다.

예를 들어, 하루는 앨리스가 고등학교를 다녔고 톰도 고등학교를 졸업했다는 것 때문에 기쁨과 놀라움을 표현했다. 둘이 같은 고등학교를 다녔다는 말이 아니다. 그저 일반 고등학교를 다녔다는 것이다. 오직 사랑에 빠진 연인만이 이런 일에 놀라움을 드러낸다. 또 한 번은 톰이 말했다. "나는 당신이 비스킷에 검은 당밀을 넣어먹는 걸 좋아한다니 믿을 수가 없어요! 나는 나 같은 입맛을 가진 사람을 만나리라고는 한 번도 생각하지 못했어요!" 그들 가족은 12살 때비록 26년의 나이차가 있기는 했지만 여름 방학을 통해 런던에 간 적이 있었다! 당신은 여기서 하나의 행동 패턴을 볼 수 있을 것이다. 사랑에 빠진 연인들은 서로 만나기 전에 일어났던 비슷한 경험을 서로 영원히 함께 하라는 사인Signature으로 생각한다.

톰과 앨리스는 둘 다 대단한 유머감각이 있었다. 끊임없이 농담을 했고, 서로 웃었다. 유머 감각은 남녀 모두에게 매력적인 것이다.대개 여성에게 더 그렇다 앨리스의 약간 비꼬는 듯한 위트는 톰이 매력을 느끼게 된 이유 중 하나였는데, 앨리스를 사귀고 끌림은 더 깊어졌다.

게다가 신체적 특성도 있었다. 180센티미터의 키에, 톰의 체구는 신체적으로 압도적이었다. 여자는 키 큰 남자에게 매력을 느낀다. 앨리스는 톰에게 키 큰 남자를 연인으로 사귀는 꿈을 꾸었다고 말했다. 톰은 좌우 대칭형의 얼굴에 약간 팽팽해 보이는 턱뼈를 갖고 있었다. 그러나 약간 배가 튀어나온 통통한 체구였다. 앨리스는 톰에게 그의 튼튼한 몸과 훤칠한 키가 자신에게 든든한 안정감을 느끼게 해준다고 말해주었다. 여자는 자기에게 보호와 안정감을 제공해주는 남자에게 매력을 느낀다.

톰과 앨리스는 미치도록 사랑에 빠져있었다. 그들은 서로에게 도취되어 있었으며, 마치 보드카를 마신 것처럼 잔뜩 취해 있었으며, 제 정신이 아니었다. 그들의 매력은 강력하고 즉각적인 것이었다. 그들은 재정계획에 대한 회합에서 만났다. 톰은 발표자 중 하나였는데, 그는 자기가 최근에 쓴 책을 앨리스에게 사인해 주다가 그녀와 눈이 마주쳤다. 눈이 마주치자 톰은 깜짝 놀랐다. 그는 그곳에 애인을 찾으러 온 것이 아니라 기업 전문가로

참석하고 있었다. 그들은 말을 주고받았지만, 서로를 보는 시선이 훨씬 더 많은 것을 말하고 있었다. 톰은 즉각적으로 나이 차이를 의식했지만, 그녀가 없이는 호텔을 떠날 수 없을 것 같은 긴박감을 느꼈다. 그는 자기의 매니저에게 그녀의 전화번호를 알아봐 달라고 부탁했는데, 이것은 그가 전에는 한 번도 행한 적이 없는 행동이었다.

앨리스를 만난 회의가 끝난 다음, 톰에게는 두 차례의 강연 약속이 더 남아 있었고, 그 다음에는 낚시 여행 계획도 있었다. 그는 두 주 동안 집에 돌아가지 않았다. 그들의 첫 번째 만남이 있은 후, 톰의 매니저는 앨리스의 전화번호로 전화를 걸었다. 톰은 흥분이 되었고 살아난 기분에 들떠 있었으나 집에 가서 전화를 할때까지 앨리스가 기다리기를 원했다. 그는 자신의 나이 때문에 그렇게 하는 게 두려웠다. 그리고 그녀가 자기에게 아무런 낭만적 관심이 없을 수 있다는 것이 두려웠다. 거절에 대한 두려움과 부담이 그녀에 대한 '욕망'을 더 강화시켰다.

앨리스는 나중에 톰의 발표를 듣는 중에 그와 사랑에 빠졌다고 고백했다. 그녀는 그의 목소리를 좋아했으며 그의 수려한 표현력에 매료되었다. 톰은 자신이 하는 말에 권위적인 확신이 있었다. 이것은 앨리스에게 재정과 정서적 안정감을 채우는데 충분한 자극이었다. 톰은 자기가 왜 앨리스와 사랑에 빠지게 되었는지 설명할 말을 찾지 못하고 있었다.

톰은 낚시 여행에서 돌아왔을 때, 앨리스에게서 온 편지를 발견했다. 그녀는 편지에서 자신이 댈러스에 한 주 동안 있을 것이라고 밝혔는데—편지를 읽은 후 닷새 동안—만나서 커피를 한 잔 하자고 제안하였다. 톰은 이 편지를 읽고 전율을 느꼈다. 그는 여러 해 동안 느끼지 못했던 생동감과 활력을 느꼈다. 나이 차이 때문에, 그는 아직 두려움을 느꼈고, 그 만남에 약간 부끄러움 같은 것을 느꼈다. 그러나 그는 가기로 마음먹었다. 그들이 만났을 때, 앨리스는 첫 번째 데이트에서 하기에는 솔직하고 충격적인 경고성 발언을 털어놓았다.

첫째로 그녀는 이혼했으며 다섯 살과 세 살 난 두 자녀를 두고 있었다. 또한 그녀는 교회 안의 부자 장로에게 재정적 후원을 받고 있는 처지였다. 마지막으로, 그녀는 톰에게 자기에게 건성 포진이 있으며 지극히 작은 가슴 때문에 브라에 패드를 넣었다고 털어놓았다. 톰은 전형적으로 가슴이 큰 여자를 선호했지만, 어떤 이유 때문인지 그녀의 가슴 크기에 대해서는 개의치 않았으며, 그녀의 '속임수'를 두 번 다시 생각하지 않았다. 사실은 앨리스가 누설한 걱정거리 중 어떤 것도 그의 머리에 경고음을 울리지 않았으며, 그녀에 대한 욕망의 강도를 저하시키지 못했다.

그들은 함께 한 첫째 날 밤 격렬한 성관계를 가졌다. 섹스는 그 다음날 오후에도, 밤새도록 계속되었다. 앨리스와 '황홀한' 섹스를 가진지 나흘 후, 톰은 나에게 앨리스가 자기와의 결혼에 대해 말했다고 이야기했다. 톰은 결혼이 미친 짓이라는 것을 알았지만, 그리고 다시 결혼하고 싶지 않다는 것을 확신했지만, 그냥 결혼하기로 했다.

진정한 당신

다음 몇 달 동안 톰과 앨리스는 각자의 거주지에서 기거할 집을 알아보았다. 앨리스는 미네소타 주 세이트 폴에 살고 있었고, 톰은 텍사스 휴스턴에 살고 있었다. 그들이 실제로 섹스를 하지 않을 때, 둘은 전적으로 서로에게 초점이 맞춰져 있었다. 그들은 매일 많은 시간을 전화로 통화하고 농담을 주고받았다. 함께 있으며 섹스를 하지 않을 때는, 둘은 키스하고 만지고 관심을 온전히 서로에게만 쏟았다. 에밀리 디킨슨Emily Dickinson은 '나에게는 이것 외에 다른 삶은 없다'라는 제목의 멋진 시를 썼다.

> 나에게는 이것 외에 다른 삶은 없네.
> 그곳에서 밀려나지 않고
> 어떤 죽음이나
> 다가오는 어떤 끈도,
> 새로운 행동도
> 이 정도를 통하지 않고
> 이곳으로 인도하기 위해
> 오직 당신의 영역.

이 시는 서로 '당신의 영역'에서 살고 있는 톰과 앨리스를 묘사하고 있다. 그들의 모든 생활은 상대방 소원과 그 바람에 초점을 맞추고 있었다.

앨리스는 톰이 그녀의 두 자녀를 만나기도 전에, 그리고 그녀가 톰의 장성한 자녀들을 만나기도 전에 결혼이야기를 꺼냈다. 톰은 기본적으로 앨리스와의 관계를 부끄럽게 생각하고 있었기 때문에그의 장성한 아들은 앨리스보다 6살이나 연상이었다, 결혼 이야기를 먼저 꺼내는 것이 괜찮다고 생각했다. 앨리스는 세인트 폴에 사는 것을 별로 좋아하지 않았으며 이사해서 결혼하고 싶어 했다. 특히 톰과 같은 재력이 있는 남자와 결혼하고 싶었다. 톰은 서부 텍사스에 목장과 몇 가지 다른 재산이 있었다. 그의 재력과 능력은 앨리스에게 자극제가 되어 그녀를 달아오르게 했다.

앨리스는 누가 보더라도 복잡한 여자였다—그녀는 공개적인 영역에서 매우 종교적이었으나, 빈약한 자아를 가지고 있어서 야성적이고 고삐가 풀린 막힘이 없는 섹스를 좋아했다. 역설적이게도, 그녀는 처음 며칠간의 문란한 섹스를 함께 한 다음, 결혼식을 올린 다음에야 재개할 수 있다면서, 성교금지령을 내렸다. 동시에, 그녀는 오럴섹스에는 적극적이었으며, 둘은 서로 문란한 섹스에 끌렸다. 그러나 앨리스는 예측할 수 없는 시점에 성교에 대한 자신의 규칙을 어겼다.

톰이 나에게 자신의 성생활을 털어놨을 때, 나는 사랑에 빠진 낭만적 사랑의 활기찬 그림을 보기 시작했다. 하지만 앨리스가 정서적으로 혼란에 빠져 있는 것이 걱정되었다. 톰은 원래 그의 발달적 자아의 병이라 할 수 있는 동반의존co-dependency 때문에 나를 찾아왔었다. 그는 자기의 든든한 자아감을 강화하는데 큰 진전을 이루고 있었으나, 그가 퇴행하는 것이 아닌지 염려가 되었다. 나는 두 사람에게 상담을 받아보라고 초청했다.

나는 그들에게 관계 진전을 늦추라고 강력하게 제안했다. 또한 앨리스에게 막힘없는 섹스와 결혼 때까지 절제를 요구하는 것 사이에 오락가락하는 이유가 무엇인지, 무절제한 성교와 기타 행동에 대해 캐물었다. 그리고 그녀를 지원하는 노인에 대해서도 물어보았다. 톰은 그녀의 행동 가운데 내가 일관성이 없다고 보거나 조작하는 것처럼 보이는 행동의 어떤 측면에 대해 물으면, 그녀를 변호하고 나섰다. 우리의 상담은 아무 진전을 보지 못하고 있었다. 나는 유명한 치료사이며 작가인 제임스 홀리스James Hollis의 말이 생각났다. "사랑에 빠진 사람들하고는 상담할 수 없다." 그들은 술에 취한 것과 같고, 제 정신이 아니다.

톰은 콧대가 높고 상당히 성공을 거둔 재정설계사였다. 그는 자신의 감정을 드러내지 못하던 과거가 있었고, 자기 감정을 전혀 표현하지 못하고 있었다. 이것은 두 번이나 결혼에 실패한 주요 원인이었다. 그는 아주 이성적이고 지적인 사람이었다. 이것이 사업상 거래였다면, 그는 상대가 필요로 하는 모든 조건을 파악했을 것이고, 이와 같이 복잡한 조건이 있는 사람과 계약을 맺지는 않았을 것이다. 하지만 상담시간에 앨리스에 대한 나의 경고는 통하지 않았다.

그 후에도 톰과 앨리스는 한 번에 몇 시간씩 놀라운 성관계를 계속하였고, 함께 하지 못할 때는 전화로 몇 시간씩 대화했고, 대화는 '더러운 말을 주고받을 때'톰의 말에 절정에 도달했다. 깨어 있을 때 톰의 생각은 온통 앨리스에 대한 것이었다. 아니 그녀와의 섹스에 대한 것이라고 하는 게 좋을 것이다. 둘은 밤늦게 서로 깜짝 방문을 했는데 서로 섹스를 하기 위한 경우가 많았다. 낭만적 사랑의 황홀경에 빠져 있을 때, 인간의 두뇌는 페니레틸라민PEA으로 가득 차게 된다는 가설이 있다. 이것은 암페타민과 같은 화학적 신경전달물질인데 도파민과 노르에피네프린을 분출하는 것으로 알려져 있다. 이들 신경전달물질은 세로토닌을 감소시킨다. 세로토닌의 감소는 강박적 사고의 원인이 될 수 있다. PEA페니레틸라민가 '사랑 호르몬' 또는 '사랑의 마약'이라고 불리는 이유가 여기에 있는 것이다.

내가 앞으로 'PEA/도파민 칵테일'이라고 부르는 사랑호르몬은 혈압과 혈중포도당 수준도 높인다. 결과는 이것이 연인들의 정력을 지속하게 만들며 각성하게 유도한다는 것이다. 이 사랑의 마약은 연인들에게 놀라운 활력과 안정감과 만족감을 준다.

PEA/도파민칵테일사랑호르몬로 포화된 두뇌(피셔의 저술이 나오기 전에는 다만 가설에 불과했다.)는 톰과 앨리스가 장시간 실제 성관계를 가질 수 있던 원인을 설명해주며, 감소된 세로토닌은 그들이 왜 그렇게 서로에게 집착하고 장시간 동안 전화통화를 했는지 이해하게 도와준다. 긴 통화는 그들의 높은 지성과 유머감각에도 기인한다. 두 사람은 서로 많이 웃게 만들었는데, 이것이 그들의 기분을 좋게 만들어 주었다.

강화된 테스토스테론

무엇보다 중요한 것은, PEA/도파민칵테일사랑호르몬이 성적 충동을 관장하는 테스토스테론 수준을 강화시킨다는 것이다. 앨리스와 톰이 한 번에 여러 시간 성관계를 나누는 것은 두 사람 모두에게 이례적인 것이었다.

사람들이 사랑에 빠지면, 테스토스테론 수준은 전에 없던 수준으로 올라가는데, 사랑에 빠진 것이 시들해지면, 정상수준으로 되돌아오게 되어 있다. PEA는 연인들을 힘이 넘치고 말릴 수 없을 정도로 낙관적인 기분을 만들어 주는데, 이 사랑호르몬은 역경과 두려움, 위험, 거리, 비밀, 위험부담에 의해서도 증가된다. 앨리스와 톰 사이의 물리적 거리는 부담이 되지 않았다. 오히려 이것은 서로에 대한 갈증의 강도를 증가시킬 뿐이었다.

앞에서 언급한 것처럼, 톰은 앨리스를 만났을 때 약간 비만이었다. 함께하는 시간이 많아지자, 그는 노력하지 않아도 체중이 줄어들었다.

앨리스는 자신이사실은 어느 정도의 남성혐오증이 있으며 평상시에는 별로 매력적이지 않다고 고백했다. 톰이 미네소타로 앨리스를 방문하던 어느 날 밤, 그는 그녀의 일기가 침대 스탠드위에 펼쳐 있는 것을 발견했다. 톰이 본 페이지에는, "내가 스스로 완전히 절제할 때, 나는 다시는 섹스를 안 할지도 모른다."고 쓰여 있었다. 톰에 의하면, 앨리스의 아버지는 알코올 중독자로 집에 있을 때, 발가벗은 채로 살았다고 한다. 앨리스는 아버지의 나체를 보고 충격을 받았으면서도, 사춘기가 되었을 때 흥분되는 자신을 보고 놀라기도 했다. 앨리스에 의하면, 그녀의 어머니는 남편을 보고 구역질난다며, 모욕을 주고 자주 창피를 주고는 했다. 그와 같은 연령대에 있던 톰의 친구들은 그와 앨리스의 나이 차이와 그녀가 평범한 외모에 별로 교양미가 없는 것을 보고는, 톰이 제정신이 아니라고 생각했다.

이것 때문에 톰은 앨리스와 보내는 시간을 그의 자녀와 친구들에게 숨기게 되었고, 그들과 거리를 두게 되었다. 이것은 사랑에 빠진 연인들에게서 자주 나타나는 현상이다. 그들은 사랑하는 사람 외에 다른 사람에게는 관심이 없다. 그들의 관계는 '특별하며, 배타적이다.' 이들은 자기들만 따로 있는 것이 더 없이 행복하다.

남자는 일반적으로 여자보다 더 많은 테스토스테론을 가지고 있으며, 남자와 여자는 서로 다른 것에 자극을 받는다. 예를 들어, 앨리스는 톰이 자기를 지배하고 저속한 성 관련 단어로 자기를 부를 때 강한 성적 흥분을 느꼈다. 톰이 앨리스와 역할극을 하면서 그녀를 난잡하게 놀아먹는 '잡년'이며, 섹스밖에 모르는 '나쁜' 여자라고 놀리면, 앨리스는 그런 말만 듣는 것으로 절정을 느꼈다. 내가 짐작하건대, 그녀가 아주 어릴 때 섹스 전반에 혐오감을 갖고, 특히 아버지를 혐오했던 어머니와 자신을 동일시하고 있었던 것이 아닌가 싶다. 혐오와 경멸, 수치심, 모욕이 그녀를 흥분하게 했다. 정복감은 남자와 여자 모두에게 성적인 흥분을 불러일으키지만, 앨리스에게는 수치스럽고 저속한 항복이 흥분을 불러일으켰다. 덕분에 톰과 앨리스는 무자비한 정복자와 천박한 피해자라는 각자의 역할을 할 수 있었다.

더불어 앨리스는 흔히 여성을 흥분하도록 하는 것들, 낭만적인 말과 이미지와 애정을 확인해 주는 의식에도 흥분이 되었다. 그녀는 특별히 연애편지, 초코렛 캔디사랑호르몬 PEA함유, 사랑을 고백하는 대화, 우아한 저녁식사와 시를 좋아했다. 남자와 여자는 흔히 애인의 냄새와 음성에 의해서도 흥분이 된다. 앨리스는 톰의 체취를 좋아했다. 톰은 그녀를 개인적으로 만나지 못할 때는 전화 응답기에 녹음되어 있는 그녀의 목소리를 반복해서 듣고는 했다.

남자와 여자는 시각적 자극에도 성적으로 자극을 받는다.남자가 더 그렇다 비록 그녀가 미모와 풍만한 가슴은 없다고 해도, 앨리스에게는 풍성한 엉덩이가 있었다. 톰에 의하면, 앨리스는 그녀의 뒷모습이 드러나게 하는 방식으로 옷 입는 것을 좋아했다. 남자가 공상할 때는 여자의 신체부위를 생생한 이미지로 떠올리는 성향이 있다. 남자들이 포르노와 사이버섹스와 스트립쇼를 선호하는 이유가 바로 여기에 있는 것이다.

나는 낭만적 사랑의 초기 단계를 구성하는 두드러진 특징을 요약해서 이 장을 마치려 한다. 다음은 대부분의 사람들이 사랑에 빠져있을 때 나타나는 느낌과 행동의 보편적인 증상들이다.

- 타인지향otheration : 스페인 철학자 호세 오르데까 가세트Jose Ortega Gasset가 사용한 용어이다. 그는 '타인지향'을 내면지향과 대조시키고 있다. 모든 동물은 타인지향이다. 이들은 끝없이 먹을 것을 구하면서 바깥을 경계하면서 산다. 연인들도 '당신의 영역'realm of you 안에 살면서, 강박적으로 서로에게 초점을 맞춘다. 각 파트너는 '너'의

세계 속에 살면서, 상대방과 관련된 작은 디테일에 집중적이고 충동적인 관심을 갖는다.

- 운명destiny : 연인들은 사랑에 빠진 상태를 각자의 운명의 일부분으로 경험한다. 상대방에 대한 사랑은 그들의 피상적 선택 너머에 있는 것이다. 더 높은 힘팔자, 생명력, 하나님이 둘을 한데 묶어준 것이다. 연인들은 스스로 통제할 수 없다고 느낀다. 톰과 앨리스의 사랑, 특별히 성적인 욕망은 자기도 모르게 갑작스럽게 일어난 것이고 의식적인 통제 밖에 있는 것이다. 그것은 마치 서로 만지고 섹스를 하는 것을 멈출 수 없는 것과 같은 것이었다. 서로 떨어져 있을 때, 각 파트너는 사랑하는 연인에 대한 생각이 침투하는 것을 경험했는데, 이것은 자신이 하는 일을 방해할 때가 많았다.

- 특별하고, 특이하고, 배타적이다 : 연인들의 운명적 만남은 그들의 관계를 배타적이고 특별한 것으로 만든다. 연인들은 파트너의 신체적 속성애인의 턱에 있는 보조개, 그의 목소리, 큰 키에 핸섬한 외모에 대해 말한다.

- 즉흥성 : 연인과 함께 하는 것은 점점 쉬워진다. 두 사람 모두가 대화하는 게 쉬워진다. 두 파트너는 방어기제를 내려놓는다. 사랑에 빠져 있을 때는, 두 연인 사이의 대화가 자발적이고 즉흥적이며 느긋하다. 내가 거듭 거듭 반복해서 들은 말은 : "나는 OOO와 이야기하는 것처럼 누구와도 이야기해본 적이 없었습니다."

- 환상적 섹스 : 섹스는 점점 더 즉흥적이 되고 대담해진다. 사랑에 빠진 연인들은 아무런 경계선이 없는 즉흥적인 성생활을 창안해낸다. 그들은 모든 제약을 바람에 날려버린다. 결혼을 하면, 이 행동에 대해 종지부를 찍을 것이다. 그들의 결혼이 진행되면서, 일단 각 파트너가 든든한 자아감을 발전시키게 되면, 부부는 모든 제약을 풀고 거의 동물적인 섹스를 하는 대신 점차 이것을 중단하고 서로에게 양육적인 행동을 하게 될 것이다. 나는 어떤 식으로든 '양육적인 성애'nurturing lovemaking를 비하하는 게 아니다. 이것은 이상적인 것이고 어떤 부부는 결혼 내내 이러한 성애를 즐긴다. 앨리스와 톰은 서로 안전하게 느끼게 되자 상상력의 고삐를 풀어놓았고, 섹스는 서로에게 일종의 놀이가 되었다. 그들은 전에 공상만 했던 것을 서로에게 시도하게 되었다.

- 부끄러운 비밀을 공유함 : 톰과 앨리스는 전에 다른 사람과 나눈 적이 없는 비밀스런 이야기를 주고받았다. 예를 들어, 톰은 재정적 이득을 나눌 때 사업파트너를 속이고 자신이 더 많은 몫을 챙겼다. 앨리스는 톰에게 자신이 자위 중에 가졌던 엽기적인 공상을 털어놓으면서 자기가 성도착증이 아닌지 염려를 털어놓았다. 톰은 자신의 페니스 크기에 대해 염려하였는데(내가 상담한 모든 남자는 자신의 성기 크기에 대해 고민하고 있었다), 이것은 그가 앨리스에게 처음으로 털어놓은 것이다. 반면 앨리스는 자신의 납작한 가슴에 대한 걱정을 나누었다.

- 새로운 정력과 활력을 과장함 : 앨리스와 톰은 한 번에 몇 시간씩 성

관계를 했다. 그들은 보통 때보다 수면이 훨씬 덜 필요했다. 그들은
한 번에 몇 시간씩 전화통화를 했다. 그들은 모든 일을 제쳐두고 서
로 섹스 하는 시간을 갖기 위해 비행기를 탔다.

- 긍정성positivity : 연인들은 서로의 단점을 장점으로 변환시킨다. 한
  여인은 나에게 말했다. "나는 해리를 정말 사랑해요. 그렇게 솔직할
  수가 없어요. 그는 자기가 사람을 죽였다고 했어요. 세 번째 데이트
  에서 자기가 살인했다고 털어놓더라니까요. 그가 사람을 죽였을때
  는 그럴만한 특별한 이유가 있었겠죠. 그는 나와 가장 깊은 비밀을
  나누었어요." 연인들은 서로에게서 결함을 본다. 그러나 파트너의
  결함을 재구성하여 긍정적인 것으로 전환하는 과장된 능력을 발휘
  한다.

- 짝을 챙긴다mate guarding : 그들의 강렬한 취약성 때문에, 각 파트너는
  상대가 이성에 대해 보이는 어떤 관심에 대해서도 강렬한 질투를 느
  낀다. 사랑에 빠진 파트너는 상대가 동성에게 보이는 어떤 주의에도
  극히 민감하다. 앨리스는 톰이 엘리자베스 테일러의 아름다움에 대
  해 한마디 했다고 장황한 비난을 늘어놓았다.

- 개인적 변화를 성취한다 : 앨리스는 조깅을 했는데, 매일 같이 밖에
  서 뛰었다. 톰은 가능할 때마다 그녀와 함께 달리기를 했는데, 거의
  힘들이지 않고 60파운드를 감량했다.

- 파트너의 기분과 행동에 극히 민감하게 의존한다 : 사랑에 빠진 연인들은 흔히 자기가 하던 일이 무엇이든 이것을 중단하고 상대방의 요구와 소망에 맞춘다. 톰은 미네소타로 날아가기 위해 중요한 회합을 취소하였다. 톰이 지나가면서 한 말 한마디 때문에 앨리스는 허벅지 지방흡입술을 받았다. 연인들의 소원은 똑같은 것처럼 보인다. 그리고 그들의 차이는 대수롭지 않은 것으로 치부된다. 각 파트너는 상대에 대해 엄청난 정서적 에너지와 열정이 있으며, 서로가 없으면 살 수 없는 것처럼 느낀다. 각자는 상대방의 말과 얼굴 표정에 엄청나게 민감하다. 각자는 상대방의 기분과 행동에 대한 자신의 공상에 의해 자극을 받아 극적인 기분의 변화를 경험한다.

톰은 자연Mother Nature이 선사한 오래된 흑마술에 걸린 채 거기서 헤어나지 못하고 있었다. 그는 중독적 애착에 취해 있었으며 말 그대로 제 정신이 아니었다. 그는 앨리스에게 푹 빠져 있었다. '심취해 있다'infatuated는 말은 '건전한 판단력을 상실했다'는 의미이다.

또한 이것은 피상적인 사랑과 애정에 휩쓸린다는 의미이기도 하다. 앨리스는 그중에 덜 빠진 경우다. 그녀는 부자 남편이 자기와 자녀들을 돌봐주고 따뜻한 기후로 이주해 주기를 바랐다.

일 년 반을 사귄 후, 톰이 자기와 결혼해줄 것 같지 않다는 것이 명확해지자, 앨리스는 일주일이 가기 전에 다른 연인을 만났다. 톰은 그녀가 관계를 청산하고 다른 남자에게로 갔을 때 장이 뒤틀리는 고통을 겪어야 했다. 그는 상실 때문에 그와 같은 신체적 아픔을 겪을 수 있다는 데 매우 놀랐다.

그러나 낭만적 사랑이 일종의 최면상태와 같고 변형된 의식 상태와 같은 것이라는 사실을 안다면, 톰은 마약을 갑자기 중단한 헤로인 중독자에 비교할 수 있을 것이다. 물론 사랑에 빠지는 경험은 헤로인 중독자가 되는 것보다 더 깊고 풍부한 경험이다. 하지만 이 비유는 관계의 철수가 왜 그렇게 고통스러운지 설명하는데 도움이 될 것이다.

　당신은 이 모든 행동 목록에 공감하지 못할 수도 있다. 사랑에 빠지는 단계앞으로 로맨스 프로그램이라고 칭할 것이다의 핵심요소는 소유한 것 같은 기분이다. 사랑에 빠진 연인들은 그들의 파트너가 자기에게 주어졌다고 믿으며, 자신을 상대방의 운명이라고 믿는다. 이것은 사랑이 지속되는 동안 모든 수준에 적용되는 〈사랑 후 스트레스 장애〉PRSD의 핵심이기도 하다.

Post-Romantic Stress Disorder

3

새로운 발견 :
로맨스, 욕망, 애착 프로그램

우리의 연구결과는 낭만적 사랑의 본질 자체에 대한
나의 생각을 변화시켰다. 나는 이 열정을
기본적 인간의 추동으로 보게 되었다…
그것은 생리적인 필요이며, 심오한 욕망이며,
특정한 짝과 구애하고 애착관계를 맺으려는 본능이다.

헬렌 피셔 『왜 우리는 사랑하는가』

톰과 앨리스의 낭만적 사랑 이야기는 자연이 우리에게 선물한 흑마술의 현장을 보여주는 것이다. 비록 사랑에 빠진 자의 성적 행동이 정확하게 전형적이라 할 수는 없지만앨리스는 성적으로 삽입당하는 것을 원치 않으며, 구강과 항문 섹스를 무제한 즐기기를 원하면서도 성교를 금지하는 자신의 규칙을 제멋대로 적용하였다 톰과 앨리스의 행동은 사랑에 빠진 상태에 따라오는 엄청난 힘과 비범한 열정을 우리에게 보여준다. 톰은 앨리스가 자신을 떠났을 때 완전히 상사병이 났으며 크게 고통을 받았다. 앨리스는 성적으로 고통을 당했는데, 배타성과 특별함그만 나의 연인이며 다른 사람은 아니다은 결국 결혼할 필요성 때문에 희석되었다. 그녀가 톰에게 자기 교회 안의 한 부자 남자가 자기에게 집과 자동차를 사주고 매달 생활비를 대준다고 말했을 때, 그는 제정신을 차리고 도망가야 했을 것이다. 그 늙은 남자는 앨리스에게 결혼을 강권하고 있었다. 이것은 그녀의 절박함과 결혼할 필요를 설명해주었다. 그렇지만 톰과 앨리스의 이야기는 사랑에 빠지는 것이 얼마나 예상하지 못하고 예측할 수 없는 허망한 것인지를 보여주며, 사랑에 빠지는 경험은 두 사람의 계획과 예상을 빈번하게 초월한다는 것을 보여주고 있다. 내가 2장에서 진술한 것처럼, 사랑에 빠지는 경험은 진짜 '의식 변형 상태'altered state of consciousness임에 틀림없다.

불독이라는 남자 : 사랑을 선택한 이방인

내가 아는 불독이라는 별명그의 사생활을 보호하기 위해 허구적인 별명을 씀을 가진 사람이 있는데, 그는 사랑에 빠진 애정중독자로 방학을 맞아 스페인으로 여행을 갔다. 그곳에 있는 동안, 그는 이사벨라Isabella라는 여인과 사랑에 빠졌다. 그녀에게 정신이 나가버린 그는 그녀와 결혼했고 미국으로 돌아오지 않았다. 내가 그와 가진 한 차례의 대화에서, 그는 금이 간 레코드처럼 같은 말을 되풀이했다. "나는 이사벨라처럼 젊고 아름다운 여인과 결혼했다는 것과 스페인에 눌러 살게 되었다는 것이 믿어지지 않아요." 불독은 73세이고, 이사벨라는 38세다. 그의 본래 계획은 오클라호마에 있는 90세 된 어머니의 농장에서 사는 것이었다. 그러나 잘 짜인 계획은 자연의 오래된 흑마술 때문에 빗나가게 되었다.

세 가지 두뇌 프로그램 : 미래를 위한 청사진

*헬렌 피셔Helen Fisher는 아주 흥미진진한 연구결과를 제시하였다. 우리 각자가 유전적으로 세 가지 독특하며 내재적인 두뇌 프로그램을 타고났다고 주장하였다. 사랑에 빠지는 낭만적인 '로맨스 프로그램'과 '욕망lust 프로그램', '애착attachment 프로그램'이 그것이다. 피셔의 책 *「우리는 왜 사랑에 빠지는가 : 낭만적 사랑의 성격과 화학작용」은 반드시 읽어보아야 할 책

---

*헬렌 피셔(Helen Fisher) : 1945년 출생. 미국에서 가장 유망한 인류학자이며 뉴욕 미국자연사박물관 연구원, 럿거스 대학 연구교수를 역임했다. 피셔 박사는 사랑과 애착의 본성이라는 주제에 관한 세계가 인정하는 권위자로, 사랑과 관련된 연구에 가장 많이 언급되는 인물이기도 하다. 저서 「우리는 왜 사랑에 빠지는가 : 낭만적 사랑의 성격과 화학작용」(Why We Love : The Nature and Chemistry of Romantic Love)은 사랑의 본질을 탐구하기 위해 fMRI(기능성 자기공명영상장치)를 활용, 사랑에 빠진 사람들과 실연당한 사람들의 뇌를 연구하여 사랑에 대한 인간의 보편적인 물음에 도발적인 대답을 제시했다.

이다. 이 책은 〈사랑 후 스트레스 장애〉PRSD에 대한 나의 생각에 대해 풍부한 배경을 제공해줄 것이다. 새로 발견된 이 세 가지 독특한 두뇌 프로그램은 우리에게 진화적인 혜택을 제공하고 있다. 복제될 수 없는 DNA와 혈통을 보존하려면, 우리는 후손을 낳아야 한다. 그렇게 하기 위해서, 우리는 바람직한 배우자를 만나 자녀를 가져야 한다. 팻 러브Pat Love 박사가 표현하였듯이, 세 가지 두뇌 프로그램은 우리가 '만나고 짝을 짓고, 자녀생산을 하도록' 우리를 인도해준다. 이런 생명력은 만나고, 짝을 짓고, 자녀를 생산해서 우리의 혈통과 DNA가 후대에 이어지도록 하기 위해 스스로를 구현하는 방법이다. 러브의 책 「사랑에 대한 진실 : 깊고 낮은 사랑이 영원히 지속되게 만드는 법」The Truth About Love: The Highs, the Lows, and How You Can Make It Last Forever은 반드시 읽어야 할 또 한 권의 책이다. 이 책은 〈사랑 후 스트레스 장애〉PRSD 때문에 생겨난 문제들을 해소하는데 우리 모두에게 도움을 줄 수 있는 풍성한 지침을 제공해준다.

우리에게 사랑이 필요한 이유

최근에 비틀즈가 Ed Sullivan Show에 처음 출연한 것을 기념하는 50주년 특별쇼를 보면서 감동을 받은 적이 있다. 이 공연은 그 당시 유명한 TV 버라이어티 쇼였다. 이날 밤 그들의 음악을 듣는 것은 나에게 색다른 경험이었다. 나는 비틀즈 음악의 내면적 역동에 대해서는 아는 것이 없고, 정확하게 무엇이 로큰롤을 구성하고 있는지 모르지만, 나는 그들의 노래의 중심에 있는 원형적 주제를 들을 수 있었다.

원형

나는 나의 책 「상처받은 내면아이 치유」Homecoming를 스티븐 스필버그의 뛰어난 영화 'E.T.'의 대사로 끝낸 적이 있다. E.T.가 그윽한 눈빛으로 엘리엇Elliot을 보고 "집으로 돌아와, 집으로 엘리엇"하고 말했을 때, 인종과 종교를 초월해 모든 사람들은 자기의 등줄기를 타고 공감의 온기가 흘러내리는 것을 느꼈다. 그것은 한 줄의 대사가 우리의 '집단 무의식'을 건드렸기 때문이었다. 평화와 안전, 연결감집: home에 대한 갈망이 우리 모두 안에 잠재해 있는데, 그 한 줄이 우리의 영적인 갈망의 원형을 건드렸던 것이다.

비틀즈의 노래 'Hey Jude'의 가사는 모든 사람 속에 있는 가정을 꾸릴 수 있는 특별한 짝을 찾아 정착하고 싶은 우리의 보편적 동경을 표현하고 있다. 우리가 좋아하든 싫어하든, 우리는 우리 자신을 드러낼 수 있는 대상, 친밀감을 나눌 수 있는 대상, 후손을 남기기 위한 파트너가 될만한 대상을 갈망한다. 이 동경은 우리가 사랑에 빠지거나, 비전문적인 언어로 '큐피드의 화살이 우리를 맞힐 때', 그 형태를 갖춘다.

로맨스 프로그램

이른 바 원시인들도 사랑의 역동적 과정을 이해하고 있었다는 것을 알 수 있다. 피셔는 「우리는 왜 사랑에 빠지는가」에서 케냐의 타이타p.87를 인용하고 있다. 그는 사랑은 두 가지 형태를 취하고 온다고 말한다. 하나는 '저항할 수 없는 동경, 일종의 병'처럼 오고, 다른 하나는 '서로에 대한 깊고, 지속적인 애정'으로 나타난다. 이것은 세 가지 두뇌 프로그램을 잘 요약해 준다—우리가 사랑에 빠질 때, 우리는 사랑하는 사람에 대해 생각을 멈출 수 없다. 그들은 '특별하다', 그래서 우리는 그들과만 함께 있고 싶다. 우리의 전인격이 변한다. 지독한 구두쇠가 사랑하는 사람에게 선물을 퍼붓는다. 스킨십을 별로 좋아하지 않는 여자가 이제 성욕을 분출하는 화산이 된다. 두 파트너의 테스토스테론신경전달물질 중 성적 추동을 부채질하는 에너지 수치가 급격히 상승한다. 나는 사랑에 빠져 있는 테스토스테론 수준이 높고 낮은 남녀를 모두 상담해보았다. 그들은 사랑에 빠져있을 때, 정상적인 신체적 성적 안전지대를 완전히 벗어나거나, 자신이 죽어서 천국에 와 있다고 생각하고 있었다. 성적으로 고조되는 것은, 우리가 사랑에 빠져있을 때 분출되는 화학물질의 결과인 것이다. 내가 2장에서 거론한 '도파민 칵테일 PEA'는 피셔의 업적 이전에는 하나의 가설로 남아 있었다.

피셔와 그녀의 동료들은 미상핵尾狀核: 두뇌의 보상체계의 일부에 뿌리를 둔 강력한 화학물질이 도파민과 노르에피네프린을 자극하고 세로토닌을 감소시킨다는 것을 발견했다. 이러한 화학물질은 로맨스 프로그램을 구성하는 요소 중 황홀경에 빠지게 하는 요소를 자극하는 것처럼 보인다. 거절당한 연인들이 그렇게 분노하는 것은 원인이 여기에 있는 것이다. 그들은 사랑에 빠져 있을 때 누렸던 무엇인가를—황홀한 섹스를 상실하고 있는 것이다. 이는 말할 수 없이 보상적이며 쾌락적인데다, 안락함과 즉흥성도 함께 제공했던 것이 아닌가!

앞서 이뤄진 연구는 사랑에 빠져있을 때의 느낌이 두뇌 안의 특정한 화학물질과 그물망에 의해 만들어진다는 것을 보여주었다. 피셔는 사랑에 빠지는 경험이나 그녀가 로맨스 프로그램이라 부르는 것이 선천적이며, 음식과 물을 갈망하는 것과 마찬가지로, 기본적인 인간의 추동推動에 해당한다고 믿고 있다. 심지어 그녀는 이것을 모성 본능에 비유하고 있다. 그녀는 사랑에 빠지고 싶은 추동은 '생리적인 필요이며, 심오한 충동이며, 특정한 짝을 구애하여 차지하고 싶은 본능'Why We Love, p.xv이라고 결론을 내리고 있다. 피셔와 그녀의 팀은 '욕망'lust과 '애착'attachment도 별개의 선천적 두뇌 프로그램이라는 것을 발견했다. 로맨스 프로그램사랑에 빠짐, 욕망, 애착은 두뇌의 서로 다른 세 개의 영역에 의해 관장을 받고 있는 데, 각각은 그 독특한 목표에 의해 추진되고 있다.

여섯 해에 걸쳐, 피셔와 그의 동료들은 미친 듯이 사랑에 빠져있는 140명의 남녀 두뇌를 살피며 스캔했다. 샘플의 반은 피차 사랑하는 남녀들이었고, 나머지는 사랑하는 대상에게 거절당한 사람들이었다. 피셔와 그녀의 동료들은 fMRI라고 알려진 기능적 자기공명 기록법이라는 새로운 두뇌 스캐닝을 사용하였다. 과학자들은 이미 두뇌의 특정 신경이 어떤 부위와 연결되어 있는가를 알고 있었다.Why We Love, pp.69-70 그리고 피셔는 사랑에 빠져있는 느낌사랑하는 대상에게 푹 빠져있는 또는 낭만적으로 강력한 매력을 느낌에 대한 55문항으로 된 설문지를 만들었다. 또한 그녀는 거절당한 연인들도 조사했다. 그녀의 연구 결과는 몇 가지 면에서 놀라운 것이었다. 연구결과는 세상에는 선천적 로맨스 프로그램이 있으며, 그 프로그램의 원천이 되는 강력한 화학물질이 존재한다는 믿음이 타당하다는 것을 입증해 주었다.

로맨스 프로그램의 유효기간

피셔의 연구는 로맨스 프로그램이 약 17개월 동안 지속된다는 것을 발견했다. 제2장에 나왔던 커플, 톰과 앨리스는 이 연구결과가 맞다는 것을 말해준다. 앨리스는 그들의 낭만적 사랑이 시작된 지 17개월 만에 톰을 떠났다. 다른 연구는 '사랑에 빠지는' 프로그램의 지속기간이 12개월에서 18개월임을 발견했다. 로맨스가 끝날 때, 흥분된 황홀감, 연인에 대한 강박적 생각, 함께 있고 싶은 마음, 몇 시간씩 전화 통화를 할 필요와 계속 키스하고 만지고픈 마음과 같은 로맨스의 다른 요소들도 서서히 감소하며, 연인들은 내가 〈사랑 후 스트레스 장애〉PRSD라 명명한 상태에 들어가게 된다.

실낙원

낭만 프로그램 동안 사랑에 빠진 상태의 화학작용이 감소하면서, 사랑에 빠진 열정에 의해 자극받았던 높은 수준의 테스토스테론 수치도 따라서 감소한다. 각 파트너의 성욕도 사랑에 빠지기 이전 상태로 되돌아간다. 그러나 연인들은—둘 중 하나 또는 둘 다—이 자연스럽고 필요한 평형을 자기들이 '사랑에서 빠져나온'fallen out of love 사인으로 착각한다. 파트너 중 많은 이들은 평형을 잡는 단계를 타고 넘어가며, 애착을 유지하며, 그들의 사랑을 깊고 영속적인 것으로 만드는데 필요한 일을 한다. 하지만 사랑에 빠진 것을 성숙한 사랑과 혼동하는 사람들은 흔히 관계를 정리하고 어린애들처럼 갈등하고, 미워하며, 분노하는 것으로 특징짓는 관계에 머무른다.

끝을 시작처럼

사람들이 사랑에 빠진 상태를 벗어날 때의 최악의 시나리오는 연인 중 하나가 PRSD의 가장 극단적 형태 속으로 빠져들어 가는 것이다. 이때 실망한 연인은 자신과 파트너에게 폭력을 행사하게 된다. 피셔의 연구나 또 다른 연구결과는 낭만 프로그램의 끝이 든든한 감각의 두 파트너를 위한 성인적 사랑을 건축하는 첫 단계가 될 수 있다는 것을 명확하게 보여주고 있다. 이 사랑의 '수고'는 두 사람이 서로를 위해 창조하기 시작하는 사랑의 가장 흥미진진한 부분이 될 수 있다. 자연은 엄격한 궁합을 원치 않고 복합성을 원한다. 원가족의 규칙과 갈등, 상처받은 자아의 충돌 등에 대한 배우자의 차이는 성숙한 사랑을 건축하는 첫 단계가 되며, 흔히 PRSD의 1등급이 된다.

사랑에 빠지는 것은 우연한 해프닝인가?

일반적이고 대중적인 믿음과 달리, 피셔와 그녀의 연구팀은 사랑에 빠지는 것은 우연이거나 변덕스러운 것이 전혀 없다는 것을 보여주고 있다. 우리는 이제 알고 있다. 우리는 모두 낭만적 사랑을 위한 준비를 다 갖추고 태어났으며, 그저 로맨스 프로그램에 불을 붙일 적당한 파트너를 만나기 위해 최적의 순간을 기다리고 있을 뿐이다. 우리는 첫눈에 반해서 사랑에 빠질 수 있지만, 그것은 흔한 일이 아니다. 그러나 한 사람이나 두 사람 모두가 짝짓기와 성적 환상과 재생산을 간절히 기다리고 있기 때문에, 곧 연인이 될 사람의 원시적 두뇌 그물망을 자극하는데 오랜 시간이 걸리지 않는다. 욕망lust 프로그램은 대개 로맨스 프로그램을 따라 이어지는 것이 상례다. 성욕의 호르몬이라고 하는 테스토스테론을 분비하는 신경전달물질인 도파민 때문이다. 남성 혈관에 도파민을 주입하게 되면 즉각적으로 교미행동을 하고 싶은 욕구를 자극하게 된다. 테스토스테론의 기본수준은 유전된다. 보통 사람들의 용어로 말하자면, 어떤 사람들은 다른 사람보다 더 '성적으로 흥분'한다.

로맨스 프로그램은 우리의 진화 유전자를 다음 세대에 전수해야 하기 때문에 아주 강력하다. 파트너가 상대의 성욕이 감소한 것을 깨달으면, 그들은 흔히 관계를 끝내버린다. 그것도 완전히 품위 있고 훌륭한 파트너와 관계를 청산하는 것이다. 이것은 PRSD의 중요한 비극이 아닐 수 없다.

요약해서 말하자면, 우리의 세 가지 선천적 프로그램은 종족이 보존되도록 보장하는 역할을 한다. 사랑에 빠지는 것은 대개 성적 욕구를 자극한다. 그리고 둘은 몇 달 동안 황홀한 섹스를 즐긴다. 커플은 서로 호감을 가지고 애착관계애착 프로그램를 발전시키고 자녀를 갖기 위한 준비로 가정을 꾸리게 된다. 도파민과 노르에피네프린은 부분적으로 바소프레신vasopressin과 옥시토신oxytocin에 의해 대치되며, 세로토닌은 정상 수준으로 돌아온다.

욕망 프로그램

사람들은 직관적으로 낭만사랑에 빠짐의 느낌과 욕망lust의 느낌을 구분할 수 있다. 당신은 결혼을 원하지 않으면서 다른 이성과 섹스를 할 수 있다. 그리고 사람들은 로맨스와 애착의 느낌을 구분할 수 있다. 일단 애착관계가 형성되면, 사랑에 빠지는 강력한 상태는 수그러들며, 그와 함께 상승곡선의 성적 욕망도 하락하게 된다. 낭만적 사랑은 흔히 욕망 프로그램을 자극한다. 톰과 앨리스의 경우가 바로 그랬다. 그렇지만 욕망이 항상 낭만적 사랑을 자극할까? 여자가 직장에서 만난 남자친구나 낯선 사람과 침대 위로 올라가거나 그와 사랑에 빠지겠는가? 그러한 일이 일어날 수도 있다. 그러나 사랑에 빠지는 일이 보통 그런 수순으로 일어나지는 않는다. 피셔가 말했듯이, "욕망이 반드시 낭만적 사랑의 열정과 강박으로 유도하는 것은 아니다. 욕망의 두뇌 회로망이 반드시 낭만의 용광로에 불을 붙이는 것은 아니다."Why We Love, p.85

캐주얼 섹스

대자연의 오래된 흑마술은 아주 변덕이 심하다. 성욕과 교미의 화학은 낭만의 불꽃에 불을 자극할 수 있다. 이것이 장기적 관계를 원하지 않는 당신이 아는 어떤 사람과 섹스를 하는 것이 진짜 위험한 이유이다.

흔히 말하는 캐주얼 섹스는 사람들이 생각하는 것보다 훨씬 더 위험하다. 당신은 다만 캐주얼 섹스를 의도할지 모르지만 사랑에 빠지는 것으로 이어질 수도 있다.

그 중에 가장 오래된 사자

이태리 격언은 욕망을 '그 중에 가장 오래된 사자'oldest lion라고 부른다. 욕망은 원시적 두뇌 프로그램으로, 진화적 관점에서 본다면, 인류의 보전을 책임진다고 할 수 있다. '욕망'이 로맨스romance와 애착attachment 프로그램 이전에 먼저 있었다. 그래야만 했다. 이것이 없었다면, 인류는 오래 전에 멸종되었을 것이다. 우리가 알고 있는 인간생활이 영속하기 위해서는 욕망성욕이 있어야 한다. 대다수의 사람들이 사랑에 빠지는 것과 욕망을 혼동한다.

다양한 문화 속에 살고 있는 대다수의 사람들은 욕망이 사랑에 빠지는 것과 다르다는 것을 알고 있다. 사랑에 빠지는 프로그램은 욕망이 이미 자리 잡고 있을 때 진화되었다. 욕망은 당신을 성적으로 흥분하게 하는 사람과 섹스를 하게 하는 보편적 추동느낌이다. 당신은 거의 어느 장소, 어느 때나 욕망을 느낄 수 있다. 욕망의 목적은 단순히 어떤 사람과 섹스 관계를 갖는 것이다. 욕망은 성적 사정을 원하며, 다만 성적 사정에 대한 것이다. 이 욕망은 낭만적 사랑의 느낌과는 다른 것이다. 낭만적 사랑은 흔히 욕망을 자극하며, 욕망이 낭만적 사랑을 자극할 수도 있다.

요나 : 성관계 중독

나의 내담자 중 하나인 74세 된 노인요나라 부르겠다은 두 명의 아내들을 자기가 욕망을 품었던성적으로 바랬던 여인의 이미지에 맞지 않았다고 불평하곤 했다. 요나는 검은 머리에 가슴이 풍만하고, 커다란 둔부에 음부에 털이 많이 난 여자에게 매력을 느꼈다. 나는 그가 욕망을 느낀 여자를 아내와 자녀의 어머니가 되길 원하느냐고 물었다. 그는 "천만에. 아니요"라고 힘주어 말했다. 그는 자기의 마지막 이혼두 번째 아내 후에, 자기의 욕망 이미지에 맞는 여성과 몇 차례 관계를 가졌는데, "나는 그들과 정착한다는 생각은 추호도 안했다. 그들은 섹스만을 위해 만났을 뿐이다. 그들은 더러운 여자들이다."고 말했다. 이 용어는 내가 십대 시절에 많이 사용되었던 용어인데, 문란하고 난잡한 여자들을 칭하는 말이었다.

요나는 사랑중독자in-love addict였다. 그는 두 번 결혼생활에 외도를 했다. 그는 자녀를 두었지만 그들과 시간을 보내준 적이 거의 없다. 그의 애착 프로그램에는 양육이 빠져 있었다. 그는 생리적 아버지이기는 했으나 그 이상 아무 것도 아니었다. 기본적으로 '정자'를 기증한 사람에 불과했다.

세상은 저리 가라

일단 사랑에 빠지게 되면, 당신은 '특별한 사람'과만 따로 있고 싶게 된다. 유행가 가사처럼, 세상이 사라진다 해도, 당신은 새로 발견한 영혼의 동반자와 함께 있는 한 개의치 않는다. 그들의 로맨스 프로그램에 안착한 연인들은 사랑에 빠지기 전에 흥미를 가졌던 거의 모든 것에 대해 일시적으로 관심을 잃게 된다. 사랑에 빠진 '숙취' 현상에서 깨어나게 되면, 그 관심은 다시 되살아난다. 욕망에서 움직이는 사람들은 바로 껴안고 키스하고 난잡하고 문란하게 군다. 욕망으로 행하는 파트너는 아침에 집으로 가기를 원한다.때에 따라서는 오르가슴 직후에 갈 수도 있다 코요테개과에 속하는 북미산 야생동물 섹스에 대한 저속한 농담은 욕망에 대한 좋은 예화가 될 것이다.

농담대로, 욕망으로 섹스 하는 사람은 절정에 도달하면 떠나고 싶어 한다. 그렇지만 그 욕망의 대상은 그에게 달라붙는다. 그래서 그는 거기서 벗어나려고 자기 팔을 물어뜯는다. 이것이 코요테 섹스다. 내가 남성의 예를 사용하였지만, 이것은 사실 여자나 남자에게 똑같이 적용된다.

욕망은 통제를 추구한다

사랑에 빠진 것은 '통제력을 잃은 것'처럼 느끼게 만든다. 당신이 욕망을 따라 행할 때, 당신은 타산적이고 교활해진다. 욕망은 어느 정도의 계획과 통제를 포함한다. 사람들은 어디서나 자기가 원하는 것을 사용하였는데, 욕망을 자극하기 위해 최음제를 사용하기도 했다.

사람들은 흔히 토마토^{사랑의 사과}를 매춘 굴에 비치해 두었다. 최음제로 쓰이는 것들 중에는 상어 지느러미, 굴, 바닷가재, 하이에나의 눈, 코뿔소 뿔 분말, 거위 혀, 초콜릿, 캐비아^{철갑상어}, 석류, 맥주, 대추, 무화과, 자두, 가루로 만든 딱정벌레, Spanish fly^{곤충으로 만든 최음제} 등이 있다. 이러한 것들은 서로를 성적으로 흥분시키기 위해 여러 세기, 다양한 문화에서 다른 시기에 사용되어왔다. 나는 내 친구 조가 나에게 최음제 가루를 주던 날을 잘 기억하고 있다. 내 나이 열여섯이었고, 이미 '열 받은 토끼처럼 성적으로 흥분한' 상태였다. 나는 물을 벌컥 들이마시고 기다렸다. 일주일 이상을 기다려도 아무 일도 일어나지 않았다. 그리고 낙심이 되었다. 나는 이국적인 꿈을 꾸기를 바랐고, 자위행위를 위한 충분한 도구가 있었다.

그 나이에 나는 이미 텍사스 갤버스톤의 그 당시 개방되어 있던 창녀촌에서 몇 명의 창녀들과 섹스를 했다. '밤의 여인들'과 환상적인 섹스를 나눈다는 나의 소망은 내가 삼켰던 최음제 분말처럼 사라졌다.

욕망 프로그램은 애착프로그램은 물론 로맨스 프로그램과도 독립적으로 작동한다. 이것은 우리가 누군가를 사랑하고 안정되게 애착관계를 맺어도, 다른 사람에게 욕망을 품을 수 있다는 것을 의미한다.

애착 프로그램

12개월에서 18개월 동안 사랑에 빠져 있는 연애의 유효기간이 지나가면, 우리의 정력과 열정은 시들기 시작한다. 아이를 임신하기 전이나 후, 새로운 프로그램이 작동하기 시작한다. 성적 황홀경이 끝나는 실망을 느끼기 시작할 무렵, 부부는 서로를 새롭게 경험하기 시작할 가능성이 많다. 미친 듯이 사랑에 빠져 있던 광기가 안정감과 편안함, 연인과의 연합이라는 새로운 감정에 굴복하게 된다. 진화론적 시각에서 보면, 자연은 부모가 자녀를 양육하고 돌볼 수 있도록 우리에게 이 애착 프로그램을 제공해준 것이다. 부모는 그들이 함께 하는 것은 당연하고, 후손을 원하고 돌보고픈 마음이 들도록 이 새로운 두뇌 프로그램이 필요한 것이다. 많은 이들은 이 새로운 느낌을 우리가 모성적 대상과 가졌던 애착 프로그램을 반영하는 거울처럼 간주하고 있다. '충분히 좋은' 애착 유대는 당신의 '안전기지'secure base로 불리어지고 있는데, 모든 사람은 이 기초가 필요하다. 심리학자 일레인 해트필드Elaine Hatfield에 의하면, 애착 프로그램은 유년기 유대 형성기간에 가졌던 공감적 재결합을 다시 불붙도록 만든다. 이상적으로 말하면, 배우자는 서로에게 안전기지가 된다.

문제는 많은 사람들이 유년기 애착관계를 안전하게 형성하지 못한다는 데 있다. '회피적으로 애착'avoidantly attached 관계를 맺는 사람도 있고, '혼란스럽게 애착'disoriently attached관계를 맺는 사람도 있고 소그룹에 '양가적으로'ambivalently 불안하게 애착관계를 맺는 사람들도 있다. 나의 책 「미덕을 되찾기」Reclaiming Virturepp. 112-13에서, 나는 '유아의 낮가리기' 상황에 대해 기술하고 있는데, 이것은 유아와 어머니가 형성한 애착의 종류를 측정하기 위해 메이 에이스워스Mary Ainsworth와 후에 메리 메인Mary Main이 고안한 실험이었다. (우리는 8장에서 애착 결핍과 이를 치료하는 방법을 더 상세하게 다룰 것이다.) 피셔는 애착을 '그 삶이 당신의 삶과 깊이 휘감겨있는 누군가와 행복하게 함께 한다는 느낌'이라고 기술하고 있다.

애착 프로그램은 제2부에서 취급하게 될 '사랑의 수고'work of love의 기초적 개념이다. 애착의 느낌은 낭만적 사랑이나 욕망의 느낌에 비해 덜 강렬하고 덜 열정적이며, 덜 집착적이다.

부부는 불가피하게 사랑에 빠져 있고 파트너를 욕망적으로 추구하는 상태에서 그들의 애착을 증진하는 쪽으로 움직이게 되어 있다. 그 시점에서, 그들은 틀림없이 '사랑에서 빠져 나온 것이다.'fallen out of love 새로운 발견은 사랑에 빠진 상태는 다른 사랑의 발전 단계에 앞서가는 노력이 필요 없는 만족스런 성생활과 함께 깊은 우정과 심화된 친밀감을 강화하는 서곡전주곡과 같은 것이라는 점을 확실히 하고 있다. 참된 사랑은 하나의 과정이다. 성숙한 사랑을 창조하려면 시간과 노력이 필요하다. 세 가지 선천적 두뇌 프로그램의 새로운 발견이 있건 없건 간에, 연인들은 사랑에 빠진 상태의 화학적 욕조도파민과 노르에피네프린, 감소한 세로토닌, 대량의 테스토스테론 방출로 창일한 두뇌 상태의 열기는 반드시 식게 마련이라는 것을 깨닫게 된다. 어떤 사람도 사랑에 빠진 상태인 로맨스 프로그램의 강렬함을 유지하면서 정상적인 생활을 계속할 수는 없다.

동반의존자로서 유기나 학대신체적, 정서적, 성적, 영적, 특별한 외상, 부모와의 속박 때문에 애착문제가 있는 사람들은 내가 이 책에서 다루고 있는 〈사랑 후 스트레스 장애〉를 어느 정도 경험하게 될 것이다. (우리는 4장에서 PRSD를 상세하게 다룰 것이다.)

이들 세 가지 선천적 두뇌 프로그램에 대한 새로운 발견들은 사랑에 빠지는 상태와 욕망, 애착 프로그램이라 하는 세 번째 발달단계로의 진입 사이에 있는 엄청난 차이에 대해 성숙한 이해를 할 수 있게 해주었다. 이들 두뇌 프로그램은 '낭만적 사랑이 동업자관계를 유지하도록 돕는 쪽으로 진화되지 않았다는 것'을 분명히 보여주고 있다.Fisher, Why We Love, p.92 그것은 다른 목적을 위해 진화되었다. 우리가 신체적으로나 정서적으로 사모하는 '특별한' 누군가를 만나도록 돕기 위해 진화된 것이다.

그들이 내가 이상화하는 '욕망적 이미지'에 부합하는가(이상형에 딱 맞는 사람을 만날 가능성은 거의 전무하다.)와 관계없이 다른 사람이 아닌 바로 그 단 한 사람을 만나게 할 목적으로 진화된 것이다. 우리 뇌리에서 떠나지 않는 질문, 즉 왜 다른 사람이 아니고 이 사람인가? 대자연의 오래된 흑마술이 이 질문에 대한 답이다!

배우자 선택의 생물학

나의 첫 번째 책 「창조적인 사랑」 1장에서, '사랑의 훼방'에 대해 쓴 적이 있다. 약간 생뚱맞는 예로, 내가 15살 때 동네식료품 가게에서 비공식적인 계산대 직원을 맡았던 이야기를 했다. 계산대는 가게의 앞부분에 위치해 있었다. 맵시 있게 생긴 여인이 가게에 들어오면, 생산부서에 있는 레온과 육류부서의 버바와 필에게 신호를 보내는 버저를 누르게 되어 있었다. 그것은 미모의 여자가 가게에 들어왔다는 것을 알리는 신호였다. 시간이 지나면서, 우리가 초점을 맞추게 된 것은 아주 화려하게 생긴 여자가 아니라 그녀가 동행하고 있는 못생긴 남자였고, 반대로 신체적으로 덜 매력적인 아내를 대동하고 다니는 핸섬하게 잘 생긴 남자였다. 나는 지금도 레온이 두 개의 빠진 이빨 틈으로 내뱉던 말을 기억하고 있다. 씹는 담배 한 뭉치를 내뱉으며 그는 "제기랄, 재수 없게 왜 나한테는 저런 미녀가 안 걸리는 거야?" 그 당시에 레온은 네 번째 부인과 생활하고 있었다.

독자는 내 진술에서 눈치를 챘겠지만, 그는 분명 그렇게 잘 생긴 남자는 아니었다! 저 여자, 남자는 어떻게 하다가 저 사람을 만나게 되었을까? 배우자 선택에 대한 궁금증은 수 세기에 걸쳐 신비스러운 문제로 남아 있다.

DNA 차이

현대의 연구는 만남과 짝짓기에 대한 이해를 도와주고 있다. 로맨스의 환상은 왜 우리가 다른 사람이 아닌, 이 남자와 저 여자를 선택하게 하는 것일까? 기관이식 수술 과정에 조직세포의 거부반응에 대하여 이전의 연구가 명확한 이유를 제시한 적이 있다. 과학자들은 몸이 실제적으로 친숙한 DNA와 친숙하지 않은 DNA를 인식할 수 있다는 것을 발견하였다. 사실, 우리의 몸은 양립하거나 호환이 될 수 있는 유전자와 그렇지 못한 유전자를 식별할 수 있다. '인간의 MHC-의존성 짝 선호도'라는 제복의 글에서 크라우스 위디카인드Claus Wedekind는 남자의 땀냄새가 밴 T-셔츠는 그의 림파구항원淋巴球抗原: HLA이 자신의 항원과 상이할 때 그 냄새가 여자에게 가장 호감을 준다고 보고했다. 이것은 여성의 DNA가 자신의 것과 가장 상이한 남자의 체취에 끌린다는 것을 의미한다.

팻 러브Pat Love 박사는 HLA에 대해 이렇게 쓰고 있다.

> DNA는 면역체계의 질병 탐지기처럼 기능한다. 한 개인의 HLA는 일
> 정한 숫자의 질병을 위한 부호로 작동하는데, DNA를 통해 잠재적 후
> 손들에게 이 능력을 전수해준다. 하지만 이 개인이 다른 HLA 부호를
> 지닌 사람과 짝을 맺게 되면, 그들의 후손은 더 많은 질병에 대해 면역
> 력이 생긴다. The Truth About Love, pp.31-32

우리는 적합한 DNA 궁합match이 맞는 사람(DNA가 호환될 수 있으나
우리의 것과 가장 다른 사람)을 발견하게 되면, 몸 안에서 화학반응이 일
어나는 것을 느끼게 된다. 당신은 당신 짝의 어떤 면에 매력을 느꼈는지 안
다고 생각할 것이다. 그렇게 당신의 사랑이 진화했기를 바란다. '사랑의 지
도'love map와 '이마고'imago에 대한 이론은 알아두면 가치 있는 것들이다. 그
러나 애초에 이것은 대자연의 오래된 흑마술이 작동한 것이다. 자연은 언
제나 점점 더 복잡해지는 것을 좋아한다.

사랑의 과학에 대한 새로운 발견은 세 가지 독특한 두뇌 프로그램이 인
간 생활의 진화를 보전하는데 필요하다는 것을 분명하게 밝혀주고 있다.
이 연구는 부부가 마음을 열고 애착 프로그램을 풍요롭게 하는 일에 몰두
하고 배우려할 때, 즉 세 가지가 잘 정리되고, 자율적인 발달단계가 풍요롭
고, 독특하며, 자아실현적인 공유적 사랑을 창조하려고하는 과정에서 출
현한다는 것을 보여주고 있다.

제2부에서 나는 당신 스타일에 맞는 성숙한 사랑을 창조하는 여정으로
안내해 줄 개방되고 융통성 있는 모델경험적 연습문제와 함께을 제시할 것이다.

세상에 사랑을 바르게 잡아주는 것과 같은 것은 없다. 사랑은 두 사람이 자기 감각sense of self을 융통성 있게 진화해야 일어난다. (나는 11장에서 융통성 있고 든든한 자기 감각을 창조하는 문제를 거론할 것이다.) 그러나 여러 해 동안에 걸쳐 연구한 결과 행복한 부부에게서는 일정한 공통점이 발견 되었다. 우리는 제2부에서 이러한 공통점을 우리의 지침으로 사용할 수 있을 것이다. 그렇지만 그렇게 하기 전에, 사랑이 남긴 상처를 더 심도 있게 토론해 보도록 하자.

4

PRSD :
사랑 후
스트레스 장애

도대체 누가 동경의 불길이 존재하자마자,
불붙고, 곧 잠잠해져야 한다고 명령했다는 말인가?

매튜 아놀드

「사랑에 대한 진실」이라는 책에서 저자 팻 러브 박사는 내가 〈사랑 후 스트레스 장애〉PRSD라고 부르는 현상에 대한 자신의 경험을 용감하게 쓰고 있다.

성욕 부족이라는 확신은 내 생애 가장 큰 후회로 남은 행동을 하게 했다. 그것은 나의 두 자녀의 아빠이자, 매사에 점잖고 사랑스러운 남자와 불필요한 이혼을 감행한 것이다. 우리는 사랑에서 빠져 나왔다고 믿었던 것이다.

PRSD사랑 후 스트레스 장애는 많은 고통스러운 결혼과 수많은 불필요한 이혼의 근본 원인이다. 나는 이 현상을 지난 40년 동안 보았다. 현대 인류학과 신경과학, 두뇌연구는 PRSD 이해를 도울 수 있는 과학적 자료를 제공해왔다.

지난 20년간 부부 상담에서, 나는 PRSD 때문에 대략 150쌍의 부부가 매우 좋은 결혼 관계를 청산하는 것을 보았다. 두뇌 화학과 그것이 우리 삶의 모든 영역에 어떤 영향을 미치는가에 대한 최근에 발견된 연구는 내가 초기 상담을 할 때만 해도 전혀 알려지지 않았다. 그러나 관계를 청산한 대부분의 사람들에게 유리한 측면이 많이 남아 있었다는 것은 아주 분명한 것이었다. 그렇지만 한 사람이나 부부 모두의 성욕의 장애는 그들이 '사랑에서 벗어났다'는 그릇된 믿음을 싹트게 했다. 그리고 이들 이혼 부부의 대부분이 매우 손상된 자아감낮은 자존감이 있었다는 점도 분명했다.

러브 박사는 그녀의 책 「사랑에 대한 진실」에서 다음과 같이 쓰고 있다.

"적절한 정보와 지침이 없다면, 사람은 쉽게 심각한 실수를 범할 수 있다는 분명한 증거다."

잘못된 오해 때문에, 흠잡을 것 없이 충분히 좋은 결혼을 종결 짓는 것은 심각한 실수가 분명하다. 1999년에 발표된 「럿거스대학 전국 결혼 프로젝트」Rutgers National Marriage Project는 여러 조사에서 거듭해서 드러나듯이 사람들은 '만족스런 애정관계'를 행복지향 목록 꼭대기에 두고 있다고 보고했다. 하지만 오늘날 이혼율은 근대사 어느 때보다 높게 나타나고 있다! 이 프로젝트에서, 사람들이 결혼을 원하지 않는 이유는 이혼에 대한 두려움에 있다. 또한 사람들은 자기들이 결혼에 만족하기보다는 불행하게 끝나지 않겠느냐고 두려워했다.

33%만이 행복하다고 대답하고, 50%가 넘는 이혼율을 보이는 현실에서, 사람들이 결혼을 두려워하는 것은 이해가 가는 일이다. 여러 해 동안 내가 대화했던 많은 사람들은 나에게 그들이 아는 많은 사람들이 불행하고 지루한 결혼에 빠져 있다고 말했다. 어떤 이들은 '외로움의 공포' 때문에 내키지 않은 결혼을 유지하고 있으며, 더 나은 사람이 어디엔가 자기를 기다리고 있지 않을까 느낀다고 했다. 그럼에도 자기에게 맞는 사람을 찾아 나서지 못하고 있다고 털어놓았다.

나의 내담자들 중 많은 이들이 지루하고 불행한 결혼을 견뎌내고 있다. 많은 이들은 단순히 '조용한 절망'의 창이 찌르는 것을 느끼면서도, 그들의 결혼서약을 어렵게 지키고 있었다. 어떤 이들에게는 이혼 비용이 너무 크고 비실제적이었다. 많은 이들은 자녀들이 성인이 된 후에도 자녀를 위해 결혼을 유지하고 있었다.

많은 사람들은 종교적인 이유로 결혼을 유지하고 있었는데, 종교가 이혼을 금하기 때문에 매우 불만족스러운 결혼을 참아내는 이들을 나는 여러 명 알고 있다. 내가 아는 지인은 61년째 전혀 행복하지 않고 보람이 없는 결혼을 유지하고 있다. 그의 종교적 신앙은 이혼을 허락하지 않는다. 하지만 믿음이 그가 결혼을 파기하지 않는 유일한 이유는 아니다. 그의 종교는 외도도 금하고 있지만, 그는 여러 차례 외도를 한 것으로 안다. 장기간 견디고 있는 결혼의 대부분은 파트너의 한 사람 또는 두 사람 모두 한 번 이상 외도를 경험한 것으로 알려져 있다.

나는 대부분 장기적 결혼이 충분히 좋은 애착 프로그램으로 시작했다고 믿는다. 그 후에, 한쪽 또는 둘 다 이렇게 말했다. "나는 배우자를 사랑했습니다. 그러나 더는 그를 사랑하지 않아요." (대개 남편이 더 자주 이러한 고백을 한다.) 그들은 가정을 이루는 따뜻함과 안정감을 가리켜 말하고 있었지만, 대부분의 경우 후손을 낳아 기르는 경험을 말하기도 한다.

결혼을 지속시키면서 도움을 청할 정도로 온순한 사람들은 해소되지 않은 어린 시절의 문제를 놓고 작업을 하며 새로운 기술을 배우기도 한다.

특별히 갈등해소 기술을 배워 새로운 차원의 친밀감을 성취하여 사랑에 빠지는 경지에 이르는 이들도 있다. 아무 것도 하지 않고 내가 '외로움의 공포'에 묶여 있다고 표현한 결혼에 머물러 있는 이들은 섹스의 중단 때문에 야기되는 성적 장애와 자신과 배우자 사이의 '차이점' 때문에 고통을 받고 있었다. 그들은 또한 과거의 상처와 '분열된골절된 자아감'fractured sense of self으로 갈등하고 있었다.

타락 이후의 톰과 앨리스

톰과 앨리스가 관계를 정리했을 때, 톰은 완전히 무너졌다. 그는 폭음을 했으며 거의 자살충동을 느끼고 있었다. 앨리스가 그를 떠난 후 나는 오랜 시간에 걸쳐 그를 상담했다. 3개월쯤 지나서야 그는 앨리스가 자기에게 되돌아오리라는 환상을 떨쳐버렸다.

어떤 때는 위장을 쥐어짜는 듯 한 고통을 느꼈고, 어떤 때는 목에 무엇인가 걸려 있는 것 같아 말을 하지 못할 때도 있었다. 이 마지막 증상은 앨리스가 그를 떠났기 때문에 그가 느끼는 수치심에 대한 좋은 묘사라고 본다. 강력한 수치감은 말을 하지 못하는 증상을 수반하기도 한다. 그는 9개월 정도의 시간을 가진 후에야 서서히 데이트를 시작하였으며, 점차 높은 정상수준으로 회복하기 시작하였다.

열애기간 마지막 2개월 동안, 앨리스는 비밀리에 다른 남자를 사귀기 시작했다. 톰은 그녀와 관계를 청산하기 2주 전 이 사실을 알게 되었다. 이 사실을 알고 그는 공황상태가 되었으며, 그들의 '사랑'을 회복하려 안간힘을 썼으나 아무 효험이 없었다. 앨리스 절친이 톰에게 들려준 바에 의하면, 앨리스는 일 년이 못 돼, 아주 부자인 새로운 남자와 결혼했다.

앨리스는 '섹스와 사랑 중독자'라고 쉽게 기술할 수 있다. 그녀는 한 때 내게 톰을 만나기 전 2년 동안에 아홉 명의 연인을 차례로 거쳤다고 털어놓은 적이 있다. 톰은 친구를 통해서 앨리스가 그녀의 새로운 결혼 2년차에 다른 남자와 외도를 했다는 소식을 들었다. 앨리스는 즉각적으로 재혼을 함으로써 PRSD사랑 후 스트레스 장애를 회피하였다. 그리고 섹스가 사라지면서, 그녀는 새로운 외도를 시작하였다. 이 패턴은 그녀가 도움을 요청해 상담을 받을 때까지 계속될 가능성이 높다.

지난 10년 동안, 우리 역사 중 과거 어느 때보다도, 로맨스와 배우자 선택, 결혼, 애착, 가족건강에 대해 더 많은 건전한 정보가 쏟아져 나왔다. 지난 번 나의 책 「가족」에서 나는 정서적 질병에 대한 가족체계이론을 나눈 적이 있다. 이 책에서 나는 사랑에 빠지는 현상, 욕망, 애착에 대한 새로운 발견과 장기적인 관계에 필요한 강력하고 융통성 있는 자기 감각에 대한 새 이론을 제시했다. 우리는 PRSD의 환상과 고뇌를 검토하고 있는 것이다.

샌드라와 콜비 : 마돈나 거식증

샌드라는 테스토스테론이 높은 여인이었다. 그녀는 자기 약혼자 콜비와 성적인 관계에 금이 갔을 때 무너져버렸다. 샌드라와 콜비는 한 주간의 휴가를 위해 브리티시 버진 아일랜드에 갔었다. 어느 날 오후 샌드라는 콜비와 새로운 성적 경험을 하고 싶어서 간호사처럼 차려입기로 결심했다. 샌드라가 섹시한 가운을 입고 화장실에서 나왔을 때, 콜비는 완전히 성욕이 죽어버렸다. 후에 콜비는 상담시간에, 옷은 좋았지만 갑자기 몸이 긴장되면서 호흡도 하기 어렵게 되었다고 털어놓았다. 이것은 그의 첫 번째 결혼에서도 자주 일어났던 일이다. 그에게는 내가 '마돈나 거식증'Madonna anorexia이라고 이름 붙인 문제가 있었다. 그의 머릿속 메시지가 말했다. "사랑하고 아끼는 여자와 섹스하지 말지니라." 콜비의 거절은 수치감을 안겨주었고 '사랑 안에 나와 너의 관계'를 망쳐놓았다.

샌드라는 상담 중에 다시는 섹스를 주도하지 않겠다고 털어놓았다. 나

중에 두 사람과 함께 상담을 했을 때, 섹스에 관련된 주제가 나오면, 그녀는 처음 PRSD사랑 후 스트레스 장애와 관련된 감정을 다시 경험했으며 대화에서 움츠러들었다. 첫 번째 성적 간극breach은 결혼의 모든 측면에 영향을 미칠 정도로 강력한 것이었다. (나는 PRSD의 첫 번째 충격을 묘사하기 위해 간극이라는 표현을 사용하였다.) 나는 제이 왜그너Jay Wagner 박사가 곧 출간될 그의 책 「간극」The Breach에서 사용한 것과 같은 의미로 간극이라는 단어를 사용하였다. 왜그너 박사는 간극을(우리의 관계적 생활의 어떤 측면에서도 발생할 수 있다.) "한 때 '우리'가 있던 곳에 이제는 '나'만 있다."라는 말로 설명한다. 당신이 아끼는 사람에 대해 의식적, 무의식적으로 있는 믿음과 기대가 깨져버렸고 당신은 말할 수 없는 상실감과 외로움을 느끼는 것이다.

샌드라는 다음 5년간 은근한 방식으로 콜비를 처벌하였다. 그는 자신의 충격과 분노와 원통함의 혼란으로 결국 이혼을 신청하였다. 마돈나 거식증은 주로 남성적 현상이지만 이것은 두 파트너 모두에게 외상적 고통이 될 수 있다. 거절당하는 파트너에게, 그 간극은 치명적인 경험이 될 수 있다.

빌과 쑤 : PRSD로 몰리다.

나는 미친 듯이 사랑에 빠졌다고 주장하는 한 쌍, 빌과 쑤를 상담했다. 빌은 쑤보다 열 살이나 아래였다. 그들은 내가 2장에서 열거한 거의 모든 행동을 함께 했다. 2년 뒤, 그들은 결혼했다. 내가 전에 목도한 것을 다시 목격하게 되었다. 우선적으로 나는 외상 후 스트레스 장애Post-Traumatic

Stess Disorder의 모든 증상을 목격했다. 최근 몇 년 동안, PTSD외상 후 스트레스 장애에 대해 많은 연구가 이뤄졌다. 애리조나에 있는 메도우스 치료센터에 있는 두 명의 수석연구원-베셀 반 데르콜크 박사Dr. Bessel van der Kolk와 스티븐 레빈 박사Dr. Steven Levine-는 PTSD에 대해 선구적이고 돌파구를 여는 연구를 하였다. 셜리 울람, 클라우드 블랙, 패트릭 카네스 박사 팀은 PTSD의 고통을 줄이기 위해 그들 나름의 접근을 개발하였다. 당신이 무능력하게 있을 때(우리가 전쟁, 학대, 또는 관계 중 무엇에 대해 이야기하든 상관없이) 단 한 번의 대재앙적 경험만 해도, 외상 후 스트레스 장애를 야기하기에 충분하다는 것을 이제 이해하고 있다.

로맨스 프로그램 중에 경험했던 환상적 섹스의 중단은 두 파트너 모두에게 매우 외상적이 될 수 있다. 무슨 문제가 있느냐고 물었을 때, 성적 간극을 경험하고 있는 연인이 '아무런 문제가 없다'everything is fine고 반응하면, 강력한 쾌감을 철수시킨 것에 대한 분노의 표현이기가 쉽다. 만일 거절당한 파트너의 분노가 처리되지 않는다면, 그 분노는 낮은 테스토스테론 파트너에게 수동공격적 행동으로 표출되어 나올 것이다. 처벌로 의도된 이 행동들은 별생각 없이 하는 것처럼 보일 수도 있고(배우자가 정성껏 준비한 식사에 계속 늦게 온다든가, 멋지게 차린 음식을 먹지 않겠다고 거절하는 등), 목적을 가지고 악의적으로 나타날 수도 있다. (배우자가 사랑하는 물건을 파괴하거나, 파트너의 귀금속을 잃어버리거나 가보를 훔치는 등) 상처의 정도와 관계없이, 이들 행동은 마음 속 깊은 곳까지 파고 들어갈 수 있으며, 정서적으로, 신체적으로 파괴적 영향을 미칠 수 있다.

PTSD는 편도에 깊이 저장돼서, 고통스런 경험하나의 장면으로 특징지어질 수 있다. 편도는 감정과 동기를 관장하는 두뇌의 부위이다. 마치 정서적 표현이 과거에 얼어붙어 있듯이, 외상으로부터 오는 충격은 몸속에 저장된다. 과거 외상과 비슷한 상황이 인식되면, 이는 본래의 외상경험을 자극한다. (우리는 8장에서 이 외상을 어떻게 자연스런 자원으로 치유할 수 있는지 그 방법을 배우게 될 것이다.)

〈사랑 후 스트레스 장애〉PRSD은 낭만 유전자가 쇠락한 부부에게 놀라운 섹스 단계가 끝났음을 고할 때 그 모습을 드러낸다. PRSD는 종종 PTSD외상 후 스트레스 장애의 자식처럼 나타날 때가 있다. 결혼 초에, 쑤의 운전실력을 놓고 빌과 쑤는 어린애들처럼 싸웠었다. 쑤는 최고의 운전자가 아니었다. 연애 초기에 빌은 쑤의 운전습관을 '귀엽고 재미있다'고 여겼다. 그러나 관계가 진전되면서, 빌은 쑤의 운전습관이 피곤했고 이를 참아내기는 했지만 아예 입을 다물어 버렸다. 하루는 쑤가 빌의 차를 운전하다가 도로경계석에 부딪혀서 펜더에 흠집을 내고 말았다. 거의 충돌할 뻔한 것은 참을 수 있지만, 자기 차에 흠집을 낸 것은 빌을 무척 화나게 했다. 빌은 쑤에게 격노했다. 쑤는 이러한 행동을 전에는 본 적이 없었다. 쑤의 운전에 대한 말다툼은 PEA/도파민칵테일사랑호르몬과, 즉 사랑분자의 강도를 희석시켰다. 이것은 18개월 이상 지속되었다. 격노는 로맨스 기간에는 어울리지 않는 증상이다.

말다툼을 한 밤이 지난 후 몇 가지 사건이 뒤따랐다. 몇 가지 행동이 눈덩이처럼 불어났고 이것은 결국 악의에 찬 태풍으로 변질되었다. 첫째로 쑤는 처음으로 성적인 자리를 거부했다. 빌은 격분에 찬 고함으로 그녀에게 큰 상처를 주었고 그녀를 화나게 만들었다. 그와 사랑을 나누는 것은 그녀가 제일 하기 싫은 것이 되었다. 빌은 자기의 행동과 그녀의 거절 사이의 관계를 연결시키지 못하고, 이것 때문에 상처를 입었고 화가 날대로 났다. 그는 손님 접대용 방으로 들어가 혼자 잠을 잤다. 쑤는 아주 낮은 테스토스테론 수준을 가졌고, 빌의 성적 리비도는 훨씬 높았다. 광범위한 PRSD는 한꺼번에 일어나지 않는다. 빌과 쑤 사이에 일어난 간극처럼 일차적 성적 간극은 두 파트너 사이의 성적 간극을 서서히, 그러나 분명히 벌여놓게 되는데, 나중에는 이것이 현상으로 굳어지게 된다. 많은 결혼 치료사들은 '성적 욕구의 불일치'가 부부갈등의 첫 번째 문제라고 믿고 있다. 이 문제를 해결하지 못하면, 많은 부부는 결국 이 문제 때문에 이혼하게 된다. 비극적 결과가 아닐 수 없다! 부부들이 충분히 좋은 결혼을 떠나는 일을 멈추기만 한다면, 이혼율을 15%로 떨어뜨릴 수 있다는 것이 내 짐작이다.

섹스를 유보하는 것 외에도, 흠집 난 펜더로 시작된 빌과 쑤의 싸움은 몇 가지 다른 행동을 자극했고, 이것은 '열병을 앓는 단계'가 지나갔다는 것을 분명히 알게 해주었다. 뜨겁던 구애기간에, 빌은 일요일을 그들의 특별한 날로 지켰었다. 빌은 주말 이틀간에 골프를 치기 시작했다. 쑤는 그녀의 친한 친구들과의 사교생활을 다시 시작했다. 그래서 수요일 저녁은 친구들과 보내는 날이 되었다. 쑤는 빌과의 연애기간 동안에 이 친구들을 떠났었다. 그들의 결혼이 진행되며, 빌과 쑤는 관계의 초기 단계에 사랑에 빠진 상태가 제공하는 황홀한 섹스를 가끔 가지고 있었다. 말다툼은 그들의 성생활을 변화시킨 기순이 되었다. 하지만 그들의 동거는 끝나지 않았다. 초기 단계에 나타나는 마술적인 로맨스 프로그램 증상들은 대부분 서서히 사라져갔다. 사랑 칵테일이 시들해지자, 그들의 대화는 더 통제된 듯했고 덜 즉흥적이고 어렵게 느껴졌다. 그들이 어쩌다 섹스를 해도, 온전히 흥분하기가 어려웠고 막연한 실망감이 느껴지곤 했다. 다른 것도 아울러

변했다. 각 파트너는 더 위축된 것처럼 느껴졌고 더 많은 공간의 필요성을 느꼈으며, 관계에 즉흥성이 없는 게 아쉬웠다. 빌과 쑤가 낭만적 무아도취 상태에 빠져 있을 때에는 자주 직장 스케줄을 바꾸기도 하고 시간을 함께 보내기 위해 병가를 내기도 했었다. 현실적으로, 한 번 생각해 보라. 저 열정적으로 이루어진 섹스가 결코 사라지지 않았더라면, 직장에서 일의 진척이 얼마나 이루어졌겠는가!

열병 단계가 시들해지면, 각 사람은 그들의 이전생활로 돌아간다. 이것은 건강하고 정상적인 것이다. 모든 커플들은 사랑에 빠져 있는 동안에 일과 친구와 의례적인 일을 소홀히 했다. 일단 결혼을 하면, 배우자는 둘 다 기존의 우정을 새롭게 할 필요를 느낀다. 때로 이것이 쉽게 이뤄지기도 하지만, 아주 어렵게 느껴질 때도 있다. 한 파트너는 결혼한 다른 사람과 우정을 가질 수도 있다. 새로운 남편은 그의 아내의 절친의 남편을 좋아하지 않을 수도 있다. 이러한 경우, 관계를 처리하기가 아주 어려워진다.

빌과 쑤는 그들의 연애기간 동안, 은밀하게든 명시적으로든, 서로의 원가족 규칙family of origin rules을 다루지 않았었다. 이들은 각자가 아동기로부터 갖고 온 외상들을 다루지 못했으며 해소되지 않은 발달단계의존욕구결핍DDDs에 대해 이해하지도 못했었다. 다행스럽게도, 빌과 쑤는 실제로 그 작업을 했으며(2부에서 설명할 것이다.) 충분히 좋은, 만족스러운 성생활을 이루어낼 수 있었다. 20년이 지난 후, 그들은 둘을 지탱해주는 깊은 사랑을 성취했다.

대부분의 부부를 상담하면서 다루었던 문제 중 가장 두드러진 문제는 부부 사이에 존재하는 성욕의 불일치였다. 로맨스 프로그램 중 황홀한 섹스 단계를 보면 엄청난 강렬함이 있다. 테스토스테론 수치가 아주 낮은 사람들은 자신이 아주 성적으로 흥분하는 것에 놀라움을 금치 못한다. 나는 상담 중에 자신은 파트너와 그런 성적 욕망을 가지리라고 전혀 생각지 못했다고 말하는 여자를 종종 만났다. 전에는 피부접촉에 대해 별 욕구를 느끼지 못하던 사람들이 안기고 만짐을 받고 싶어 하고 많은 애무를 원하는 것을 본다. 이 모든 강력한 욕망이 끝날 때, 두 파트너는 당혹하게 된다. 몇 달 동안 이상하리만큼 놀라운 섹스를 즐기고 난 후, 성적 열정이 감소될 때, 당신은 더는 이 사람을 사랑하지 않는다고 생각하기가 쉽다.

우리가 1장과 2장에서 보았던 것처럼, 우리 문화는 사랑 이야기와 신화, 그리고 영화를 통해서 성욕은 사랑과 같은 것sexual desire equals love이라고 강조하고 있다. 이러한 믿음은 전혀 진실이 아니다. 사랑에 빠지는 프로그램은 12개월에서 18개월이면 끝이 난다. 그러면 파트너들은 로맨스 이전의 테스토스테론 수준으로 돌아간다. 나는 결혼한 많은 남녀 내담자들이 아직도 이전에 연애하던 파트너와 사랑에 빠져 있다고 말하는 것을 들었다. 이것은 흔히 그 파트너가 그들의 관계를 끝냈기 때문이다. 아니면, 어떤 내담자의 경우에는, 로맨스가 아무런 진전이 없자 연인을 떠나야 했던 것이다. 이 내담자들은 결혼하여 자녀를 가질 준비가 되어 있었다.

여기서 중요한 요점은, 건강한 파트너들이 성적인 열정이 불타게 하려 노력하는 동안에, 구애 파트너가 PEA/도파민칵테일사랑호르몬이 지니는 호르몬의 위력을 아직 느끼고 있을지 모른다는 것이다. 정서적으로 혼란스러워 하는 파트너는 이전 배우자나 전 여자 친구를 스토킹하거나 학대해서 그 상태를 유지하려 한다. 사람들이 강력한 수준의 애착을 성취하였다면, 그들은 앞으로 나아간다. 그렇지만 그들의 과거 분노와 원한은 물론 아직 해소되지 않은 의존욕구는 그들 관계의 영혼을 갉아먹기 시작한다.

그들이 어떤 도움도 얻지 않는다면, 그들은 불행한 가운데 관계를 견디며, 산만한 생활을 하며, 어떤 사람이나 외부 활동등 삼각관계triangulate를 맺는다는 것은 배우자와의 해소되지 않은 갈등을 완화하기 위해 당신의 관심을 다른 사람이나 활동으로 돌린다는 뜻이다. 예를 들어, 부모는 그의 부부관계를 해칠 정도로 전적으로 자신의 생활을 자녀의 삶과 활동에 몰입 할 수도 있다. 아니면 여자가 점점 더 많은 시간을 일터에서 보내며, 일을 사실상 자기 남편으로 삼을 수가 있다. 빌이 그랬던 것처럼, 자유시간의 대부분을 골프를 치는데 소비하거나, 취미생활에 심취할 수 있다.

다른 이들은 자신을 교회와 교회관련 활동에 투신하며 봉사활동에 몰입할 수가 있을 것이다. 한 파트너가 심한 음주를 시작하거나, 자위행위를 하거나, 외도를 시작할 수도 있다. 혼외정사—특별히 장기적인 외도—는 그 정사情事가 '진짜 사랑'인 것처럼 만드는 가운데 로맨스 프로그램을 재자극하지만, 이것은 사실 성장이 정체된 증거이며 과거의 상처를 극복하지 못했다는 사인이기도 하다. (우리는 8장에서 DDD, 즉 의존성 장애문제를 상세하게 다룰 것이다.) 만일 부부가 동거는 하지만 그들의 결혼을 풍요롭게 하기 위해 노력하지 않고 강한 자아감을 키우지 못한다면, 그들의 삶은 '외로움의 공포'로 유지되는 하숙생과 같은 삶으로 전락하고 말 것이다.

여러 해 동안 상담에 관여하고 심리적 문제를 연구하면서 내가 내린 결론은, PRSD사랑 후 스트레스 장애는 성취감과 보람을 느끼게 하는 사랑의 위험한 그림자라는 것이다. 5장에서, 나는 가장 어두운 PRSD의 악성적 열매라 할 수 있는 증상들—스토킹, 구타, '사랑 자살,' 가내 살인, 정서적 가슴앓이, 거절당한 사랑—에 대하여 다룰 것이다. 이러한 것들은 그 정서적 영향력이 죽음에 버금가는 것들이다. 사실, 어떤 사람들은 죽음을 더 바람직한 것으로 여기고 자살을 택하거나 배우자와 동반 자살을 감행하기도 한다.

PRSD : '사랑에 빠진 후'의 숙취와 같은 것

앞에서 언급한 것처럼, 관계 속으로 들어간 후 12개월에서 18개월이 지나면, 사랑에 빠짐/로맨스 두뇌 프로그램의 매혹은 시들기 시작한다. 보통 사람들이 이해할 수 있는 말로 표현한다면, 사랑의 열병infatuation은 효능이 강력한 마약과 같은 것으로, PRSD사랑 후 스트레스 장애는 그에 불가피하게 따라붙는술에 취한 후의 숙취와 같은 것이다. 그것은 고양된 쾌감 및 어떤 일이든 할 수 있을 것 같은 느낌과 고통 그리고 구역질 사이의 대조다. 정서적 옥탑방에서 지하 저장고로 내려가는 것은-하룻밤 사이처럼 보이지만-극히 외상적인 경험이다. 중독자는 다시 좋은 기분을 되찾으려 시도하는 가운데, 할 수 있는 한 최단 시간에 선택한 마약을 찾으려 몸부림치게 된다. 그들은 사랑에 빠졌을 때 가졌던 환상적 섹스에 동반되었던 높은 T테스토스테론를 원한다.

높은 T의 사랑파트너 중에 어떤 이들은 사랑하는 사람과 동거하면서, 비밀리에 포르노를 보고 자위하기도 하고, 사이버섹스에 중독되기도 한다. 사랑에 빠질 때, 많은 사람은 성과 사랑 중독자가 된다. '사랑에 빠진 기분'이 흔들리면, 그들은 성 중독으로 돌아가는데, 이러한 중독에는 전화에 의존하는 폰섹스, 안마 시술소 드나들기, 정사情事, 사이버섹스가 포함된다. 섹스와 사랑 중독은 거듭된 외도 때문에 명확히 드러난다.

사라와 주다 : 자위self-sex 사보타지

내가 상담했던 커플은 결혼한 지 6년이 되었다. 이들은 외적으로 드러난 별다른 역기능적 증상이 없이 지내고 있었다. 하지만 주다는 강력한 섹스 욕구가 있었다. 반대로, 아주 낮은 T테스토스테론 여성이었던 사라는 섹스에 대한 욕구가 거의 없었다. 주다는 나에게 그들이 연애할 때 자기들의 성관계가 얼마나 좋았는지를 계속 떠벌렸다.

사라가 제기하는 문제는 주다가 인터넷 중독자라는 것이었다. 사라는 주다가 시간이 허락될 때는 언제나 컴퓨터 앞에 있다고 묘사했다. 그녀는 남자가 그 많은 시간에 무엇을 하는지 궁금했다. 그래서 검색해보니 다양한 데이트 사이트에 개인 등록을 해놓고 있는 것이 발견되었다. 면전에 놓고 따지자, 주다는 대수롭지 않다는 듯 그것은 자기가 우울증을 다루는 한 방법이라고 대답했다. "이것은 모두 가상 현실일 뿐이야." 그는 사라에게 말했다. 사라는 그 말을 믿지 않았으며, 그 후 그들의 결혼은 나빠지기 시작했다고 고백했다. 그녀의 발견은 남편에 대한 신뢰를 무너뜨렸다. 그녀는 한 마디 더했다. "나는 더는 주다에게 매력을 못 느껴요. 나도 그에게 더는 매력적이지 않아요." 이 마지막 발언은 배우자가 중독적 자위self-sex에 관여할 때 자주 일어나는 현상을 가리키는 것 같다.

배우자대개는 남편가 훔츠러들어 자기의 PRSD 문제를 자위를 통해 해결하려 들면, 아내는 점점 덜 매력적으로 느껴진다. 남편은 아내와 전혀 섹스를 원하지 않는다. 심지어는 생일이나 발렌타인데이, 결혼기념일과 같은 '특별한 날'에도 관계하기를 원치 않는다. 이것은 배우자의 자존감에 심각한 타격이 된다.

슬프게도, 사라와 주다의 결혼은 회복되지 못했다. 그들이 상담을 받으러 나에게 찾아온 1년 후, 그녀는 이혼을 신청하였다. 그들은 상담에 협조하기만 했더라면, 구조될 수 있었던 '충분히 좋은 결혼'이었다. 모두 6살 이하였던 세 명의 자녀들은 대가를 지불해야 했다. 나는 이것을 그들에게 아주 분명하게 공지하였다. 우리 생애 중 한 번쯤은 사랑에 빠져 있던 상대에게 거절당해본 경험이 있을 것이다. 이것은 고통스러운 경험이며, 자신을 의심하게 하고 자존감을 흔들리게 만들기도 한다. 나 자신도 이것을 통과했는데, 이것은 다시는 원치 않는 경험적 지식이다.

피셔의 연구는 PRSD사랑 후 스트레스 장애가 유도할 수 있는 역기능의 정도를 파악하게 도와주는 강력한 화학물질을 몇 가지 열거하고 있다. 우리는 5장에서 가장 손상을 주는 행동들을 살펴볼 것이다.

PRSD의 네 등급

〈사랑 후 스트레스 장애〉는 몇 가지 행동과 몇 등급의 강도를 포함한다. 사랑을 통해 관계에 빠져들면서 경험하게 되는 환상적 섹스의 첫 번째 차단이 결혼 전반에 퍼지게 되면서, 이것은 두 번째 등급인 심한 말다툼과 언쟁과 끝없는 갈등PRSD을 야기한다. 이것은 다시 세 번째 등급으로 유도한다. 네 번째는 짝사랑의 결과 이혼 또는 사랑하는 관계를 끝내는 것이다. 나는 이것을 4등급으로 분류하는데 여기에는 폭력이 연관되기 때문이다. 스토킹에서 정서적 경계선을 침범하는 것, 거절하는 배우자를 학대하거나 살해하는 것, 스스로 자살하는 것 등으로 나타난다. 이 단계들을 조금 더 자세하게 살펴보자.

PRSD의 1등급

첫 번째 등급은 한쪽 파트너에게 성욕이 감퇴되어서 사랑에 빠졌을 때의 도취감이 사라질 때 경험되는 수치감을 포함한다. 첫 번째 등급에는 또한 한 쪽 파트너가 관계를 끊기 원하거나 이혼을 요구할 때 경험되는 고통스러운 거절감도 포함된다.

PRSD의 2등급

성적 갈등을 경험한 파트너들이 결혼 후 자기들의 애착 프로그램을 심화하기 위해 아무 노력도 하지 않을 때, 그들의 결혼은 '듣지 마, 말하지 마, 느끼지 마'라는 무의식적 규칙에 지배되며 점차 악화될 수 있다. 갈등해소는 스스로 느끼는 수치심 안겨주기로 전락하고, 이것은 방어적 태도를 자극하고, 이것은 거리감과 악취내가 6장과 9장에서 설명하려고 하는를 유발할 수 있다. 두 파트너는 즉흥적 결혼의 겉모습은 유지하나, 귀가 했을 때는, 철수에 의해 친밀감을 회피하거나 말다툼과 격노, 아이 같은 투정, 및 유치한 행동으로 분리를 조장한다. 그들의 성생활은 퇴보되고 대개 오랜 기간 동안 섹스리스sexless로 지낸다. 두 파트너는 부부관계를 건강하게 세워가는 자원으로 사용하는데 실패한 것이다.

PRSD의 3등급

부부는 서서히 서로에게서 멀어지며, 진정한 접촉이나 연결을 가질 때는 거의 없다. 그들은 가끔 성적인 흥분을 느끼게 될 때 포르노잡지, 인터넷, 사이버섹스를 보면서 또는 아무 것도 없이, 만성적으로 자위행위를 한다. 파트너 중 대개는 남성 쪽에서 성적으로 중독된다. 그의 성행위를 인터넷 상의 파트너에게 확대하기도 하고, 폰섹스를 하거나, 안마시술소를 가기도 한다. 이들은 동시 다발적으로 외도를 하기도 한다.

한 배우자가 성중독이 되면, 다른 배우자는 동반 성중독자co-sex addict가 된다. 남자나 여자는 외도를 하기도 한다. 이 단계를 권태스럽고 불행한 결혼으로 특징 지을 수 있다. 그들은(앨런이 Two and a Half Men이라는 TV 시리즈에서 묘사하듯이 생일이나, 기념일, 성탄절 등) 특별한 날에만 가끔 성관계를 갖는다. PRSD의 3단계에 대한 보다 유순한 형태의 완전한 사례는 Hope Springs라는 영화에 나온다. 아놀드와 케이는 5년간 섹스리스sexless로 생활하며 같은 방을 쓰는 룸메이트처럼 살다가 치료를 받으러 온다. (나는 이 책의 제2부의 서론부분에서 이 영화를 더 자세하게 논평할 것이다.) 나의 내담자 중에는, 성을 멀리하는 기간이 훨씬 길기도 했다!

PRSD의 4등급

PRSD사랑 후 스트레스 장애의 네 번째 등급은 거절당한 배우자나 연인과 관계가 있다. 이들은 로맨스 프로그램의 와중에 그들의 결혼이나 섹스가 이미 끝났다는 것을 받아들이기를 거부한다. 이것은 사랑하는 대상에 대한 분노에 찬 집착으로 유도하며, 이러다 보면 생각이 마비되고, 감정이 격해지며, 문제 있는 선택을 하게 된다. 나의 내담자 중에는 관계를 결별한 후, 전 아내에 대해 생각하느라 생활이 완전히 마비된 남자가 있었고, 연인이 떠나간 후 전적으로 무기력해진 여자도 있었다. (다시 데이트하기를 거절했고, 생활을 이어가지 못했다.)

PRSD의 이 단계는 지나치게 배우자를 경계하는 것이나, 스토킹, 연애자살, 동반자살, 가내 살인, 신체적 및 정서적 학대, 배우자 구타를 포함한다. 사랑에 빠진 상태의 본능적 충동에 남아있는 사람들은 연인을 상실한 것에 고착되어 버린다. 그 연인은 그에게 보냄을 받은 자였으며, 그들의 운명이었으며, 그들이 완전히 '소유'하고 차지한 사람들이었다. 그 다음에 이 사람들은 배우자나 여자 친구 또는 연인을 다시 차지하려는 데 목표를 둔 행동을 하기 시작한다. 이들은 한 때 자신이 소유했던 사람들을 스토킹하며, 뜻이 좌절되면, 상대방을 신체적으로 학대한다. 아무 것도 효험이 없다 싶으면, 이들은 자신과 상대방을 살해하기도 한다. 5장에서, 우리는 PRSD의 몇 가지 예를 탐색할 것이다.

Post-Romantic Stress Disorder

5

사랑 후
스트레스 장애가
남긴 상처들

헤어짐은, 우리가 지옥에 대해 알아야 하는 전부다.

에밀리 디킨슨

앨리스가 톰을 거절하는 것을 보고 나는 PRSD^{사랑 후 스트레스 장애}가 얼마나 파괴적인가를 실감했다. 처음 6주가 톰에게는 가장 힘들었다. 한 번은, 그들을 입원시키고 자살을 경계해야 한다고 생각했다. 톰은 일단 실연당한 충격을 받은 후 1년 동안 우울증을 넘나들었다. 외상^{trauma}을 '얼어붙은 슬픔'이라고 묘사하듯이 우리는 애도^{grief}가 각자에게 특이한 과정이라는 것을 알고 있다. 사람에 따라 애도과정을 통과하려면 다양한 길이의 시간이 필요하다.

톰은 그가 세 살 때 아버지에게 버림을 받았다. 그는 수치심의 기반이 되는 거절에 대해 특히 민감하게 반응하였다. 앨리스가 그를 차버렸을 때, 그가 해소되지 않은 어린 시절의 상처를 다루지 않았더라면, 그는 아마 그녀를 스토킹하거나, 추적해 살해한 후 스스로 자살하거나, 신체적, 정서적 학대를 가하거나, 그녀와 그녀의 새로운 남편을 불안하고 불편하게 만드는 등 보다 심각한 행동으로 나아갔을 것이다.

톰은 앨리스의 가까운 친구를 알게 되었는데, 앨리스를 점검하기 위해 그녀에게 매일 같이 전화를 걸었다. 나는 톰에게 친구에게 전화하는 것을 중단하라고 설득하였다. 왜냐하면 집착적으로 전화하는 것은 일종의 스토킹이었기 때문이다.

해결되지 않은 어린 시절의 외상—나는 이것을 '상처받은 내면아이'라 부르고 제임스 홀리스^{James Hollis}는 '잊혀지지 않는 과거로부터의 기억'이라고 부른다—에 대해 치유받지 못한 사람들은 2부 8장에 기술되어 있는 치유 작업을 하지 않는 한, PRSD를 해결할 가능성이 낮아진다. 이것은 본질적으로 '애도 작업'이다. 그러나 나는 이것을 '원 고통'^{original pain} 작업이라 부른다.

불행하게도 많은 사람들은 반의식적 상태에서 인생을 살아간다. 그들은 과거는 과거고, 이미 지나간 것은 지나간 것이라고 믿는다. "나의 어린 시절은 나빴다. 그러나 나는 이것을 극복하고 살아남았다"라고 말한다. 그렇게 말하고는, 자기들의 생활을 왜곡시키고 파괴하며, 다른 사람들의 삶도 해치면서, 무의식적 상처를 인식하지 못한 채, 하루하루를 살아간다.

나의 망상을 충족해 줘

클린트 이스트우드는 '어둠 속에 벨이 울릴 때' Play Misty for Me라는 제목의 영화를 감독하고 열연한 적이 있다. 이것은 스토킹의 단계를 그리는 영화였는데, 시간이 가면서 스토킹 위험도 점점 더 높아간다. 이스트우드는 데이브라는 이름으로 늦은 밤 디스크자키를 한다. 그는 매우 잘 생긴 미남이었는데, 분노하고 외로우며, 원한이 많고, 상처받은 사람들이 자기들의 욕망을 투사하는 대상이다. 미남과 미녀들이, 특별히 공적인 자리에 있는 이들이, 종종 성적 환상의 투사대상이 된다. 사랑에 빠진 PEA/도파민 칵테일사랑호르몬은 역경과 거리, 위험과 모험에 의해 강화된다. 튼튼한 정체감을 결여한 정서적, 정신적으로 병든 많은 사람들은 자기들의 삶 가운데 강력한 인물과 정사情事를 나누고 있다는 공상을 하면서 '자신을 완성하려고' 노력한다.

'어둠속에 벨이 울릴 때'에서, 에블린이라는 여성은 데이브가 밤늦게 자주 다니는 술집에서 그를 기다린다. 그녀는 특별히 그를 만나기 위해 거기에 왔다고 말한다. 아주 섹시한 그녀는 그날 밤 그를 유혹한다. 그날로부터, 그녀는 어느 곳에서나, 대개 예측할 수 없을 때 나타난다. 영화는 그녀의 스토킹 망상이 강화되는 과정을 아주 잘 보여주고 있다. 데이브는 그녀의 노골적인 섹스 공세에 굴복해서 그녀의 불이 타는데 조력하는 모습을 보여준다. 전화를 걸어 Misty라는 노래를 틀어달라고 요청하는 섹시한 에블린의 미스터리는 서서히 악몽으로 변한다.

영화가 진행되면서, 데이브는 오래 된 여자 친구와 사랑의 불을 재점화해서, 에블린의 격한 질투를 촉발한다. 그녀는 데이브와 그의 여자 친구를 스토킹하는데, 이것은 갈수록 폭력적이 된다. 에블린은 분명히 정서적으로 불안정하며, 정신적으로 병들었다. 그녀는 이제 어떤 대가를 치르더라도 데이브를 갖고 싶다. 그녀는 데이브의 집에 들이닥쳐, 가정부를 살해하려 하고, 그의 아파트에서 자살하려 시도한다. 마지막에 그녀는 데이브와 그의 진짜 연인을 살해하려 시도한다.

'어둠속에 벨이 울릴 때'는 악의가 깔려 있는 러브 스토리다. 내가 1장에서 언급한 러브스토리와는 다르게, 이 이야기는 PRSD사랑 후 스트레스 장애와 스토킹의 냉정한 현실을 다룬다. 내가 알거나 실제로 상담한 사람들의 폭력 행동을 예를 들기 전에, 사랑에 빠진 상태의 독특한 특징, 즉 악의에 찬 행동들을 살펴보기로 하자.

분노격노와 거절

월트 휘트먼의 시 '답답하고 아픈 강'Pent-Up Aching Rivers은 이와 같이 위험한 불씨를 가지고 사랑에 빠진 상태의 내재적 측면을 표현하여 쓰고 있다.

나는 당신을 사랑해.

오 당신은 나를 완전히 소유하고 있어.

아, 당신과 나

모든 것으로부터 도망쳐 전적으로 자유한 채

무법천지였으면…

　　시는 사랑하는 자와 함께 하고픈 절대적 '배타성'에 대한 욕망을 잘 표현하고 있다. 로맨스의 '무아도취 상태' 기간에, 연인들은 서로에게 속해 있다고 느낀다. 그들은 서로를 소유하고 차지하고 있다고 믿는다. 그들은 상대에 대해 누가 보거나 말하는 것에 대해 질투를 느낀다. 그들은 운명이나 더 높은 힘인 하나님, 혹은 삶의 신비스러운 능력이 자기 둘을 묶어주었다고 느낀다. 둘이 함께 하는 것이 그들의 운명이다. 사랑에 빠진 커플에게는 함께 하는 것만이 관심의 전부이다.

　　그러므로 테스토스테론 수준이 낮은 파트너가 성적으로 뒷걸음질 치기 시작하면, 테스토스테론 수준이 높은 파트너는 배반감과 버림받은 느낌이 생긴다. 이것은 모든 테스토스테론 수준이 높은 파트너에게 맞는 말은 아니지만, 대개 수치심이 많고 과거로부터 많은 상처와 발달적 의존욕구결핍이 있는 사람들에게는 이렇게 느끼기가 쉽다. 심지어 건강한 사람들도 관계가 파탄나면 강력한 상실감을 느낄 수 있다. 그들은 파트너에게 자신의 '존재'being 자체를 주었다.

　　예를 들어, 한 내담자는 나에게 말했다. "나는 그녀에게 나에 대한 모든 것을 말해주었습니다. 나는 아무 것도 숨기지 않았습니다." 또 다른 이는 이것을 아무런 방어망이 없이, 완전히 벌거벗은 상태로 표현하였다.

이것은 수치심과 외상의 경험을 아주 잘 정의한 것이다. 당신 자신을 방어할 방법이 없이 무능력한 상태에 있게 된 것이다. 이 수치심에 당신을 떠나가고 있는 사람을 소유하고 차지하고 있다는 믿음을 더해보라. 당신은 스토커의 마음속에 들어간 셈이다. 두뇌화학의 관점에서 보면, 귀하게 여겨진다는 느낌환상적 섹스을 탈취해 가는 것이다. 이것은 거절당한 사람이 표현하는 분노격노를 부분적으로 설명해준다. 분노는 행동에 불을 붙이는 감정이다. 이혼이 발생하면특히 자녀가 있는 엄마에게, 분노는 그 엄마가 짝짓기 세계에 재진입 하도록 준비시켜주는 역할을 한다.

모린 : 사랑 때문에 한 자살

이보다 덜한 형태의 스토킹은 사랑하는 사람이나 자기 자신에 대한 폭력으로 치달을 수 있다. 나의 이전 내담자 중 하나인 모린은 엘리자베스 테일러를 빼닮은 여자였다. 그녀는 자기의 연인 마크가 아름다운 자신에게 빠지기 전에 연애하던 평범한 메이벨이라는 여자에게로 가자 미쳐 광분하였다. 모린은 밤에 몇 시간씩 옛날 여자 친구에게 전화를 했다. 그리고 그녀가 집에 있다는 것을 아는 날에는 낮 동안에도 전화를 걸었다. 그녀는 메이벨이 전화를 들고 응답하자마자 전화를 끊어버렸다. 마크와 메이벨 사이의 사랑과 열정이 더 뜨거워지자, 모린은 더 절박해졌고, 메이벨의 자동차에 몇 번씩 캐첩을 뿌리고, 한 번은 타이어에 펑크를 내기도 했다. 나는 그녀를 중단시킬 수 없었다. 그래서 아주 열정적인 전 애인들을 다룬 경험이 있는 정신과의사 친구에게 그녀를 위탁하였다. 의사는 그녀를 약으로 진정시켰다.

얼마 지나지 않아, 나의 정신과의사 친구는 모린이 결혼했다고 알려주려고 전화를 걸어왔다. 메이벨에게 욕지거리를 중단한 지 3개월이 지났을 뿐이다. 1년 반 후쯤, 나는 모린의 체중이 많이 늘어났다는 것을 알게 되었다. 그녀가 마크를 만났을 때는, 날씬한 60kg이었는데, 지금은 180kg으로 불었다! 결국, 그녀는 비만으로 입원했다가 1년 후 사망하였다. 당신은 모린의 PRSD사랑 후 스트레스 장애가 음식 때문에 자살하도록 모린을 이끌었다고 쉽게 말할 수 있을 것이다. 그렇지만 그녀는 '사랑 때문에 한 자살'love suicide이었다.

씨드의 이야기 : '사랑 때문에 한 자살'과 살인

나에게는 내담자가 한 사람 있었는데, 그는 내가 상대해본 사람 중에 가장 친절하고 온유한 사람이었다. 나는 그를 씨드라고 부르겠다. 씨드는 그의 성생활 대부분을 동성애자로 살았지만, 이성애자heterosexual가 되고 싶다고 나를 찾아왔다. 이상하게도, 그가 유일하게 관여했던 점잖은 관계는 지금 그가 약혼하고 있는 여자와 관계했을 때뿐이었다. 비록 그가 왕성한 성생활을 하는 것은 아니지만, 그들은 상당히 만족해하면서 가끔 성관계를 가졌다. 씨드는 분명한 동성애자였다. 그러나 상담자는 커밍아웃하는 것이 극히 사적인 일인 것을 안다. 커밍아웃은 서두르거나, 꼬드기거나, 상담자가 뇌물을 준다고 할 수 있는 사안이 아니다. 판단하고 정죄하며 비웃는 종교인 때문에 이뤄지는 것도 아니다.

씨드는 야간에 자주 밖에 나갔는데, 부스가 차려진 게이 바에 다녀왔다. 이곳에서 남자들은 포르노를 보고 작은 틈으로 오럴섹스를 하기도 했다. (이성애자들도 이와 같은 바에서 다양한 시도를 한다.) 씨드가 한 번은 밤 늦게 외출을 하고 돌아와, 나에게 전화를 하고는 주체할 수 없이 흐느껴 울었다. 그는 자신에 대해 아주 기분이 안 좋았다. 전화로 통화를 하는 중 나는 씨드가 이성애자가 되려고 애쓰는 것을 확인할 수 있었다. 그는 하나님이 주신 신체적 성향에 맞서 싸우고 있었다. 섹스 클럽에 가는 경험 전체가 게이들과 이성애자들 모두에게 수치심을 안겨주는 것이다.

어느 날 밤 그의 약혼자 린다가 씨드가 일어나는 소리를 듣고 몰래 따라가 보았다. 그녀는 남자 친구가 간 곳을 보고 충격과 상처를 받았다. 하지만 이것은 상담하는 우리에게 씨드의 문제를 다룰 수 있는 기회를 주었다. 대부분의 여인들은 바로 그 장소에서 관계를 청산했을 것이다. 그러나 린다는 씨드를 무조건적으로 사랑했으며, 뻔한 도전이 도사리고 있는데도 불구하고 두 사람 사이에서 해결하기를 바랬다. 그녀는 자기가 이해해주는 대신 씨드로부터 정직과 개방적 태도를 원했다. 린다는 만일 그가 자신과 상의하지 않고 무모한 행동을 한다면 씨드와 약혼을 파기할 것이라고 그와 계약을 맺었다. 이것은 분명 합리적인 제안이었고, 나는 씨드와 상담이 어느 정도 진전이 이뤄지고 있다고 생각했다.

그러던 어느 날 나는 끔찍한 소식을 접했다. 린다는 전화로 씨드가 권총으로 자기 머리를 쏴 자살했다고 알려왔다. 그녀는 그가 또 다른 섹스 숍에 갔다가 집에 돌아왔을 때 그를 직면하였다. 몇 시간 후 씨드는 차고로 내려가 자살했다! 여러 해 동안의 나의 상담경력을 돌아볼 때, 나는 게이나 레스비언 중에 성공적으로 이성애자가 되는 경우를 본 적이 없다. 씨드는 궁극적으로 갈등했다. 그는 자기의 동성애적 충동을 시인하지 못했다. 그리고 그는 자신이 게이 바에 다니는 행동에 수치심을 떨쳐버리지 못했다. 그런데도 그는 게이 바에 가는 것을 멈출 수가 없었다. 그는 린다의 사랑 없이 생존할 수 없다고 느꼈다. 그런데 자기가 그들의 계약대로 살 수 없다는 것을 알았을 때, 그는 그녀 없이 사는 것보다 차라리 죽음을 선택했던 것이다.

전문 지질학자 : 가내 살인의 사례

내 생애의 가장 이상한 경험 가운데 하나는 내가 1979년 모 석유회사의 인적 자원부장으로 재직할 때 일어났다. 평가를 앞 둔 지질학자 하나가 시험을 치르기 위해 내게 찾아왔다. 우리에게는 여러 가지 테스트와 평가 체계가 있었는데, 특별히 이번에는 우리 지질학부에서 일할 사람을 평가한 후에 채용할 참이었다. 길버트는 아주 좋은 성적으로 통과했다. 그의 과학적 지식은 탁월한 것이었고 정서적으로 약간 들뜬 사람처럼 보였지만, 나는 그것이 그의 라틴계 열정 때문이라고 생각했다. 길버트는 채용되었다.

우리의 CEO이었던 보사지 박사Dr. Bosarge는 길버트가 채용된 직후에 우리 직원들을 위한 상담 프로그램을 개시하고 상담이 필요한 노동자들이 제한된 횟수의 상담을 받을 수 있도록 허락하였다. 길버트는 그의 동거녀인 브리스길라에 대해 이야기하고 싶어서 나를 찾아왔다. 그는 그녀가 17살일 때, 그리고 자신이 42세 때 그녀를 만났다. 브리스길라는 서서히 마음을 주었지만, 그는 그녀와 미칠 듯이 사랑에 빠져 있었다. 그녀가 19살

되던 해에, 길버트는 그녀를 설득해 함께 살게 되었다. 내가 그들을 상담했을 때, 그들은 12년째 동거하고 있었다.

길버트는 내가 두 사람을 함께 상담해주기를 바랬다. 브리스길라가 관계를 정리하고 싶어 했기 때문이다. 내가 그녀를 따로 상담했을 때, 나는 그녀가 마침내 성숙해, 길버트가 자기를 가두어 두었던 감옥 같은 세상보다 훨씬 더 넓은 세상을 보게 되었다는 것을 알게 되었다. 사실 그 감옥 같은 생활은 애초에 길버트가 그녀의 삶을 통제하도록 허용하면서 시작된 것이었다. 그녀의 생각은 길버트의 생활과 똑같아야 했다. 길버트는 아내에게 그녀가 하루에 무엇을 해야 하는지를 열거하는 구체적인 지침을 남겨 놓았다. 그녀는 모든 가사일과 장보기를 책임져야 했다. 길버트는 자기가 기분이 내킬 때마다, 그녀가 하루에 두 번씩 섹스를 위해 대비해야 한다고 요구했다. 첫째, 그는 매일 같이 정오에 구강섹스를 해야 했다. 그는 심지어 그녀에게 자기 정자의 영양가가 얼마나 되는지를 확신시켜주었다. 그녀는 매일 저녁 8시까지 목욕을 하고 향수를 준비해야 했다. 이것은 두 시간의 성교를 위한 준비였다. 브리스길라는 자기가 만족하는 적은 거의 없었고 점진적으로 길버트가 혐오스럽게 느껴지기 시작했다고 털어놓았다.

두 번째 회기에, 나는 그가 아내를 완전히 통제하고 있다는 것을 분명히 알게 되었다. 그는 그녀에게 그녀가 구입한 두 개의 블라우스를 가게에 돌려주고 오라고 명령하였다. 그 이유는 그 옷이 너무 섹시하다는 것이었다. 세 번째 상담회기에 그녀가 집에 가서 그녀의 가족과 친구들을 방문하고 싶다는 바람을 표현하였을 때, 길버트는 광분하였다. 그의 행동은 너무나 기괴해서 나는 CEO의 허락을 받아 그를 72시간 동안 감금해 둬야 했다.

내가 브리스길라와 따로 이야기했을 때, 그녀는 자기의 진짜 감정을 토로하였다. 그녀는 극단적으로 동반의존적이었고, 혼자 가는 것이 두려웠고, 길버트의 폭발적인 분노가 두려웠다. 그녀는 더는 그를 사랑하지 않으며, 그들의 성생활은 이제 끝났다고 말했다. 내가 2주 후에 그들을 다시 보았을 때, 길버트는 나를 향해 그의 분노를 쏟아부었고, 나의 상담기술을 비하하면서 다른 치료사를 찾겠다고 말했다. 이때 나는 10일 휴가를 떠나게 되어 있었는데, 내가 없는 사이에 모든 것을 재고해보라고 부탁하였다. 나는 길버트와 브리스길라에게 내가 그들을 다시 한 번 더 볼 때까지 '접촉금지' 계약을 맺도록 종용했다. 나는 길버트가 마지못해 동의하게 하는 데 성공했다.

내가 휴가에서 돌아왔을 때 내가 처음으로 한 일은 길버트에 대해 알아보기 위해 지질학과로 전화를 한 것이었다. 닷새 전에 길버트는 권총을 가지고 브리스길라를 죽이고 자기도 자살했다는 소식을 듣고 충격을 받아 멍멍해졌었다. 우리는 가끔 신문에서 남자가 자기 아내를 죽이고 가족을 죽인 다음 자살했다는 소식을 접할 때가 있다. 우리는 이와 같은 가내 과실치사에 대한 보도를 자주 접한다. 그러나 브리스길라와 길버트의 이야기에 긴밀하게 관여되어 있던 나로서는 그들의 사망소식에 보통 충격을 받은 게 아니다. 나는 브리스길라에 대해 자꾸 생각이 났다. 그녀가 자기의 삶을 빼앗긴 채 길버트의 죄수로 12년 이상을 살다간 것이 애석하게 느껴졌다. 피셔가 발견한 두뇌 화학 프로그램은 사랑에 빠진 길버트가 발광적으로 행동하게 했던 동기를 이해하는 것에는 도움이 되었으나, 사고를 막는데는 도움이 되지 못했다. 로맨스 프로그램은 도파민과 노르에피네프린을 생산하고 세로토닌을 감소시키는 작용을 한다는 것은 피셔가 알려준 새로운 발견이다. 가정과 결혼, 우리가 소속되기 원하는 곳, 피난처와 영양분을 찾고 싶어 하는 곳은 지상에서 가장 위험한 장소가 될 수 있다.

주디스 바위크Judith Barwick가 그녀의 책 「과도기 안에」In Transition서 말하고 있는 것처럼, "결혼과 가족은 우리가 우리의 가장 친밀하고 강력한 경험을 살아내는 곳이다. 가족은 우리가 소속되는 단위이며, 통제할 수 없는 운명으로부터 보호를 기대할 수 있는 곳이며, 우리 자녀를 통해 무한을 창조할 수 있는 곳이고, 우리가 피난처를 찾을 수 있는 곳이다. 가족을 구성하는 내용물은 우정보다 더 혈연적이며 더 열정적이다. 그리고 그 치르는 대가도 더 크다."

PRSD사랑 후 스트레스 장애의 악성적 형태를 말하려면 많은 예를 들 수 있다. 가장 유명한 예는 NFL 풋볼의 전설 오 제이 심프슨O.J.Simpson이다. 그는 1995년 그의 전 아내 니콜과 그녀의 친구 론 골드만을 살해하고도 무죄판결을 받은 바 있다. 심프슨가는 외도와 가내 폭력으로 얼룩진 질곡이 많은 관계를 가졌는데, 이러한 갈등은 결국 이혼으로 끝나고 말았다.

후에 시민재판은 O.J. 심프슨이 잘못된 오해로 그의 전 아내와 그의 무죄한 친구의 죽음을 야기했다고 결론지었다. 비록 니콜은 더는 그의 아내가 아니었지만, O.J.는 아직도 사랑에 빠진 화학물질로 그에 대한 소유권을 느끼고 있었다. 그는 자기가 이전 아내를 소유하고 있다고 느꼈으며, 로맨스 프로그램으로 작동하고 있는 화학물질 때문에 촉발된 성난 질투심은 자신 외에 누구도 니콜을 가져서는 안 된다고 느끼게 만들었다.

낮은 자존감이 있는, 수치심에 기반을 둔 사람들은 한 때 환상적이었던 사랑이 자기 통제에서 벗어났다고 느끼면, 극심한 위협을 느끼기 시작한다. 심지어 이혼 이후에도, 비록 그들이 다른 관계로 나아간다 하더라도, 그들은 아직도 배타적인 소유감을 느끼며, 이전 아내를 소유하며 차지하고 있다는 감각을 느낀다.

스토킹을 하고, 위협하고, 그들을 떠난 연인을 위해하는 것은 남자들에게 더 흔한 현상이다. 더 폭력적인 사람들은 보석이나 내의를 훔친다. 그렇지만 텍사스에서 있었던 사건은 어떤 사람들이 실제로 자기가 사랑하는 사람을 죽이지 않고, 얼마나 끔찍한 상태까지 갈 수 있는가를 보여준다.

2014년 3월 25일자 Houston Chronicle 헤드라인은 이렇게 보도했다. "목 잘린 개에 대한 고소가 전 남자친구에 대한 스토킹 고소로 이어지다." 크리스토퍼 포카가 그의 전 여자 친구의 10살 난 개의 수족을 절단하고 참수했다. 비록 신고는 하지 않았지만, 그는 그녀를 몇 차례 폭행하였다. 그는 경고문을 혈서로도 남겼으며 그녀를 죽이겠다고 협박했다.

정서적 줄다리기 : 질투 대 유기

세익스피어는 질투에 대해 이렇게 썼다.

> 오 나의 주여, 질투를 조심하소서.
> 이는 자기가 먹은 고기를 비웃는 파란 눈의 괴물이외다.
> 바람난 아내를 둔 서방은 지복을 누리고,
> 자기 운명을 확신해, 자기에게 해코지한 자를 사랑하지 않으니.
> 그러나 어떤 저주 받은 시간이 그에게
> 누가 사랑에 빠졌다가 의심하고, 수상쩍어하나
> 오히려 강력하게 사랑하는지를 거듭 되물어본다!

질투는 보편적일 뿐 아니라, 사실상 생물학적 명령이며 모든 자연계에 공통적인 것이다. 과학자들은 이것을 '짝 지킴이'라 부른다. 질투는 배우자로 가족단위를 버리지 못하게 하며 다음 후손에게 생존가능성을 높여주는 쪽으로 진화했다. 낮은 수준의 질투는 파트너를 상대방에 더 주의를 기울이게 하지만, 높은 수준의 질투는 가정폭력으로 이어질 수 있다. 흔히 보면, 질투는 비합리적이며 아무 근거가 없이 일어날 수도 있다.

나는 한 번 어떤 여자를 상담한 적이 있는데, 그녀의 남편은 섹스 중 아내를 때리고는 했다. 남편의 말은 아내가 다른 남자와 섹스하는 공상하는 것을 안다는 것이다. 그녀는 맹세코 그러지 않는다고 말해주었지만, 그녀가 무슨 말을 하고 행동으로 보여줘도 그를 만족시킬 수가 없었다. 그녀는 결국 그 남자와 이혼하였지만 안심할 수가 없어서, 그의 질투를 피하기 위해 나라를 가로질러 2000마일이 떨어진 곳으로 이사했다.

남자는 속임수에 넘어가거나 아내가 다른 남자와 바람피우는 것에 대해 커다란 두려움이 있다. 여자는 반면 버림받는 것에 대한 두려움이 있다. 여자는 남자의 하룻밤의 섹스는 참고 용인할 수 있으나, 남편이 다른 여인에게 정서적 애착의 증거가 있다고 생각하면 이것을 조용히 지켜보지 못한다. 피셔는 이것이 진화론적으로 이해가 간다고 진술하고 있다. 여자에게는 어린 자식을 양육하는 것을 도와줄 짝이 필요하다는 것이다.

질투는 사랑의 정사情事에 종말을 알리는 것처럼 보이지만, 많은 심리학자들은 이것이 짝이 강력한 양육적 접근을 하게 해 자신의 성실함과 애착을 증거하게 만드는 역할을 한다고 믿고 있다. 그러나 나의 임상적 경험을 보면, 질투가 모든 내담자의 관계에 부정적 요인으로 작용하고 있는 것을 보았다. 어떤 이들이 말한 것과는 정반대로, 질투는 파트너가 더 좋은 행동을 하도록 동기를 부여하지는 못한다는 것이다. 대신, 많은 사람들은 상대 배우자를 조종하려는 동기로 상대가 정말 싫어하는 행동을 했다.

비폭력적 스토킹 : 하나의 개인적 경험

폭력은 대개 신문 헤드라인을 장식하게 만드는 스토킹의 결과이지만, 널리 퍼져있으며 위험한 다른 비폭력적 형태가 있다. 주로 남자들이 스토킹을 하지만, 여자들도 스토킹을 한다.

나는 내 개인 경험으로 이것을 증거 할 수 있다. 내가 처음 상담실습을 하던 초기 10년간, 나에게 많은 어려움을 주었던 두 명의 여성 스토커가 있었다. 내담자는 흔히 상담자와 사랑에 빠진다. 이것이 바로 상담자들이 *'역전이'라고 부르는 현상에 대해 특별히 조심해야 하는 이유다. 나의 경우, 한 여인과 여러 차례 상담을 하여 관계를 종식시켰다. 나는 그녀가 자기에게 진짜로 도움을 될 수 있는 것을 저항하고 있다고 느꼈다. 얼마 시간이 지나지 않아, 이 여자는 내가 가는 곳이면 어디나 나타나기 시작했다. 나는 자동차에 장미가 놓여있는 것을 발견하고 심지어 우리 집 문 앞에도

---

*역전이(逆轉移) : 환자에 대한 치료자의 무의식적 감정반응. '역전이'는 치료자의 무의식적 갈등에서 일어나므로, 분석가는 자신도 모르게 치료를 위태롭게 만들 수가 있다. 따라서 이상적인 분석가는 환자와 일정한 거리를 두고 객관성을 유지하는 능력이 있어야 한다. 실제로 우리 주변에서는 전이와 역전이 관계의 역학적 균형 유지와 조절에 실패한 사례들이 자주 목격되기도 한다.

꽃을 발견하기도 하였다. 그러다 그녀는 다른 도시에서 이루어지는 행사에도 나타났다.

나는 그녀를 여러 차례 면박했고, 명백하고 분명한 어조로 말해주었다. 그녀는 자기가 Ph. D. 과정 학생이며 나에게서 배우고 있다고 말하면서, 자기의 행동을 합리화하였다. 하지만 그녀가 남긴 메모는 점점 더 성적으로 변해갔다. 그녀의 행동은 중단되지 않았으며, 스토킹은 5년간 계속되었다. 그녀는 마침내 미국 북서부 쪽으로 이사를 갔고 나에 대한 스토킹도 멈췄다. 그런데도 나는 그녀 때문에 상당히 오랫동안 불안해했다. 비록 내가 접근금지 명령을 주문하지는 않았지만, 나는 그녀가 우리 가정을 파괴할지 모른다고 두려워했다.

또 다른 여자는 우편으로 나를 스토킹 했다. 나는 그녀를 만난 적도, 본 적도 없다. 이 시점에 나는 PBS 방송에서 많은 특집 프로그램을 하고 미국 전역에 걸쳐 워크숍을 주선하고 있었다. 그녀는 나를 텔레비전에서 보았고, 워크숍에 참석하고, 나의 책들을 읽은 것이 틀림없었다. 나의 생활과 사역을 친숙하게 잘 알고 있었기 때문이다.

매 주일 나는 이 여성으로부터 두 통의 편지를 받았다. 그녀는 오클라호마에 있는 교회의 목사였다. 편지는 종교적이었지만, 내가 꿈도 꾸지 않은 성적 쾌락을 은밀하게 약속하고 있었다. 처음에는 그 편지가 호기심을 자극했고 재미가 있었다. 마침내 나는 그녀에게 회신을 보내, 내가 나의 아내에게 헌신하고 있다고 말하며, 그녀와-신적, 인간적, 동물적-어떤 관계를 갖는 것도 전혀 관심이 없다는 것을 표현하였다. 이 전술은 역효과를 낳았다. 내가 보낸 어떤 편지도-어떤 것은 노골적으로 모욕적 표현을 담았었다-더 강력한 열정적 반응을 촉발하였다. 사랑에 빠진 감정은 역경으로 더 강화되었다.

이것을 깨닫고 나서 상황이 더 악화되는 것을 원치 않은 나는 그녀의 서신에 반응하는 것을 일체 중단했다. 그녀가 마침내 편지를 보내오지 않게 된 것은 그로부터 2년 후였다. 이 행동들은, 비폭력적으로 보이지만, 사실은 폭력의 한 형태이다. 그 행동들은 나의 가정을 위협했으며 나에게 많은 정서적 고통을 야기했다. 가해자들은 나의 경계선을 완전히 무시했다. 비록 내가 신체적으로 해를 입은 적은 없지만, 나는 피해자였다.

놀라운 스토킹 통계

스토킹은 교육수준이 낮은 사람들의 전유물이 아니다. 피셔는 미국 대학생들에 대한 연구를 인용하고 있는데, 한 대학의 경우 34%의 여학생들이 자기가 거절한 남자로부터 스토킹을 당했다고 응답했다는 것이다. 남학생도 여학생에게 스토킹을 당하는 데, 그 비율은 공개되지 않았다. 고등교육을 넘어서, 미국 법무부는 매년 100만 명 이상의 미국 여성이 스토킹을 당하고 있다고 보고하고 있다. 60%가 남자친구나 남편, 이전 배우자, 동거 파트너에게 스토킹을 당한다.

신체적으로 학대적인 파트너들

또한 남자들은 여자를 구타한다. 비상상황에 의료적 돌봄을 받으려 하는 여성의 1/3과 자살을 시도하는 여성의 네 명 가운데 한 명, 태아의 건강에 관심 있는 임신부의 20%는 친밀한 파트너에게 구타를 당했다. 매 맞는 아내의 숫자는 우리가 아는 것보다 훨씬 더 많을 가능성이 있다. 많은 사람들이 두려움 때문에 이러한 사실을 보고하지 않기 때문이다.

이른 아침에 갓난아이를 안고 남편의 구타를 피해 나의 문을 두드린 여성이 세 명 있었다. 이 경우에, 나는 어떤 도움이 올 때까지 이들을 도와 경찰의 금지명령을 주선해줄 수 있었다.

이 커플 중 두 쌍은 애리조나 주 메도우 치료 센터에서 성공적으로 치료를 받을 수 있었다. 두 경우 모두 아내를 때리는 행위자는 엘리트 의식을 갖고 통제적인 성향의 의사들이었다. 내가 의료업이나 의사를 비하하려는 의도는 전혀 없다. 학대적으로 아내를 구타하는 사람들의 특징을 묘사하는 것뿐이다. 아무 수치심 없이 아내를 구타하는 가해자들은 모든 문화와 사회경제적 경계를 초월하여 존재한다. 이들은 아내를 자기들이 소유하고 있다고 믿는 정서적으로 병든 사람들이다. 피해자들은 종종 자기들이 문제를 야기했다고 느끼고 다르게 행동했어야 하는지 모르지만, 훈련받은 정신건강 전문가의 직업적 개입은 큰 도움이 될 수 있다.

내가 과학 기술자 길버트의 이야기에 대해 나눈 것처럼, 남자들은 자기가 사랑하는 사람을 죽이기도 한다. 피셔는 미국 내 모든 여성 살해 피해자 가운데 약 32%는 배우자와 전 배우자, 남자친구나 이전 남자친구의 손에 살해당하고 있다고 했다. 그러나 다른 전문가들은 진짜 숫자는 50~70%는 될 것이라고 믿고 있다. 이 살인자들의 50%가 넘는 사람들이 먼저 그들의 연인을 스토킹 한다.

사랑에 빠진 상태 또는 로맨스 프로그램에 빠져 있는 사람들은 많은 남녀가 동경하고 사모하는 것이 사실이지만, 우리 유전자에서 흘러나오는 아주 위험한 행동들에 속하는 PRSD의 4등급에서 비극적으로 종말을 고한다.

결혼이 순조롭게 아무런 위기가 없이
개인적 관계로 발전하는 경우는 거의 없다.

"고통이 없이 의식화되는 일은 없다"

칼 융(Carl Jung)

| 제2부 |

지속적인
사랑의 '수고'

당신의 애착 프로그램 세우기

그러니까 지금 당신은 사랑에 빠져 있는 게 아니다. 하지만 당신은 배우
자를 사랑한다. '맞다. 이것이 자연의 순리다.' 제1부에서 설명했듯이, 사랑
에 빠지는 것은 오랫동안 인류가 짝을 찾고 가정을 구성하는 구체적인 단
계로 발전했다. 사랑에 빠지는 것은 짝짓기 과정의 출발과, 남녀가 성적관
계를 성실히 유지하도록 도와줌으로 후손을 낳고 돌봐줄 가능성이 생겼
다. 이것이 두 파트너의 DNA로 유전되었다.

짝을 정하고 자녀를 원하는 순간 혹은 임신하고 자녀를 키우기로 결심
한 순간 두뇌는 새로운 단계를 맞이한다. 새로운 종류의 화학물질이 쏟아
지고 새로운 두뇌회로가 가동된다. 앞장에서 설명한 대로, 이 새로운 단계
를 '애착愛着,attachment'이라 부른다. 애착은 가동되던 로맨스와 욕망 프로그
램을 잠재우고 둘 사이를 연합과 따뜻한 안정감으로 대치한다.
애착 단계가 깊어지고 사랑이 친밀한 연합과 헌신으로 확장되기 위해서

는 반드시 해야 할 '일'이 있다. 사랑에 빠지는 것은 즉흥적이지만 성숙한 사랑을 실현하기 위해서는 노력이 필요하다. 겸손함과 온유함, 때에 따라서는 더 많은 노력이 필요하다.

장기적인 결혼

내가 본 최고 영화 가운데 하나는 메릴 스트립과 토미 존스가 주연한 '호프 스프링스'(2012)다. 이 영화는 〈사랑 후 스트레스 장애〉PRSD 세 번째 단계에 고착된, 결혼한지 30년 된 부부 이야기다. 부부가 사랑을 심화시키기 위해 그 어떤 노력도 하지 않을 때 장기적으로 결혼에 어떤 일이 벌어지는지 보여주는 영화다.

중년 부부인 케이와 아놀드 부부는 관계가 소원해져 서로 각 방에서 잠을 자고 있었다. 케이는 펠드 박사가 쓴 책을 발견하는데, 펠드 박사는 메인 주 작은 동네 호프 스프링스Great Hpoe Springs에서 참가료가 비싼 부부회복세미나를 일주일간 개최한다. 세미나 참석을 원한 케이는 마트에서 일하여 참가비를 마련한다. 그리고 썩 내켜하지 않는 남편 아놀드를 설득해 함께 세미나 장소로 간다. '호프 스프링스'는 섹스리스 부부에게 생기를 불어 넣고, 서로 헌신하는 일에 새로운 힘을 제공하기 위해 노력하는 곳이다. 또한 더 이상 노력하지 않는다면 소원한 관계는 화석화 되어 장차 상대가 어떤 모습으로 남을지 미리 예상할 수 있는 곳이다.

주인공이 참여하는 치료과정은 내가 지금까지 알고, 실제로 경험한 어떤 치료과정 보다 실감이 난다. 남편 아놀드는 자존감이 낮고, 열심히 일하는 중산층 남자들이 그렇듯 막연한 두려움에 사로잡혀 있으며, 바가지

쓰는 것에 대한 편집증이 있다. 영화를 보면 그가 얼마나 화를 잘 내는지, 아내는 얼마나 수동적-공격적인지 드러난다. 아놀드는 세미나 첫날부터 치료사 펠드 박사와 씨름을 시작한다. "당신 같은 사람이 무슨 심리치료사냐!"라며 망신을 주고, 터무니없이 비싼 회비로 사람들을 등쳐먹는다고 비아냥거린다. 펠드 박사 상담시간에 자아 정체성이 조금 더 분명했다면 충분히 버틸 수 있는 문제였지만, 그는 두 번씩이나 상담실을 나가버린다. 자아 정체성이 분명치 않은 사람들이 그러하듯 갈등으로부터 도망친 것이다.

케이는 펠드 박사에게 자신이 매우 불행하다고 털어놓는다. "우리 부부는 무엇에 대해서도 대화하는 법이 없어요." 하지만 그녀가 깨닫지 못한 것은 자신 역시 남편 아놀드처럼 '말하지 말라'와 '느끼지 말라'는 규칙을 지키기로 은연 중 동의해 왔다는 것이다. 이 규칙들은 불행한 관계에서 발견되는 보편적인 문제다. 이 규칙은 다음과 같은 부모 잔소리에서 기원한다. '영양가 있는 말이 아니면, 입 다물고 있어라.' 이 규칙은 문제에 대해 말하는 것을 금지한다. 문제는 '영양가'nice가 없기 때문이다. 하지만 진실은 이것인데, 불편을 감수 할 수 있는 자아감이 충분하다면 행복한 관계를 위해 문제에 대해 말할 수 있어야 한다는 것이다.

케이는 결혼생활이 매일 출근하고 매일 밤 침대에 함께 들어가는 끝없이 반복되는 두 사람의 이야기처럼 느껴진다고 말한다. 역설적이지만 그녀는 치료사에게 자기 혼자 있는 것이 덜 외로울 것 같다고 털어 놓았다. 잠시 후에는 두 사람이 섹스 리스sexless로 살아 왔다는 것도 알게 된다. 치료사가 부부에게 "최근에 성관계를 한 것이 언제였나요?"하고 묻자, 아놀드는 "전혀 생각이 나지 않는다."고 말한다. 케이는 잠시 생각에 잠기더니 "5년 전"이라고 응답한다. 하지만 부부가 기억하는 성관계란 대체로 비창조적 일상이었으며 언제나 정상 체위뿐인 무미건조한 시간일 뿐이다. 케이는 아놀드에게 함께 치료 받자고 용기 있는 제안을 하지만 그순간에도 그녀의 자아감은 불안하게 흔들리고 있었다.

탱고를 추려면 두 사람이 필요하다

내가 장담하건대 아마 이 영화를 보는 대부분 시청자는 아놀드에게 문제가 있다고 생각할 것이다. 아놀드는 매우 거칠고 변화를 싫어하고, 게다가 토론 자체를 거부하기 때문이다. 분명하게 드러나지는 않지만 케이에게도 최소한 50%의 책임이 있다. 그녀의 성격은 매우 동반 의존적이다. 치료를 받으러 오기 전까지 그녀는 자기 필요와 욕구, 무엇을 싫어하는지, 솔직한 느낌을 남편에게 말한 적이 없었다. 펠드 박사는 두 사람에게 성적인 환상에 대해 이야기 하도록 한다. 아놀드는 자기 성적환상 중 하나가 케이가 오랄 섹스를 해주는 것이라고 시인한다. 펠드 박사가 케이에게 오랄 섹스에 대해 물어보자, 그녀는 얼굴을 찌푸리며 혐오감을 느낀다고 대답한다.

치료사는 두 사람에게 손을 잡고 만지고, 오랄 섹스, 나중에는 성교에 도달하라고 과제를 내준다. 부부는 과제를 시도하긴 하지만 중간에 포기한다. 펠드 박사는 아놀드에게 이대로 집으로 돌아간다면 케이가 진짜로 이혼을 제기할지 모른다고 말해 준다. 케이가 자아감을 충분히 회복했기 때문에 막다른 골목에 다다른 죽은 결혼생활을 청산할 가능성이 크다고 경고한다. 여기까지 도달하자 아놀드는 행동하기 시작하는데, 케이를 위해 낭만적인 저녁식사와 짜릿한 밤을 보낼 아름다운 방을 예약한다. 저녁식사 후 호텔 방에 들어간 두 사람은 매우 낭만적이 되어 흥분하지만 과제를 마무리하지 못한다. 케이가 성적으로 매우 겁을 먹고 있다는 사실이 분명해진다. 결국 부부관계는 회복되지 못한다.

둘은 낙심한 가운데 일정을 마치고 '호프 스프링스'를 떠난다. 집으로 돌아간 후, 우리는 두 사람이—서로 다른 방에서 잠을 청하는 – 오래된 일상으로 돌아간 것을 본다. 아놀드는 매일 밤 흔들의자에 앉아 골프 채널을 찾아 리모컨을 누르고, 케이는 아놀드를 떠나기로 결심한다! 그녀가 모든 가방을 챙겨 집을 나가려 하는데, 예상을 뒤집고 아놀드가 그녀의 침실에 노크를 한다. 아놀드는 주도적으로 케인의 몸을 더듬고 섹스는 언어가 되어 그녀를 감동시킨다. 그들은 열정적인 섹스를 나눈다. 다음 날, 아놀드는 서둘러 일터로 나가려다 현관문에 멈춰 서더니, 케이에게 돌아가 그녀의 몸을 더듬으며 거칠게 키스를 퍼붓는다. 케이는 너무 좋아 어쩔 줄을 모른다!

영화가 끝나갈 무렵 그들은 '호프 스프링스'로 돌아가 리마인드 웨딩 예식을 올린다. 서약 중 어떠한 것은 아주 개인적이고 구체적인데, 케이는 TV에서 더 많은 골프경기를 보기로 하고, 대신 아놀드는 골프시청을 줄이기로 약속한다. 골프는 두 사람을 단절시키는 장애물 중 하나였다. '재혼식' 주례를 맡은 펠드 박사와 부부의 자녀들은 두 사람의 증인이 된다. 영화는 코 모양 도자기를 깨뜨리는 것으로 끝이 난다. 이것은 펠드 박사가 두 사람의 결혼을 누구도 자유롭게 호흡할 수 없는 상태인 '비중격 만곡증deviated septum'에 비유했기 때문이다. 그들은 진짜 숨 쉬는 법을 잊어버렸다. 제대로 숨을 쉬려면 막힌 코를 깨뜨려야 한다는 것을 이해시키려고 펠드 박사는 *비중격 만곡증 은유를 사용한 것이다. 실제로 떠나려고 했던 케이의 결정은 은유 속의 '코를 깨뜨리는 것'과 동일한 행동이다.

몇 가지 인상 깊은 대사가 영화 곳곳에 나오는데, 이 대사들은 오래된 부부가 직면하는 어려움을 다루는데 도움이 된다. 나는 당신에게 이 영화를 꼭 보라고 권하고 싶다. 그리고 다음 질문을 스스로에게 던져보자.

- 내가 옳다고 느낄때라도 내게 더 가치가 있는 것은 무엇인가?
  배우자인가 나의 자존심인가?

- 원리 원칙을 지키는 것이 진짜로 관계를 지키는 것보다 더 중요한가?

- 좋은 배우자가 되기 위해 내가 할 수 있는 것을 다 했는가,
  그리고 결혼을 위해 해야 할 모든 것을 다 해보았는가?

- 나의 결혼에 생기를 불어넣고 결혼을 참신하게 하기 위해
  나는 무엇을 할 수 있는가?

---

*비중격 만곡증은 코의 중앙에 수직으로 위치하여 콧구멍을 둘로 나누는 벽인 비중격이 휘어져 코와 관련된 증상을 일으키거나 코막힘, 부비동염 등의 기능적 장애를 유발하는 경우를 말한다. 비중격 만곡증의 증상은 매우 다양하지만, 가장 주요한 증상으로 코막힘이 있다.

당신은 이런 면에서 배우자가 달라졌으면 하는 많은 목록이 있을 것이다. 하지만 당신이 먼저 변화하려는 결의가 있어야 한다. 그러려면 자존감을 높이고 더 확고한 자아감을 개발해야 한다. 결혼이 서서히 덫에 빠져들면 서로 단절되어 혼자 된 것처럼 느끼게 된다 하지만 정작 상대방은 자신이 몰두하는 일상에 빠져 이것을 볼 수 없게 된다.

'호프 스프링스' 영화에서 치료사는 아놀드와 케이에게 그들이 심각한 곤경에 빠져 있다고 말해 주었다. 정체된 결혼에 대한 은유로 비중격 만곡증이라는 용어를 사용하면서, 현재 걸린 덫에서 탈출하려면, 코가 깨져야 한다고 분명하게 가르친다. 코를 부서뜨리는 것은 서서히 되는 일이 아니다. 변화하고 싶은 만큼 스스로 행동하지 않으면 안 된다. 무엇보다 하고 싶지 않은 것을 과감히 행동으로 옮길 수 있어야 한다.

6

관계를 변화시키는
세 가지
새로운 발견

"의지적 노력은 두뇌가 작동하는 방식과
그 물리적 구조마저 변화시킬 수 있는 힘을 가진 체력을 발생시킨다."

제프리 스워르츠와 새론 베글리 『The Mind and the Brain』

내가 알코올 중독에서 회복되던 초기 단계에 한 참석자가 다음과 같이 말하는 것을 들었다. "변화하기 위해서는 분명하게 생각하고 변화를 위해 행동할 것이 있다면, 기분이 나아지기를 기다리기보다 먼저 나 스스로 행동하고 올바른 방식으로 생각하고 느끼도록 만들어야 합니다."

자존감이 낮고 중독에 빠지면, 보통 타성 안에서 안전감과 안정감을 느낀다. 비록 그것이 건강하지 않다고 하더라도, 타성에 순응하는 것이 더 수월하다. 중독에 빠지면 꼼짝 할 수 없고-우리 행동은 대부분 무의식적이다-진정한 변화를 일으키는데 필요한 생각이나 의지는 도무지 생기지 않는다. 따라서 자기 자신을 파악하기 위해서라도 외부의 도움이 반드시 필요하다.

나는 인생후반기 상담에서, 환자들을 치료하기 전에 확실하고 분명하게 계약을 맺곤 했다. "당신은 정서적 고통 때문에 나를 찾아왔습니다. 당신은 스스로 스트레스를 멈추는 방법을 모릅니다. 당신이 어떻게 해야 할지 알았다면 저를 필요로 하지 않았겠지요. 그러므로 당신은 내가 당신에게 요구하는 것이 이해가 가든 안 가든 이행해야 합니다. 만일 당신이 내가 요청하는 것을 거부하면, 나는 상담을 중단하겠습니다." 많은 상담자들은 이러한 계약이 임상적으로 확신할 수 없다고 생각하겠지만, 내담자가 동의할 경우 나는 많은 치료에 성공했다. 사실, 계약에 동의한 사람들은 진짜로 변했다. 생각해 보라. 사람들이 '욕구'조절 실패로 찾아왔는데, 자신이 무엇을 하겠다는 욕구를 가질 수 있겠는가? 부부가 서로 부족한 자존감에 머물러 있을 때 어떻게 좋은 열매가 나타나겠는가?

도움이 필요한 커플들은 대부분 타성에 젖어 있다. 그들이 해야 하는 것은 *안전지대comfort zone를 벗어나는 것이다. 옛날 속담이 말하듯이, "무엇인가 변하기 전에는 아무 것도 변하지 않는다." 가끔 당신은 당신의 습관을 바꾸되 배우자가 무엇을 할지 안 할지 근심하지 말아야 한다. 만일 당신이 행동을 바꾸면, 패턴에 간섭이 생겨나, 배우자에게 변화할 공간을 제공한다. 내가 분명히 말하고 싶은 것은 부부는 더 강력한 자아감을 세우는 모험에 뛰어들 의무가 있다는 사실이다. 당신은 이 책 2부를 통해 기꺼이 어른이 될 수 있다. 그러니 실적을 따지는 어린아이 같은 '유치함'을 버리도록 하라.

우리는 언제든지 기다리기를 원한다. 그러나 사랑은 먼저 행동을 의미한다. 행동유형에 일어나는 작은 변화는, 비록 새로운 행동이 왜 그와 같은 효과가 있는지 이해하지 못한다 하더라도 행동해야 변화가 시작될 수 있다. 다행인 것은, '의지력'과 두뇌에 대한 최근 새로운 발견은 '먼저 행동하면' 올바른 생각과 느낌이 따라온다는 사실을 분명하게 보여준다.

새롭게 발견된 관계 변화 원동력

관계 변화의 원인을 연구하는 지식이 증가하고 있다. 최근 알려진 세 가지 발견 가운데 처음 두 가지는 행동을 직접 변화시키는 것과 관련이 있

---

*컴포트존(comfort zone) : 안전지대는 인체에 가장 쾌적하게 느껴지는 온도·습도·풍속에 의해 정해지는 어떤 일정한 범위를 말한다. 쾌감대(快感帶), 쾌적대(快適帶), 안락지대 등으로 번역해 쓰기도 한다. comfort zone은 직역하면 '편안함을 느끼는 구역'인데, 비유적으로 '(일을) 적당히 함(요령을 피움)'이란 뜻으로 쓰일 수도 있다.

다. 세 번째는 인간의 모든 정서적 건강이 관계에 변화를 일으킨다는 것이다. 따라서 이것들은 건강한 관계를 발전시키기 위한 중요한 단서라고 할 수 있다.

두뇌 신경가소성

UCLA 의과대 정신의학 교수인 제프리 M. 슈와르츠 박사는 신경가소성Neuroplasticity을 '새로운 연결망을 구축하고 피질을 통해 새로운 길을 개척할 수 있는 능력'이라고 정의한다. 좀 더 쉽게 말하자면, 두뇌에 새로운 배선을 깐다는 뜻이다. 이 새로운 발견은 사춘기 후 성숙에 도달하면 뇌 구조가 불변한다는 오래된 신념을 깨뜨려 버렸다.

슈와르츠는 과학 기자 샤론 베글리와 함께, 그의 책 「마음과 두뇌 : 신경가소성과 정신력의 힘」에 강박충동환자를 대상으로 한 실험 결과를 제시하였다. 그는 10주간에 걸쳐 실험 전, 후 환자 뇌를 PET양전자단층촬영장치로 스캔했다. 그 결과 어떤 경우는 충동과 관련 있는 환자의 뇌부위가 80%까지 변화한 것을 확인해 주었다.

PET 스캔 전후 판독 결과는 오른쪽 '미상핵'이라고 알려진 부위 크기가 극적으로 감소한 것을 보여주었다. 이러한 감소는 오른쪽 미상핵, 오른쪽 안와전두피질과 시상 사이를 오가는 에너지가 방해를 받았다는 것을 나타낸다. 이것이 의미하는 것은 우리가 무엇인가 집착하고 충동적으로 행동을 하도록 하는 굳어진 자동화 과정이 방해를 받았다는 것이다. 슈와르츠는 말한다. "의지적 노력은 두뇌가 작동하는 방식과 그 물리적 구조마저 바꿀 수 있는 체력을physical force 발생시킨다."

이 발견의 의미를 넘기기 전에, 당신의 결혼에서 '타성'에 젖어 있는 부분을 생각해 보라. 자동적으로든 그렇지 않든 당신이 일정한 방향으로 어떻게 강박적 사고를 끌고가는지 생각해 보라. 당신의 아내는 계속해서 잔소리를 하며 비판한다. 그래서 당신은 기분이나 다른 어떤 것도 그녀와 나누기를 거부한다. 당신은 아내가 잔소리만 늘어놓고 바가지를 긁는 다고 불평한다. 반면 그녀는 당신이 말이 없다고 (감정을 나누지 않고, 그녀의 필요에 경청하지 않는다고 등) 불평한다. 사실은 부부는 서로 상대의 행동을 유발하고 있으며, 상대가 보다 나은 자아감을 키우지 못하도록 방해하고 있다. 아이작 뉴턴이 말했던 것처럼, "모든 작용에는 그에 상응하는 반작용이 있다." 대중적인 두뇌 전문가 대니얼 시걸 박사는 우리 마음 자체가 대인관계 산물임을 보여준다. 그의 책 「발달하는 마음 : 관계와 두뇌가 어떻게 상호작용하여 우리 모습을 형성하는가?」에서 이렇게 말한다. "마음은 두뇌의 활동에서 출발한다. 두뇌의 구조와 기능은 직접적 대인경험으로 형성된다."

신디와 로버트 : 탈수 사이클에 빠진 관계

신디와 로버트는 그들의 관계를 향방 없이 돌려대는 악순환의 덫에 빠져 있었다. 신디는 별 대수롭지 않은 것에 대해서까지 늘 비판하였다. 내가 그녀에게 왜 그러느냐고 물었을 때, 그녀는 대답했다. "그가 말도 하지 않고, 나누지를 않으니까요." 내가 로버트에게 왜 말도 하지 않고 나누지도 않느냐고 물었을 때, 그는 대답했다. "신디가 항상 나를 비판하고 잔소리를 하니까요."

이것은 '잔소리하고 바가지 긁으면 아무 것도 말하지 않는다'는 사이클의 고전적 사례. 이 커플의 두뇌는 한 사람이 상대의 행동을 야기하는 방식으로 고랑이 파져 있다. 따라서 두 사람은 어린아이들 같은 대치국면에 빠져 있다. 만일 당신이 가속 페달을 누르면, 타이어는 바퀴자국을 내며 홈을 만든다. 만일 당신이 홈에서 빠져나온다고 생각하고 페달을 더 세게 밟으면, 무슨 일이 일어나겠는가! 당신은 제 자리에 서 있고 홈만 더 깊게 파인다. 같은 일을 반복하면, 당신은 아무 데도 가지 못한다. 관계도 마찬가지다.

당신이 만일 어떤 '홈'에 빠져 있다고 믿으면, 두 사람 가운데 하나가 변화할 필요가 있다. 그것이 누구인지는 중요하지 않다.^{당신이 학대당하고 있는 매 맞는 배우자가 아니라면} 한 사람이 그의 행동을 바꾸면, 상대방도 바꿀 수 있다. 두 사람 중 한 사람이 그냥 의지를 발동 하면 된다! 나는 이 장에서 이 주제로 거듭 돌아올 것이다. 책임을 지라—스스로 행동해 당신의 결혼을 변화시키도록 하라. 스스로 행동해 더 강화된 자아상self of self을 구축하라. 놀라운 것은 당신 중 하나가 전체 그림을 바꾸어놓을 수 있다는 것이다. 하지만 당신은 누가 이기는지 점수를 매기는 걸 중단해야 한다!

슈와르츠의 연구는 의지will의 존재와 성격과 원인적 효능을 분명하게 확증하고 있다. 그는 의지력의 위력을 재발견했다. "방향을 잡은, 의지적 정신 활동은 분명히 체계적으로 두뇌의 기능을 바꿀 수 있다." '의지적 노력'을 가동하면 두뇌에 '체력physical force'이 발생한다. 그리고 이것은 효력이 있다. 나는 개인적으로 이것을 증언할 수 있다. 2014년 12월 11일은 내가 알코올을 끊은 지 49년이 되는 날이다. 내가 슈와르츠의 책을 읽었을 때, 올바른 사고방식 쪽으로 스스로 행동하는 것이 효과가 있다는 것은 분명하였다. 내가 행동했을 때, 나는 나의 두뇌를 바꾸기 위해 나의 의지를 체력으로 사용하고 있었다.

정서느낌 체계의 일차적 중요성

데카르트 이래로, 철학자들은 이성과 생각과 분석적 논리를 의지력이나 감정보다 강조해왔다. 요즘은 의지력이 회복되고 있고, 감정정서도 회복되고 있다. 20세기말에 실반 톰킨스Silvan Tomkins라는 이름의 심리학자는 '정동情動체계의 으뜸 이론'을 제기했다. 자기 아기와 다른 아기들을 관찰하면서, 그는 울음은 생각의 결과라는 널리 퍼져 있는 의견은 틀렸다고 결론을 내렸다. 아기들은 그저 울뿐이라고 말했다. 아기들에게는 슬픔을 자극하거나 촉발하는 아무 이유가 없다. 아기들은 선천적으로 행복하고, 호기심이 있고, 화를 내며, 두렵고, 슬프고, 부끄럽다.

톰킨스는 세밀하게 기록된 생물학적 프로그램에 따라 펼쳐지는 생물학적 기제로 아홉 가지의 생득적 정서감정를 발견하였다. 그가 발견한 마지막 두 개의 정서는 악취와 혐오였다.우리를 독성이 있는 공기와 물과 음식으로부터 보호해주는 정서들 우리의 자아개념이 진화해서, 악취와 혐오는 생물학적 보호를 넘어 우리의 정서적 자기보호체계의 일부가 된다. (이것에 대해서는 9장에서 탐색할 것이다.)

우리가 어떤 정서를 인식하게 될 때, 우리는 그것을 느낌feeling이라고 부른다. 톰킨스는 각 정서는 그 나름의 독특한 얼굴표정과 발성이 있다는 것을 발견하였다.차트 6을 보라 톰킨스의 9가지 생득적 정서는 심리학자 폴 에크만과 캐롤 이자드가 확인하였다. 이들은 아홉 가지 정서의 얼굴표정을 21개 나라에서 보여주었는데, 이들 정서는 어느 곳에서나 보편적으로 인식된다는 것을 발견하였다.

차트 6 톰킨스의 9가지 생득적 정서

긍정적 정서

• 즐거움/기쁨 : 신체적으로 미소를 지음, 입술은 열려 있고 나와 있음
• 관심/흥분 : 신체적으로, 눈썹이 내려가 있고, 눈은 사방을 살피며, 더 가까이 경청함

중립적 정서

• 놀람/경악 : 신체적으로, 눈썹이 올라가며, 눈은 깜박 꺼림

부정적 정서

• 분노/격노 : 신체적으로, 얼굴은 찡그리며 빨갛다, 턱뼈가 이를 악물게 됨
• 두려움/공포 : 신체적으로, 얼굴은 얼어붙은 시선으로 창백하며, 차가워지고 땀이 난다. 머리칼이 설 수도 있다.
• 수치심/부끄러움/수모 : 신체적으로, 눈이 아래로 감겨짐. 머리는 내려지고 피하려함, 얼굴이 빨개짐

- 고뇌/곤경 : 박자에 맞춰 가락이 있게 울며, 눈썹은 동그랗게 구부러지며, 입은 아래로 쳐진다.
- 악취dissmel : 나쁜 냄새에 대한 반응: 윗입술이 올라가고 머리는 뒤로 젖혀짐
- 혐오disgust : 아랫입술이 올라가고, 튀어나옴. 머리는 앞으로, 아래로 숙여진다.

톰킨스는 아홉 가지 정서는 재미있는 체계라는 것을 보여주었다. 그는 정서를 '인간 행동의 일차적 동기부여자'로 보았다. 그의 자주 인용되는 진술에서, "나는 정서를 일차적인 생득적선천적 생물학적 동기부여 기제로 본다. 이는 욕구박탈이나 쾌락보다 더 절박하며, 신체적 고통보다도 더 절박하다."라고 말했다. 그는 감정이 확대되지 않으면, 아무 것도 문제될 것이 없으며, 감정의 확대가 이뤄지면, 무엇이든지 중요하게 된다. 정서는 인지와 욕망, 결정과 행동을 위한 청사진이다. 나 자신의 회복 프로그램에서 내 감정을 소유하고 표현하면 할수록, 나는 사고의 부인thinking denial과 잘못된 선택에서 멀어졌다. 감정은 오래 된 뇌구뇌의 생각하는 방식이다. 감정 체계가 중요한 것은 적어도 다섯 가지 이유 때문이다.

1. 감정 없이는 아무 것도 중요하지 않다.
2. 감정 없이 우리는 결정을 내리지 못한다.
  우리가 무감각해 감정을 억압할 때, 선택 자체가 어려워진다.
3. 감정 없이 우리는 생각할 수 없다.
4. 감정은 인간 행동의 일차적 동기부여자이다.
5. 우리는 감정을 표현하지 않고 친밀해질 수 없다.

이 마지막 요점은 우리가 배우자와 성숙한 사랑을 만들어 가는데 가장 많은 적합성을 지닌다. 친밀감은 우리의 취약함을 포함한다. 우리는 사실 자신의 감정을 표현할 때보다 더 취약해질 수는 없다. 두 파트너는 자기들의 감정을 표현하는 법을 배워야 한다. 감정을 나누는 것은 우리가 친밀해질 수 있는 특별한 기회이기 때문이다.

7

성숙한 사랑의
발달단계

완벽으로 충분하지 않다.

칼 로저스

생명이 있는 곳에 싸움이 있다.

익명의 작가

위대한 심리치료사 칼 로저스는 한 때 내담자를 만나 상담을 하게 되면 어떻게 자신을 준비하느냐는 질문을 받았다. 로저스는 다음과 같이 대답했다고 한다. "나는 내 자신에게 충분하다고 말한다. 나는 완벽하지 않다. 완벽으로는 충분하지 않기 때문이다." 로저스는 자기 내담자가 무슨 이야기를 하든, 내담자도 인간이기 때문에, 그를 이해할 수 있을 것이라고 주장했다. "인간적인 것은 나에게 이국적인 것이 없다."고 한 로마의 철학자 세네카의 말을 반영하면서, 로저스는 자기가 적당하다고 느꼈다. 그는 완전하지 않았다. 그가 말한 대로, "우리가 완벽하면, 우리는 인간이 아닐 것이다. 완벽으로는 충분하지 않다." 우리는 다른 사람이 출제한 시험에서 완벽한 점수를 받을 수 있다. 그러나 우리는 결코 존재 자체가 완벽할 수는 없다. 왜 그런가? 우리는 인간으로서, 메도우 치료센터에서 우리가 말하듯, '완벽하게 불완전하기' 때문이다.

우리의 생득적 감정 가운데 하나는 수치심이다. 이것은 우리의 유한성이 만들어내는 것이다. 우리는 얼굴을 붉히는 동물이다. 우리는 실수를 할 수 있으며 실수를 할 동물이기 때문이다. 우리가 인간 이상이 되려고 노력한다면, 우리는 엄청난 실수를 하는 것이다. 창피한 줄 모르고 뻔뻔스럽게 행동하면서 완벽하려 한다면, 우리는 큰 실수를 범하는 것이다. [차트 7A]는 나의 책 「수치심의 치유」에서 발췌한 것이다.

Chart 7A 수치심 정서의 역동

수치심 없음	수치심	수치심 없음
인간 이하 상태 '신경증적'	우리의 유한성을 드러내는 생 득적 정서로 우리의 자아감을 형성한다 인간적인	인간됨을 초월한 듯 행동 '인격 장애'
온전히 불완전한 모든 것에 대해 탓을 듣는	'완벽하게 불완전한' 스스로 책임지는	완벽한 어떤 혼란과 실수에 대해서도 탓할 것이 없는
통제를 놓아버림 실수를 통한 능력	집착하는 것과 놓아버림 사이의 균형 미덕을 통한 능력 평온함을 비는 기도	계속 잡고 있음— 항상 통제하려 함 거짓된 능력 감각
경계선 없이 결함을 고백함	약간 침투 가능한 경계선 적절하게 취약함	침투 불가능한 경직된 경계선
과소 기능 아무 것도 모름 "나는 하나의 실수다"	충분히 기능하는 자아 유순함 아직 배우고 있음 실수는 나의 선생	과대 기능 거만함 모든 것을 다 아는 채 실수가 없음
격노하는 분노	경계선으로서의 분노	수동 공격적 분노
매사를 탓함	자신과 행동에 대해 책임지는	무엇이 대해서도 탓하지 않음
충동적 : 음식 소비 마심 알코올/마약 폭식	중용 : 음식 소비 마심 알코올/마약	충동적 : 다이어트 저축 절제 알코올/마약
완전한 결함투성이 죄인 저주에 넘겨짐	내가 이해하는 하나님 겸손한 특별하게 잘나지 않은	권위주의적 하나님 엘리트 내가 구원받은 것을 앎

수치심은 우리의 경계선과 우리의 한계를 안전하게 보호해준다. 수치심은 특별히 관심/호기심과 흥분/기쁨축제이라는 두 개의 다른 정서를 감시한다. 우리가 수치심을 느낄 때, 이것은 마치 우리 어깨를 가볍게 두드리는 것과 같다. "그 정도면 충분한 재미와 호기심이었어." 수치심은 "너는 말을 타고 어느 쪽이든 마음대로 달릴 수 있다."고 말하던 중세시대의 악덕이었던 호기심의 핵이다. 우리는 참으로 자유하기 위해 구조와 경계선이 필요하다.

수치심은 우리의 한계를 건강하게 그어주는 표지와 같은 것이다. 한계의 경계선은 건강한 자산과 같은 것이다. 그러나 수치심을 모르는 뻔뻔한 부모와 함께 자라나는 것은 당신으로 부모의 수치심을 지도록 강요한다. 이러한 부모는 당신을 신체적으로(만성적 구타), 성적으로(근친상간, 은근하거나 노골적인 희롱), 정서적으로(당신 전 존재를 부끄러워 함), 지성적으로(당신의 생각이나 아이디어를 비웃거나 무시함), 영적으로(독선적 진술을 받아들이도록 강요하거나 그 독선에 순종하도록 요구함) 학대할 수 있다.

일단 아이가 수치심을 전수받으면, 자녀는 수치심에 기반을 두게 된다. 수치심은 더 이상 느낌이 아니고, 정체감이 된다. '전수된 수치심'은 내면화되어서, 유독성 수치심으로 발전한다. 유독성이 있는 수치심에 기반을 둔 인격은 스스로 아무런 결함이 없다고 느끼거나 흠이 없다고 느낀다. 그들은 노출을 두려워한다. 그래서 이들은 초인간적인 행동 뒤에 숨는다. 아니면, [차트 A]가 보여주듯이, 숨는 것을 포기하고 인간 이하보다 더 못된 '최악'이 된다.

내가 처음 술을 끊고 제정신으로 돌아왔을 때, 나는 '가장 훌륭한 최악의 주정뱅이'Best Worst Drunk가 되려고 노력했다. 모임에서의 나의 말은 주정뱅이의 횡설수설이 되었다. 예를 들어, 내가 처음 술에서 깨었을 때, 나는 회중에게 위스키를 사려고 차가운 눈 속에서 10km를 걸었다고 말했다! 오늘날 같으면, 나는 "눈 속에서 다섯 블록을 걸었다."고 말할 것이다. 과장된 세부내용은 일종의 거꾸로 된 과대망상이다. 나의 수치심에 기반을 둔 자아가 하나의 인간으로서 너무나 결함과 결점투성이로 느껴졌기 때문에, 초인간적이 되려 했던 것이다. 많은 이들은 반대로 인간 이하가 되는 것에 굴복하고 만다. 수치심은 숨는 것과 침묵을 사랑한다.

사람이 수치심을 느낄 때, 그들은 호흡을 할 수 없고 말도 제대로 할 수 없다. 수치심 덩어리가 되면 자신을 드러내는 것이 엄청나게 힘들어진다. 감정을 표현하는 것은 더 힘들어진다. 그래서 수치심에 기반을 둔 사람이 자신의 취약함에 대해 진실을 말하는 것을 힘들어 하는 것이다. 유독성 수치심의 가장 중요한 영향은 우리의 자아감에 대한 것이다. 수치심은 다른 어떤 정서보다 건강하고 든든한 자아감을 형성하는데 크게 기여한다. 반면에 유독성 수치심은 우리의 자아감에 더 없이 파괴적이다.

도날드 나단손 박사는 그의 책 「수치심과 교만」에서, 수치심이 어떻게 인간발달의 각 단계에 고통스러운 자기인식을 하게 되는지를 통찰력 있게 파헤치고 있다. 유아에 대해 나단손은 말한다. "수치심은 아이에게 무엇이든지 흥미진진하고 쾌락적인 것을 무너뜨리는 역할을 한다." 수치심의 방해는 어린이가 자신의 정체감을 평가하게 하고 재평가하도록 강요한다. 이와 같은 방식으로, 수치심은 어린이의 자아가 점증하는 의식을 계속해서 강화해 나간다.

일반적으로 심리학자들은 고급스런 행동을 묘사하는 데 '충분히 좋은' 이라는 문구를 사용하는 칼 로저스의 철학을 수용해왔다. 어떤 전문가도 결혼이나, 가족, 남편과 아내를 묘사하는데 '완벽하다'는 단어를 사용하지 않는다. 수치심이라는 생득적 정서의 목적은 우리의 호기심과 쾌감을 감시하고, 우리가 실수를 할 수 있다는 것을 알리는 데 있다. 선천적으로 타고난 수치심은 우리 한계성의 근거가 된다. 인간적이 되어도 좋다는 허락이다. 인간으로서 우리는 실수를 한다. 그리고 때로는 도움이 필요하고, 배울 것도 많이 있다.

영화와 이야기와 TV 쇼는 서로 같은 생각을 하고, 결코 권태가 없고, 싸우지도 않지만, 약간 코미디처럼-결코 외롭지 않고, 절대 화내지 않으며, 모든 책임을 공유하는-결혼한 부부와 가족의 모습을 제시하였다. 이상하게도, 우리는 그들이 성적으로 어떻게 행하는지에 대해서는 아무런 정보가 없다. 작가들의 가정은 그들의 성생활이 완벽하고, 그들의 성생활의 모든 것은 '장미빛'이라는 것이다. 내가 볼 때는 코스비와 브래디, 등 연속극에 동장하는 사람들은 완전히 섹스리스인 것으로 보인다. 우리는 그들의 가족행동 대부분은 진실과 거리가 먼 가짜라는 것을 알고 있다. 이와 같은 관념은 공상적이며 결혼하면 어떨 것인가에 대해 비현실적인 기대가 생기도록 우리에게 독을 심어준다.

이 장에서, 나는 기능적이고 행복한 결혼에 대한 몇 가지 현실적인 기대를 제시하였다. 이러한 기대는 결혼한 부부와 가족을 상대하면서, 우리의 현재 진화수준에 근거하여 내가 배운 것이다. 나는 몇 년 동안 결혼과 원가족 작업에 대해 대학원생들에게 가르치면서 남부감리교대학교에서 몇 년을 보냈다. 또한 나는 애리조나주에 있는 메도우치료센터에서 선임 연구원으로 갖가지 형태의 중독과 외상, 학대와 유기를 전체 가족의 맥락에서 치료했다. 나는 앞으로 가족에 대해 말할 것이다. 가족의 가장 핵심적 구성요인은 결혼이다. 결혼이 되어 가는 대로, 가족이 따라간다.

나는 영화와 소설, 동화와 TV 쇼에서 열거한 목록의 반대되는 목록을 진술해서 현실적 기대목록을 시작할 수 있을 것이다. 사실, 사람들은 항상 동의하지 않으며, 동일하게 생각하거나, 섹스를 똑같이 원하는 것도 아니다. 오히려 화를 내며 외로움을 느끼는 게 현실이다. 가끔 보면, 우리들 중 누구라도 과거의 상처받은 내면아이로부터 오는 커다란 '자아의 함정'에 빠져든다. 건강한 부부는 그들의 결혼에서 성적 욕구 장애를 경험한다. 일반적으로 욕구는 각 파트너가 성취한 건강한 자아상의 정도에 좌우된다. 우리 각자는 독특하고 되돌릴 수 없는 존재이기 때문에, 우리는 여러 가지로 다르다. 우리는 인간으로서 공통점이 있지만, '러브 스토리'가 제시하는 방식 같은 것은 아니다.

어떤 문제들은 결코 해소되지 않을 것이다

사랑과 결혼 분야에서 가장 저명한 인물 중 하나인 존 가트맨은 앤디 크리스텐슨, 닐 제이콥슨, 수잔 존슨, 레스 그린버그, 더그 스나이더와 댄 와일의 연구결과를 인용하였다. 이들은 모두 존경받는 부부 전문가들이었는데, 부부의 어떤 결혼 문제는 아마 결코 해결되지 않을 것이라고 결론을 내렸다. 함께 만족한 결혼생활을 하는 부부는 기꺼이 타협하며 자기 파트너에게 차이를 가질 수 있도록 허락하는 부부들이다.

친밀감과 차이점들

대부분의 치료사들은 부부가 서로의 차이점들을 진심으로 이해하고 수용해서 보다 더 친밀해질 수 있다는 데 동의하고 있다. 만일 나의 배우자가 나와 똑같다면, 그 관계가 얼마나 지루하고 무미건조하겠는가! 가트맨이 인용한 또 다른 중요한 사실이 있다. 그것은 치솟고 있는 이혼율과 결혼의 불행은 결혼 및 부부치료를 통해 별로 도움을 받지 못하고 있다. 오직 소수자만이 약간 스트레스 수준이 낮아진다고 보고하고 있다. 프라이스와 제이콥슨의 연구에 의하면, 최고의 기법으로 부부치료를 받은 커플의 35%만이 스트레스 수준이 내려갔다고 보고했다. 이 가운데 재발 비율은 1년이 지나자 30~50%로 드러났다.

나는 개인적으로 스트레스 받는 부부와 상담하는 것이 얼마나 어려운 것인지 증언할 수 있다. 나의 상담 초기 8년 동안 아마도 더 많은 커플들이 이혼을 잘 하도록 도와주었던 것 같다. 이 책은 이혼을 예방하도록 돕는 것을 목표로 한다. 그러나 나는 모든 부부가 끝까지 동거해야 한다고 주장하는 것은 아니다. 커플이 이혼을 제기하도록 돕는 것은 부부치료의 결과로서 타당한 기능이다. 어떤 부부들에게는 치료가 무의식적으로 결별하는 방법이다. 그러나 이혼은 아주 번잡한 과정이다. 특별히 자녀가 관련되어 있을 때는 더욱 그렇다. 자녀를 데리고 이혼하는 부부는 함께 자녀양육을 하는 문제를 놓고 치료사의 도움을 받는 게 최선이다. 1978년에서 1989년까지, 나는 다음 장에 차례로 제시하는 자료를 사용해서 부부 상담에 적지 않은 성공을 거두었다. 당신도 도움을 받을 수 있으며, 우리는 〈사랑 후 스트레스 장애〉PRSD를 극복할 수 있다.

[차트 7B]에서, 당신은 두 사람 사이의 성숙한 사랑을 창조하는데 내가 다뤄야 할 6가지 근본적인 문제라고 간주하는 것을 보게 될 것이다. 물론 나는 이 모든 문제들을 다룰 수 없을 것이다. 하지만 혼란 가운데 있는 여러분에게 변화할 수 있는 방법을 제시할 것이다. 나는 당신의 원가족 규칙과 가치관과 관련된 당신의 갈등을 해소할 수 있는 아주 효과적인 방법을 보여줄 것이다. 나는 당신의 차이점들 중 많은 것을 해소할 수 있는 방법을 보여줄 것이다. 무엇보다도 당신의 주요한 차이점을 해소하였을 때 당신이 따라야 하는 현실적인 절차적 지도를 보여줄 것이다.

태초에 '당신'의 세계가 있고, 거기서 당신은 서로를 발견하고 십중팔구 환상적 섹스에 참여한다. 사랑에 빠지는 데는 아무런 노력이 투자되지 않는다. 로맨스 프로그램이 시들해지면서 1단계, 즉 '원가족 장벽 뚫고 나가기'가 시작된다.

PRSD 치유 1단계는 서로의 차이점과 원가족 문제를 해소하기 위한 실습과 노력으로 이뤄진다. 일단 차이점이 수용되고 과거로부터의 상처가 충분히 좋은 방법으로 처리되면8장을 보라, 부부는 수리기제를 배우는 작업을 시작할 수 있다. 그러면 자생적으로 악화되는 '치명적 7가지 D'9장을 보라가 내리막길로 내려가기 전에 잠재적으로 부담이 되는 행동은 그 위력이 약화된다. 부부가 만족스러운 성생활을 위해 갱신할 수 있는 계약을 만들어낼 수 있다면, 1단계의 목적은 성취된 것이다. 이 모든 것은 2단계로의 과도기이고 전환이다. 여기서는 두 파트너가 높은 수준의 독립성을 성취하는 '작업'을 하게 된다. '독립성으로의 전환 : 수리기제들'repair mechanisms은 PRSD가 야기한 피해를 수리하는 방법(여기에는 성관계를 보수하는 것도 포함)을 찾는 것이 포함된다.

2단계, '나' 영역 독립성에서 상호의존으로 가는 길은 참된 자기에 대한 각 파트너의 감정을 전체적으로 발견하는 것으로 이뤄진다. 이것은 '나와 나의 것'의 세계이다.

3단계, '우리' 영역, 즉 상호의존은 '우리들의 것'의 참된 세계를 발견하는 것이 목표다. 이 세계는 연결감과 헌신과 깊은 친밀감의 세계이다.

Chart 7B 모든 문제에 내재해 있는 여섯 가지 근본문제들

1. 존재의 차이

사랑에 빠짐매력과 도취과 욕망

사랑(안전 애착, 조율, 돌아보는 연결감, 임재와 친밀감)과열정적 작업으로 사랑을 이해하는 것은 헌신과 성숙의 단계를 포함한다.

2. 차이점들

① 성별

② 기질, 취향, 독특한 버릇, 가치관, 욕구와 필요

③ 높은 T테스토스테론와 낮은 T 사람들 : 성욕의 격차

④ 가족 규칙-명시적 및 은밀한

    a. 인종

    b. 종교

    c. 돈

    d. 부모 역할

e. 집안 일 : 집을 어떻게 가꾸어야 하는가

f. 직업적

g. 성적

h. 교육적

I. 축하－생일과 공휴일, 명절 등을 어떻게 축하하나

j. 정치적

3. 비병리적 및 병리적 상처들

① 정상적인 편향된 세계

② 애착 트라우마

③ 학대와 방임

④ 발달단계의존욕구결핍

4. 건강한 자아감의 정도

① 자력ego strength과 '참된 자아' 실현하기

② 내적, 외적 개별화

③ 침투 가능한 경계선 개발하기

④ 정서적 해독emotional literacy 수준

5. 의사소통 관련 문제들

6. 친숙정도얼어붙은 이미지와 운명

① 끔직한 '일상성'

② 투사

③ 재앙불운

④ 배신

⑤ 친숙함

우리는 이미 1장에서, 로맨스 프로그램에 대한 우리의 이해를 둘러싼 거 짓된 신념을 다루었다. 대부분의 연구가들은 사랑에 빠진 상태를 사랑 자 체가 아니라, 사랑으로 가는 노력이 필요 없는 서곡으로 본다. 나는 '사랑 분자'가 어떻게 극적으로 각자의 성적 추동을 높이는지, 그리고 12개월에 서 18개월 사이에, 사람들은 대략적으로 그들의 정상적인 테스토스테론 수준으로 되돌아간다는 것을 거론한 바 있다. 사랑에 빠진 단계의 고양된 상태는 우리가 만나고 짝 짓고 재생산하는 것을 보장하는 자연의 섭리이 다. 그래서 인생은 지속될 수 있는 것이다. 헬렌 피셔가 썼듯이, 이는 "우리 는안정되고, 지속적인 동반관계를 유지할 수 있도록 도와주기 위해 진화 하지 않았다."

현재 사랑에 빠진 사람들이나 과거에 사랑에 빠졌던 개인들에게, 로맨 스 프로그램의 감퇴는 엄청난 충격이 될 수 있다. 첫눈에 반해 도취하는 시기가 PRSD사랑 후 스트레스 장애와 함께 끝나면, 사랑에 대한 서곡은 끝이 나고, 진짜 성숙한 사랑을 경험하는 쪽으로 가는 첫 번째 단계가 새로 시 작되는 것이다. 당신이 [차트 7C]를 보면, 성숙한 사랑의 자생적 세 단계라 고 내가다른 연구가들도 믿는 것이 열거되어 있다. 이것은 사랑에 빠진/정욕 단계로맨스 프로그램가 끝날 때 시작된다.

나는 의존성이라는 단어에 변화를 주고 있다. 아동기의 발달단계를 동반의존co-dependent: 엄마와 공생적으로 유대관계를 맺는으로 시작되는 갈등으로 표현하고 있기 때문이다. 그것으로부터, 우리는 역의존성counterdependency으로 옮겨가는데, 우리는 엄마돌봄 제공자와 분리돼서 처음으로 자아감을 발견하기 때문이다. 이것은 대립적 결합의 단계다.

걸음마를 배우는 유아들은 성질을 부리고 "싫어"라고 말하며 "이것은 내 거야!"하고 순전한 자기경계 진술을 해서 독립된 자기 됨selfhood을 위해 싸운다. 아동기 후반에 분리와 자기 됨을 위해 역의존적 갈등을 통해, 우리는 우리만의 독특한 독립성을 형성하기 시작한다. 이것은 사춘기의 갈등이기도 하다.

십대들은 흔히 자기들을 관찰하고 있는 '상상속의 관중"과 생활하고 있다는 공상을 한다. 또한 십대들은 자기들이 출연하는 '개인적 우화'를 만들기도 한다. 자기들의 삶을 독특하고 특별한 것으로 만들어야 한다. 십대 후반, 고등학교 시절이나, 대학교 초년기에 우리는 일반적으로 사랑에 빠지고 우리가 사랑하는 사람이 반영된 거울에 빠져 있는 자신을 발견한다. 우리는 두 번째로 공생적 결합에 빠져 있는 자신을 발견한다. 일단 사랑에 빠져 있는 환상이 끝이 나면 우리는 성숙한 상호의존으로 떠나는 여정을 시작한다.

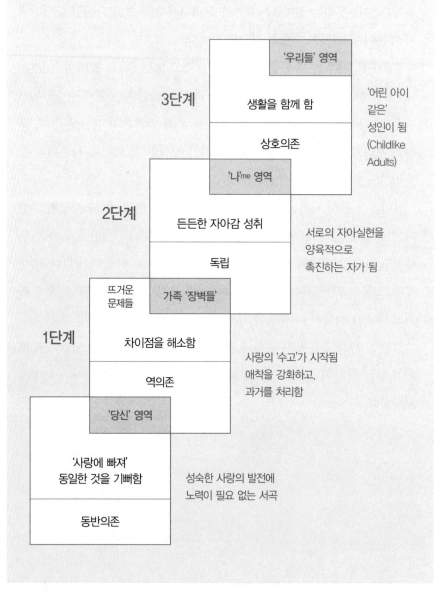

Chart 7C 성숙한 사랑의 발달단계

3단계

'우리들' 영역

생활을 함께 함

상호의존

'어린 아이 같은' 성인이 됨 (Childlike Adults)

2단계

'나'me 영역

든든한 자아감 성취

독립

서로의 자아실현을 양육적으로 촉진하는 자가 됨

1단계

뜨거운 문제들

가족 '장벽들'

차이점을 해소함

역의존

사랑의 '수고'가 시작됨 애착을 강화하고, 과거를 처리함

'당신' 영역

'사랑에 빠져' 동일한 것을 기뻐함

동반의존

성숙한 사랑의 발전에 노력이 필요 없는 서곡

나는 로맨스 프로그램이 성숙한 사랑의 출발점이라고 믿는다. 이때는 대부분의 사람들에게 놀라운 시간이다. 하지만 이것을 성숙한 사랑과 혼돈하게 되면, 우리가 앞에서 본 것처럼, 심각하고 추악한 결과를 겪게 되는 것이다.

헬렌 피셔는 그녀의 책 「사랑의 해부」에서, 결혼의 연수를 거론한다. 우리의 조상들에게는, 결혼 기간이 매우 짧았다. 동물왕국에서는, 4년 이상을 함께 머무는 것은 이례적이었다. 이것은 한 쌍의 동물이 자식을 낳아 돌보기에는 충분한 시간이었다. 4년이라는 시간 안에 자식은 자기를 방어하는 법을 배울 수 있었다. 결혼이 정치적이거나 사회적인 계약에서 사랑에 빠진 연인과 은유시인의 로맨스와 접속되면서, 이것은 사랑의 정사love affair가 되었다.

평균 수명이 과거보다 늘어나면서, 우리는 장기적 결혼이라는 새로운 도전에 직면하였다. 우리는 아직도 결혼이 얼마나 지속되어야 하는지 얄팍한 지식이 있을 뿐이다. 우리는 서서히 장기적 결혼 문제가 어떤 것인지 깨닫기 시작하고 있다. 로맨스 프로그램이 끝나고 이어지는 나의 세 단계 모델은 매우 기능적이고 행복한 부부들의 공통점에 기반을 두고 있다. 나의 이론은 지난 75년 동안 심리치료사들이 기록했던 순기능적 부부들의 경험을 토대로 작성한 것이기도 하다. 또한 나의 단계들은 정체감 개발을 위한 아동기 단계-동반의존, 역의존, 독립, 상호의존-를 따르고 있다.

나는 독자들에게 치료사들이 사용하는 모든 이론적 모델은 그들의 고도로 정보화된 상상력의 산물informed immagination이라는 것을 기억하라고 충고한다. 이론은 결혼의 많은 복잡성을 다룰 수 있도록 개발되는 것이 중요하다. 결코 불화하지 않는, 또는 상당히 거칠게 의사소통 하는 부부는 행복하다. 비록 그들이 낮은 자존감이 있어 무엇을 상실하고 있는지 모른다 하더라도 그들은 행복하다. 내가 당신에게 요청하고 싶은 가장 중요한 것은 당신이 지금 있는 관계/결혼을 끝내지 말라는 것이다. 당신이 그 관계를 수리하기 위해 노력할 용의만 있다면 충분히 좋은 사랑으로 발전시킬 수 있기 때문이다.

8

자라가기 : 상처받은 내면아이를 치료함으로 *'환영'을 몰아내라

과거는 사람이 내다 버릴 수 있는 짐 꾸러미가 아니다.

에밀리 디킨슨

*환영 : 당신의 결혼을 오염시키는 어린시절의 상처

최근에 사망한 코미디언 조지 칼린이 한 번은 "당신의 나이가 몇이냐"는 질문을 받은 적이 있었다. 그는 잠시 생각하더니 "나는 한 살, 두 살, 세 살, 네 살, 다섯 살…"이라고 대답했다. 내가 그의 농담에서 취할 수 있었던 것은 그가 마음만 먹으면 어느 때든지 퇴행적으로 행동할 수 있다는 것이다. 조지가 알았는지 모르지만, 우리는 발달의존적욕구가 충족되지 못했던 단계로 퇴행하기가 매우 쉽다. 두뇌는 나이에 맞는 적절한 발달과업을 학습할 만반의 준비를 갖추고 있는데 이때, 즉 아주 민감한 시기에 버림을 받고, 방치되고, 학대받고, 충격적 상처를 받고, 또는 한 부모에게 속박돼서 의존욕구가 충족되지 않았을 수 있기 때문이다.

이것을 보여주는 아주 좋은 두 가지 예는 유아기와 걸음마기에 가졌던 주요 의존 욕구다. 이것은 발달적 욕구로서 오직 다른 사람에게 의존해서 충족될 수 있는 것이다. 우리는 이제 성인들로서, 우리 욕구는 우리 자신이 만족시킬 수 있다. 유아는 모든 것을 모성적 존재에 전적으로 의존하는 가운데 '당신'의 세계 속에 산다. (특별히 그의 자기애의 공급을 받는 면에서 그렇다.) 유아는 자기애의 공급을 받기 위해 엄마의 얼굴을 바라보고 거기에 자기 자신이 반영된 것을 본다.

유아기에 가장 강력한 자아감은 그를 양육한 엄마의 정서적 안정감과 함께 하는 것을 반영하는 얼굴에서 생성된다. 이 초창기 반영은 '한 사람의 근본적 자기애적 공급'이라 묘사된다. 유아는 그의 어머니나 돌보는 제공자에게 의존하지 않고서는 이 필요가 충족될 수 없다. 그가 충분히 좋은 방법으로 이 필요를 충족시키지 못하면, 그의 발달 의존 욕구는 결핍 deficit 단계로 나아가게 된다. 이 결핍은 진짜 결함 있는 인격이 될 것이다. 어린 소녀는 계속해서 주목을 끌고 찬탄의 대상이 되려고 노력할 것이며,

이는 그에게 힘든 과정이 될 것이다. 책을 쓰고, 강의하고, TV 시리즈를 하는—사람들 대부분은 이 자기애적 상처를 갖고 있다. 우리의 일은 우리에게 늘 찬사와 박수를 가져다준다.

발달단계의존욕구결핍DDDs은 무의식적이다

발달 과정상의 의존욕구결핍 장애가 무의식적임을 알고 있는 것은 중요하다. 우리는 아동기에 결정적인 중요한 욕구가 있다는 것을 알지 못했다. 우리에게는 다만 그러한 필요가 있었다. 그 욕구는 우리 생존의 일부였다. 하나님께서는 우리에게 생각을 요구하지 않는 오래된 뇌old brain를 제공해 주셨다. 의식적인 뇌새로운 뇌: new brain: 신피질는 나중에 생겨난 것이다. 나는 지금 당신의 무의식적 뇌를 검토하기 위해 의식적인 뇌를 참여시키려 노력하고 있다.

발달 단계는 모든 것새로운 직업, 새로운 친구 등에 적합하다

걸음마 하는 아이는 많은 이들이 '두 번째' 또는 '심리적 탄생'이라고 부르는 것을 시작한다. 호기심이라는 생득적 정서로 동원된 '생명력'은 아장 아장 걷는 아이에게 모든 것을 만지고 탐색하고 싶은 마음을 불어 넣는다. 그는 생득적 자아감이 있으며, 자기 방식대로 하기를 원하며, "아니야. 싫어"라는 말을 통해 자율적 힘을 행사하려 한다. 그리고 걸음마하는 유아는 신경질과 짜증내기가 쉬우며, 후반으로 가면 "이것은 내 꺼야."라고 말하기를 좋아한다. 이 행동들은 다루기가 까다로운 것이 사실이다. 그리고 대개 나쁘게 다루어지는 의존욕구에 속한다. 이것들은 기본적인 발달적 의존욕구이며, 핵심 자기경계 기초가 되며 '진정한 자기'의 기초가 된다. 자라서 스스로 생존하는 법을 배우기 위해서, 자녀는 분리 될 필요가 있다. 우리는 환경적 지원을 받는 상태에서 '자기지원'으로 나아가야만 한다.

걸음마 후기로 가면, 어린이는 무엇이든 혼자 하려 한다. 그렇지만 걱정할 것은 없다. 그는 그리 멀리 가지는 않는다. 그는 이른바 적대적 결속 oppositional bonding이라 불리는 단계에 들어간 것이다. 말 그대로 돌보는 제공자로부터 떨어지면서 "나는 나다. 그러나 아직 당신에게 의존하고 있고 당신과 결속되어 있다."고 말하는 셈이다. 어린이의 경계선 설정 때문에, 이 시기를 '역의존성'counterdependency이라 부른다.

어린이는 적당한 시기에 이 발달적 욕구가 충족되고 지나치게 망신을 주는 처벌을 받지 않는다면, 그는 나중에 이 아동기 단계로 퇴행하지는 않을 것이다. 그런데 반대 면이 있다. 상담 시간에 나이에 비해 퇴행하는 배우자가 주목을 끌기 위해 결혼에서 자기 것이라 생각하는 것을 위해 어린애처럼 싸우는 것을 수없이 보았다.

아동기 필요가 충족되지 않으면, 그 필요는 사라지지 않는다. 오히려 그것은 에너지의 '블랙홀'처럼 작용하는데, 현재 일어나고 있는 사건을 계속해서 왜곡하며, 채워지지 않은 욕구를 채우려고 에너지를 빨아들인다. 그들은 에너지가 처리될 때까지 계속 에너지를 소모한다. 사람에게 심각한 발달단계의존욕구결핍이 있으면, 충족되지 않은 발달단계에 고착되어 앞으로 나아가지 못하게 된다.

왜 의존에 대한 논의를 하는가? 사람들은 사랑을 의존과 혼동한다. 상담자들은 매일같이 이 엉망인 상황을 다뤄야 한다. 이것은 자살에 대해 말하는 사람들, 실제로 자살을 시도했던 사람들, 또는 짝사랑 때문에 병적인 우울증에 빠진 사람들에게서 두드러지게 나타난다. 그들은 실제로 "나는 나의 배우자나 연인이 없이 살고 싶지 않아요." 라고 말한다.

정신과 의사이며 저자인 스캇 펙M. Scott Peck은 그의 세계적인 베스트셀러 「아직도 가야할 길」에서 "나는 배우자나 연인이 없이 살고 싶지 않아요."라는 말에 어떻게 반응하는지를 기술하고 있다. 그는 환자에게 말해준다. "당신은 배우자를 사랑하고 있는 게 아닙니다. 당신이 말하는 것은 기생상태parasitism이지 사랑이 아닙니다. 두 사람은 서로가 없어도 능히 살아갈 수 있을 때, 서로 함께 살기로 선택 할 때, 진정으로 사랑하는 것입니다."

우리 모두에게는 의존 욕구가 있다. 왜곡된 의존은 정신장애로 분류된다. 그것은 '수동의존적 성격장애'라 불린다. 이것은 아마도 모든 정서장애 중에 가장 흔한 장애일 것이다. 이 장애가 있는 사람들은 사랑을 받으려 애쓰느라 너무 바빠서 그들에게는 사랑할 에너지가 남아있지 않다. 이들에게는 채워지기를 울부짖는 일종의 내면적 공허가 있다. 그러나 그들의 상처가 감옥을 만들어, 결코 완벽함을 느끼지 못한다. 펙은 신경증적 의존증을 '다른 사람이 나를 적극적으로 돌본다는 확신이 없이는 온전한 것을 경험하지 못하고 적당하게 기능하지 못하는 상태'라고 정의한다. 1980년대에, 이 의존성 장애는 많은 주목을 받았고 이 주제로 여러 책이 쓰여졌는데, 주로 동반의존co-dependency이라는 말로 기술되었다.

가족 내의 중독에 대해 많은 책들이 출판되었다. 한 사람이 심각하게 의존적일 때예를 들어, 알코올 중독이나 음식 중독일 때, 나머지 가족, 특히 배우자는 동반의존자가 된다. 우리는 지금까지 35년 동안 이들 극단적 의존장애자들에 대해 많은 것을 배웠다. 어떻게 중독자 가족이 그가 선택한 마약에 함께 중독되는지를 알게 되었다. 피아 멜로디, 클라우디아 블랙, 멜로디 비티와 같은 선구자들의 연구 덕분에, 우리는 가족 안에는 동반의존자, 동반중독자 없는 중독이 있을 수 없다는 것을 배웠다. 두 사람 모두 신경증적 관계나 결혼에 빠져 헤어나지 못하고 있는 것이다.

가족체계

정신과 의사 머레이 보웬은 가족의 기능과 역기능에 대해 체계이론을 개발하였다. (이 이론에 대한 나의 자세한 설명은 나의 책 「가족 : 진정한 나를 찾아 떠나는 심리여행」에서 찾아 볼 수 있다.) 보웬은 한 사람이 가진 기능적 건강의 가장 중요한 측면을 '개별화'differentiation: 분화: 견고한 자아감라고 부른다는 것을 발견하였다.

가족의 일차적 직무는 모든 구성원에게 개별화할 수 있도록, 원래 의도된 독립적 인격이 되도록 허용하는 것이다. 우리 모두는 나를 만드는 것이 무엇이든, 나와 너를 구별하는 참된 독특성이 있다. 여러 명의 자녀를 둔 부모는 각 자녀가 독특하다고 말할 것이다. 사실, 부모는 각 자녀에게 있는 독특한 관심사와 각자가 선택하는 직업적 방향을 보며 매우 놀란다.

자기 지원 대 환경적 지원

게슈탈트 치료의 창시자 프리츠 펄스는 인생의 목표를 '환경적 지원에서 자기 지원으로 옮겨가는 것'이라고 묘사했다. 우리는 자기가 되기 위해 이렇게 해야 한다. 자립한다는 것은 자기 가족으로부터 개별화되어서 스스로 일어서는 것을 의미한다. 개별화 또는 분화되기 위해서는 사람은 타당한 자아감이 필요하며, 이것은 대개 자신의 원가족, 특히 자기에 대해 투사된 어머니나 아버지의 기대와 다른 모습으로 나타난다.

분화와 개별화는 성장하는 단계에서 발달 과정상의 의존욕구가 충분히 좋은 방식으로 충족되었다는 것을 전제로 한다. 지난 몇십 년 동안, 특히 가족 내의 알코올 및 다른 중독을 다루면서, 자녀들은 분화되지 않은 가운데 성장한다는 것이 명백해졌다. 중독되거나 동반-중독된 부모는, 애정 없는 중독된 삶에 흡수되어, 자녀들의 발달 과정상의 의존욕구를 충족시킬 수가 없었던 것이다. 우리는 이와 같은 불행한 젊은이들을 '성인아이들'이라고 부른다. 이들은 성장하고, 어른처럼 보이고, 성인의 과제를 떠맡지만, 언제든지 더 나아가지 못하고 정체되는 발달단계로 퇴행할 수 있다. 그들의 의존욕구결핍에 뿌리를 둔 궁핍함 때문에, 성인아이들은 사랑에 빠졌다가 빠져나오는 반복적인 삽화에 매우 취약하며 중독에 빠질 확률이 평균치보다 높다. 성인아이들이 결혼하면, 결과는 자주 혼란스럽게 나타난다. 원인과 결과에 대한 새로운 인식과 수리작업이 없다면, PRSD사랑 후 스트레스 장애가 그들의 관계를 통제하게 될 것이다.

보웬은 그의 연구 초기에, 사람들은 서로의 분화 수준에 있는 파트너를 선택할 가능성이 많다는 것을 알게 되었다. 예를 들면, 교양 없는 스포츠

중독자가 보통 오페라 팬과 어울리지 않는다. 나의 상담사역을 돌아보면, 사람들이 충족되지 않은 자기의 의존욕구를 채워줄 사람을 연인으로 선택하는 것을 수없이 보아왔다.

심리학자 하빌 헨드릭스는 사람들이 어린 시절 자기를 학대했던 초기인물을 가장 많이 닮은 사람을 선택한다는 것을 발견했다. 간단히 말해서, 우리 속에 있는 '상처받은 내면아이'는 우리의 필요를 채워주지 못했던 부모처럼 생기고, 행동하는 사람을, 아니면 우리를 유기하고, 학대하고, 방치하며, 속박했던 초기 인물 같은 사람을 찾는다. 화학반응이 맞아떨어지면, 두 사람은 사랑에 빠져들 확률이 높아진다. 헨드릭스는 우리 각자는 초기 인물과의 경험들로 구성된 이미지를 간직하고 있으며, '사랑의 지도'라고 불리는 것을 형성한다고 믿는다. 그는 이 두뇌에 새겨진 자료를 당신의 이마고라고 불렀다.

자연은 공백을 혐오한다. 우리 안의 어린이는 아직도 자신의 욕구를 채우려고 노력하고 있다. 그리고 사랑에 빠져 있을 때 무의식적으로 자기가 그들을 실망시켰던 부모나 다른 초기인물을 가장 닮은 사람을 찾았다고 믿는다. 비록 우리 이마고가 우리를 어떤 사람 쪽으로 움직이게 할 수 있지만, 우리는 흔히 우리를 학대한 사람처럼 상처를 줄 파트너를 고른다. 사람은 이러한 짝을 찾는데, 그들과 함께 있으면 편하고 친숙하게 느껴지기 때문이다. 두 명의 성인이 된 '상처받은 아이들'이 서로에 대해 반하게 되면, 둘은 궁합이 완전한 것처럼 보인다. 그래서 서로 도취하고 열병을 앓는 기간에는 완벽하다.

두 사람이 서로 반해서 로맨스 기간에 들어가기 전에 상처가 많으면 많을수록, 사랑에 빠지는 강도intensity는 더 커진다. 하지만 사랑에 빠진 강도가 크면 클수록, PEA/도파민칵테일^{사랑호르몬}이 바닥이 나면, PRSD^{사랑 후} 스트레스 장애는 더 크게 느껴질 것이다. 그리고 낭만적 사랑이 바닥이 나면, 비슷하거나 같은 곤궁함needness 단계에 있는 두 성인아이들은 성숙하고 친밀한 사랑을 창조하기 위해 무엇을 해야 할지 아무런 단서를 찾지 못한 채 멍하니 허공을 바라보게 된다.

[차트 7C]를 보면, 사랑의 발달단계 1단계 오른쪽 상단에 '장벽'이라는 단어를 보게 될 것이다. 그리고 그 옆에 첫째 가족으로부터의 '뜨거운 문제'라는 단어를 찾을 수 있을 것이다. 이들 뜨거운 이슈는 각 파트너가 짊어지고 있는 의존욕구결핍인 것이다.

내가 남부감리교대학에서 원가족에 대해 강의했을 때, 나는 순기능가족과 역기능가족의 개관을 위해 두 개의 아주 단순한 차트를 사용하였다. 가족체계이론에서, 가족의 가장 중요한 구성요소는 결혼이다. 결혼이 되어가는 대로, 가족이 되어간다. 각 파트너의 기능성에 따라, 결혼도 따라가게 마련이다.

칼 융이 바른 말을 했다. "어느 가정에서든지 자녀들에게 가장 손해가 되는 것은 '부모의 살지 않은 삶'이다." 융은 부모의 살아내지 못한 삶을 말할 때 몇 가지를 염두에 두었다. 그러나 무엇보다도 그는 부모의 의존욕구 결핍장애를 염두에 두었다. 성취되지 않은 엄마나 아빠의 부분이 있다면, 그 결핍은 채워질 필요가 있는 구멍으로 나타난다. '궁핍한' 배우자는 자기의 '궁핍한' 파트너가 자기를 돌보도록 노력할 것이다. 그러나 그 배우자도 궁핍하기needy 때문에, 부모는 어린아이처럼 자주 싸우거나, 자기의 궁핍함을 충족시키기 위해서 자녀들에게 손을 벌린다. 비전문가의 용어로 표현한다면, 결혼에서 파트너 중 한 명 또는 두 명이 발달단계의존욕구결핍장

애DDD가 있으면, 그들의 결혼은 '미숙할 것이다.'

[차트 8A]를 보라.

이 가족에서, 엄마와 아빠는 그들 자신의 자원을 통해, 서로 사랑하는 관계를 통해 필요를 충족시킨다. 이 가족에서는 부모의 관계가 가장 중요한 구성요인이다. 엄마와 아빠는 그들의 내면아이의 발달 과정상의 의존

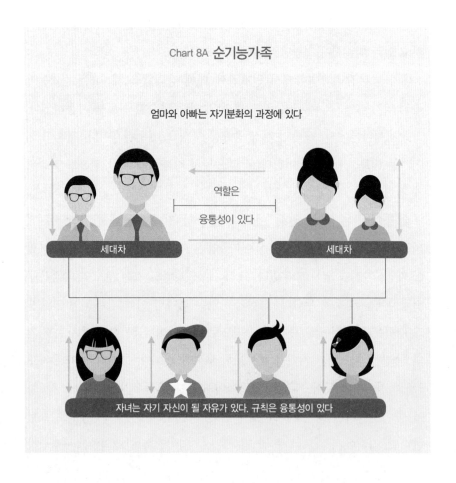

Chart 8A 순기능가족

엄마와 아빠는 자기분화의 과정에 있다

역할은
융통성이 있다

세대차   세대차

자녀는 자기 자신이 될 자유가 있다. 규칙은 융통성이 있다

욕구를 현재화하는 과정에 있다. (즉, 그들은 초기 발달단계의존욕구의 상실을 애도하였고, 그들을 충분히 의식화하는 과정에 있으며, 의존욕구 결핍을 어떻게 수리하는지를 배우고 있다.)

심리치료로서의 결혼

결혼하는 것이 좋은 이유 중 하나는 결혼을 하면 부부에게 과거를 치유할 수 있는 기회가 주어진다는 것이다. 또 결혼은 부부에게 건강한 자아정체감을 구축하게 도와준다. 헨드릭스는 결혼 그 자체가 심리치료의 한 가지 형태가 될 수 있다고 지적하였다. 순기능가정에서는, 엄마와 아빠가 그들의 '신동'자유로운 아이을 통합한 성인들이다. 신동wonder child은 어린이 같은 재미와 호기심, 탄력성, 타인에 대한 사랑과 유머감각의 원천이다. 상처받은 아이를 치유해서, 신동은 활성화되는 것이다. 참된 성숙은 과거의 내면 아이의 모든 특질을 통합한다. 건강한 어른은 '유치한'childish 방식으로 행동하지 않고 '어린아이 같이'childlike 행동한다.

또한 자녀들은 엄마와 아빠가 그들의 의존욕구결핍DDD을 수리하도록 도와준다. 각 자녀가 자신의 발달단계를 통과하는 동안, 부모가 과거에 통과했던것 같은 단계를 활성화하기 때문이다. 이것은 두 부모 모두에게 과거에 해소되지 않은 것이 무엇이든 간에 이를 처리할 수 있는 기회를 준다.

분명한 세대차가 있는 것은 아주 중요하다. 이것이 자녀로 자녀가 될 수 있게 허락하며, 그들이 부모의 결혼에 속박되는 것을 막아주기 때문이다. 이것은 부모가 갈등을 해결하지 못하고 자녀 중 하나를 자신들이 갈등하는 문제를 회피하는데 이용하려들 때 생기는 삼각관계의 형성을 막아준다. 엄마는 자기 딸의 탭댄싱 진로에 몰입하고, 아빠는 자기 아들의 야구 실력에 완전히 빠져있을 수 있다. 각 파트너는 이와 같이 자녀들에게 몰입해서 상대 배우자를 회피할 수 있다.

순기능가정에는 경직된 규칙이나 절대적 규칙이 없다. 그리고 역할은 높은 수준의 융통성이 있다. 아빠는 가계부양자로서 집안일의 일부를 도와줄 수 있다. (엄마가 가계부양자이면 거꾸로 그렇게 할 수 있다.) 반면에 역기능가정에서는 모든 것이 정반대다. 역할은 경직되어 있거나 혼란스럽다.

수직적인 줄

순기능가정에서, 수직선은 아빠와 엄마가 자신의 욕구를 충족시키기 위해 하는 개인적 '작업'을 상징한다. 그들의 내면아이는, 각 파트너의 과거 상처와 '신동'^{자유로운 아이}의 존재를 인식하고 있다는 것을 보여주면서, 그들 밖에 서 있다. 그들의 상처는 더는 무의식적이 아니다. 나는 부모 사이에 세 개의 줄을 그렸다. 바깥의 두 줄은 엄마가 아빠에게 취약하고 아빠가 엄마에게 취약한 것을 나타낸다. 내면의 선은 각자가 자신의 프라이버시를 위해 강한 경계선이 있는 것을 보여준다.

각 배우자는 그의 파트너에게 상처받을 정도로 취약할 용의가 있다. 각 파트너는 스스로에게 철저하게 정직할 용의가 있다. 동시에 그들에게는 경계선이 있는데, 각자가 개인적 자유와 성장에 필요한 사적 공간을 가질 수 있도록 허용한다.

세대차

엄마 아빠의 관계와 자녀들 관계 사이의 세대 차이는 절대적으로 중요한 것이다. 엄마와 아빠는 자녀를 떠난 별도의 생활이 필요하다. 바라기는 자녀들이 성장해서 집을 떠난 후에도 계속 자라갈 부모의 생활이 있어야 한다. 호프 스프링스에서, 아놀드와 케이는 그들의 관계를 건축하는데 실패하였다. 따라서 그들 자녀가 성장해 집을 떠나간 다음에, 자기들의 삶을 위해 남은 것이 아무 것도 없었다. 그들은 마치 두 척의 배가 밤에 서로 지나치는 것과 같았다. 나는 매주 엄마와 아빠가 한 주에 하루 저녁 쯤, 아니면 될 수 있는 한 자주, 외출을 하는 것이 거의 '성스러운 것'sacred이라고 생각한다.

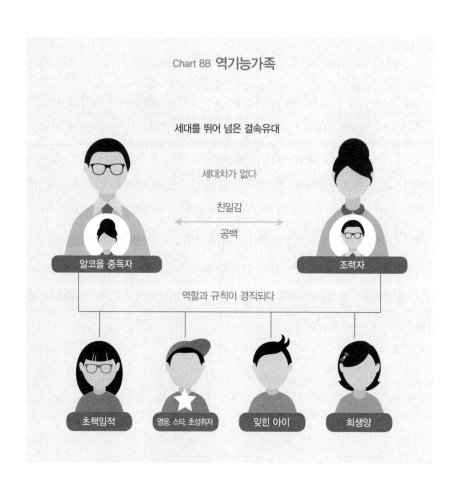

Chart 8B **역기능가족**

세대를 뛰어 넘은 결속유대

세대차가 없다

친밀감

공백

알코올 중독자

조력자

역할과 규칙이 경직되다

초책임적

영웅, 스타, 초성취자

잊힌 아이

희생양

응석받이 아이들

최근에 자녀를 첫째로 하고 부부를 두 번째나 마지막에 두는 잘못된 태
도가 대세가 된 듯하다. 사실은 반대로 되어야 마땅한 것이다. 아이들이
사랑하고 친밀한 엄마와 아빠를 보고 경험하면, 친밀감을 위한 좋은 모델

을 보고 자란다. 이와 같은 모델은 자녀들에게 친밀하게 되는 방법을 알게 해주고, 자신들의 사랑 분자가 바닥이 날 때 갈등을 어떻게 다루는가를 제시해준다.

세상에는 건강한 가족이 많이 있다. 그리고 부모의 성숙한 사랑과 친밀 감으로 축복받은 자녀들도 많이 있다. 그렇지만 이 나라의 결혼의 반 이상 은 가정생활에 성공하지 못하고 있다. 이혼하지 않고 함께 동거하고 있는 부부의 17%는 불행한 방식으로 생활하고 있다. 역기능가족 대부분의 자녀 들은 이런 혼란스런 가족문제들을 드러낼 것이다.

당신이 [차트 8B]를 본다면, 몇 가지 복잡한 사항을 아주 간단하게 단순 화 하려는 나의 시도를 볼 수 있을 것이다. 이번에는 역기능가족의 역동을 아주 간단하게 그려보았다. [차트 8A]에서 자녀들은 자유롭게 어린이가 될 수 있었다.

진화론적 이론가들은 모든 동물 가운데 우리가 가장 긴 아동기가 있는 이유 중 하나는, 어린이가 될 수 있는 자유를 주고 책임 있는 성인기 삶에 대비할 수 있는 시간을 갖는데 있다고 말하고 있다. 어린이들은 그들 주변 세상을 탐색할 시간을 가져야 하며, 아동기의 기쁨을 경험하고, 놀고, 놀이 친구들과 어울리며, 호기심 있게 그들의 환경을 탐색할 수 있어야 한다. 노 는 것은 자녀들에게 일이며, 성인으로서의 삶을 위한 일종의 리허설과 같 은 것이다. 부모들이 스스로의 자원과 서로를 통해, 필요한 욕구를 채운다 면, 아이들은 궁핍 상태에 있지 않는다.

다시 말해서, 그들은 자신의 의존욕구결핍DDD을 돌보는데 그들의 자녀 가 필요하지 않으며 어린이들은 자신의 필요를 채우기 위해 부모에게 의존 할 수 있다. [차트 8B]에서, 당신은 궁핍한 부모를 본다. 궁핍한 부모는 그들의 배우자에게서 생명을 앗아간다. 그러면 궁핍한 배우자는 아무 것도 되돌려줄 것이 없어진다. 궁핍한 부모는 그들의 자녀에게서 생명을 앗아간다. 그리고 자녀는 자기에게 무슨 일이 벌어지는 지 알 도리가 없다.

[차트 8C]에서는, 아버지의 알코올 중독을 중심으로 가족이 얼어붙어 있다. 모두가 경직된 역할에 묶여 있다. 이 가족은 '말하지 마, 듣지 마, 느끼지 마' 규칙에 지배되고 있다. 두 자녀가 부모의 결혼에 속박되어 있으며, 세대를 가로지르는 교차적 결속이라는 덫에 빠져 있다. 딸은 아버지의 대리 배우자이다. 아들은 어머니의 대리 배우자이다. 부모는 부부갈등을 해결하기 위해 자녀들에게 의지하고 있다.

[차트 8B]에서, 나는 내면에 있는 각 부모의 내면아이 모습을 그려 넣었다. 그들에게는 해소되지 않은 의존욕구가 있고 그들이 성인아이라는 것을 나타내는 방편으로 그렇게 했다. [차트 8C]에서, 이 가족의 아버지는 그자신의 아버지로부터 버림을 받았다. 아버지는 알코올 중독자로서, 자기딸에게 거의 모든 관심과 주의를 쏟고 있다. 그녀는 그의 아기인형이다. 누구에게나 분명하게 보이는 것은, 이 남편은 자기 아내보다 자기 딸을 더 아끼고 돌본다는 사실이다. 딸은 삼각관계를 형성하여 아버지가 그의 아내와 해결해야 하는 문제를 다루지 못하게 막고 있다. 기본적으로, 남편의방치된 내면아이는 아내가 자신의 어머니가 하지 못한 역할을 자기에게 대신 해줄 것이라고 생각했다.

그의 아내는 장남을 자신의 대리배우자로 삼았다. 아들은 야구와 축구에서 상당한 스타이며 반에서 반장이다. 엄마는 그의 아들에게 모든 비밀을 털어놓으며, 아들을 자기의 결혼문제로 끌어들인다. (그의 아버지와의 성생활이 얼마나 혐오스럽고 고통스러운지까지 이야기한다.)

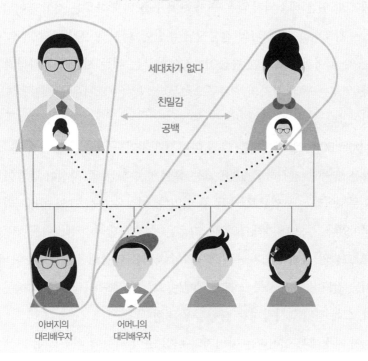

Chart 8C 역기능가족

속박과 세대를 넘나드는 결속유대

세대차가 없다

친밀감

공백

아버지의
대리배우자

어머니의
대리배우자

　셋째 자녀는 내성적이고, 무관심하며, 학교에서 낙제하고 있다. 그는 아
주 궁핍한 가운데 있다. 부모는 그의 누나와 형과 속박enmeshed되어 있다.
셋째 자녀의 출생 순서상 책임은 결혼을 돌보는 것이다. 이 가정의 구조상,
셋째 자녀는 압도되어 있다. 넷째 자녀도 학교에서 낙제하고 있고 진짜 사
고뭉치이다. 그녀는 학교에서 여러 차례 싸우다 제재를 당했고 몇 차례 도

둑질하다 잡힌 적도 있다. 그녀는 가족의 희생양이다. 사실, 엄마와 아빠가 진짜 심각한 접촉을 할 때는 희생양 자녀에 대해 대처할 때뿐이다.

요약해서 말한다면, 나는 역기능가정을 대표하는 커플이 반드시 먼저 해야 할 일은 해소되지 않은 원가족 욕구를 먼저 다루는 것이 얼마나 중요한지 강조하고 싶다. 나의 결혼상담 후반에, 나는 부부가 상담실에 가져오는 싸움(대개는 유치한 싸움이다.)을 다루는 데는 시간을 투자하지 않았다. 열쇠는 빨리 각자의 원가족으로부터 가져온 '뜨거운 문제들'을 다루는 것이었다.

[차트 8C]에서, 아버지는 그의 아버지가 자기를 버린 것에 대해 해소되지 않은 슬픔을 간직하고 있다. 그는 유독성 수치심, 즉 자신이 결함이 있고 흠투성이라는 느낌으로 가득 차 있었다. 이것은 사실 그의 아버지의 수치심이었다. 부모가 가해자일 때, 그들은 수치심 없이 뻔뻔스럽게 행동하는데, 그들의 피해자인 자녀는 그들의 수치심을 담당해야 한다. 이 아버지가 어느 정도 자기 가치를 느끼기 전에는, 그는 아무도 사랑할 처지가 못 되었다. 그는 자기를 사랑하는 사람들을 거절했다.

이 가정에서 어머니는 아버지와 미칠 듯이 사랑에 빠졌으며, 18살에 임신을 하였다. 그녀의 엄격한 종교적 가정은 그녀에게 굉장한 수치심을 안겨주었으며, 억지로 결혼하게 했다. 결혼한 후에, 그녀는 PRSD^{사랑 후 스트레스 장애}에 들어갔다. 머지않아 그녀는 자녀들이 생겼다. PRSD가 악화되어, 그녀는 곤궁한 자신을 이기지 못하고 명석한 아들에게 의지하게 되었다. 자기가 특별하게 느껴지기는 했지만, 아들은 역기능적 결혼으로 빨려들어가고 있었으며, 그는 어린 시절을 박탈당하고 있었다. 이 역기능가정에 등장하는 어머니는(근친상간의 생존자로서 늘 아파서 침대에 누워 있던) 자기 어머니와 안정되게 결속된 적이 없었다. 역기능가정의 어머니는 자신이 너무나 수치스럽게 느껴져 누구에게도 사랑과 양육을 요구하지 못했다. 그녀는 일찌감치 자기 마음을 말해서는 안 되고 무엇을 요구하면 안 된다는 것을 배웠다. 그녀가 남편과 사랑에 빠졌을 때, 사춘기 소녀의 몸 안에 있는 상처받은 내면아이는 빛나는 갑옷을 입는 배우자가 자기가 원하는 대로 사랑하고 돌봐줄 것이라 생각했다. 그러나 PEA/도파민칵테일 사랑호르몬이 바닥이 나고, PRSD가 시작되자, 옆에는 아버지의 배반을 제대로 애도한 적이 없는 분노에 찬 외로운 어린 아이 외에 아무도 없었다. 그리고 거기에는 알코올 중독 엄마의 올가미에서 벗어나지 못했던 성인아이가 기다리고 있을 뿐이었다. 두 배우자는 자신의 욕구가 채워지지 않아 상대를 배려할 마음의 여유가 없었던 것이다.

나는 이 장을 에밀리 디킨슨이 한 말, 즉 "과거는 사람이 내다버릴 수 있는 짐 꾸러미가 아니다"는 명언으로 시작했었다. 나는 이 말이 당신에게 분명하게 전달되었기 바란다. 결혼이 제대로 작동하려면, 각 배우자는 학대받은 문제와 발달 과정상의 결핍을 수리해야 한다. 그들은 어린 시절의 상처를 애도하지 않으면 안 된다.

나의 책 「상처받은 내면아이 치유」는 한 사람의 출생에서부터 성인 초기까지의 이야기를 다루면서, 그의 의존욕구결핍DDD을 치료하기 위해 통과해야 하는 과정을 보여준다. 당신은 그 책에 나오는 과제를 해줄 수도 있고 내면아이 치유를 다루는 워크숍에 참여할 수도 있다. 메도우와 같은 치료센터에 가거나, 심리치료사와 상담을 하는 것이 제일 좋으나, 만일 상담을 한다면, 자신의 상처를 치료하고 내담자로 애도할 수 있게 하는 치료사와 하는 게 중요하다. 심리치료사는 당신을 도와 당신의 억압된 감정을 직면하게 도와주어야 하며, 어린 시절에 경험한 상실들을 애도하게 도와주어야 한다. 분명한 것은 각자가 자신의 과거를 마무리해야 하고 그들의 원가족으로부터 분화해야 한다는 것이다. 만일 당신이 종교적인 사람이라면, 다음과 같이 말하는 성경말씀이 있다.

> "내가 세상에 화평을 주러 온 줄로 생각하지 말라 화평이 아니요 검을 주러 왔노라 내가 온 것은 사람이 그 아버지와 딸이 그 어머니와, 며느리가 시어머니와 불화하게 하려 함이니" 마태복음 10:34~35

당신이 신체적으로나 정서적으로 집을 떠나기 전에는 개인적인 성인이 될 수 없을 것이다. 애도과정은 사람으로 과거를 해결하고 마무리하게 허락한다. 한 사람으로 자라나게 도와준다. 당신은 어린 아이 같은 상태에 작별을 고해야 한다. 코미디언 모트 살은 한 때 말한 적이 있다. "우리는 어린아이들이 아니었으면 헤어졌을 것이다. 누가 어린 아이들이었나? 아내와 나였다." 두 명의 미숙한 사람들(본질적으로, 두 명의 성인아이들이다.)이 서로를 발견하였을 때, 그들은 마치 두 명의 6살짜리가 가정을 꾸리고, 자녀를 기르며, 가정을 일구는데 수반되는 수많은 책임을 감당하려는 것과 같은 것이다.

모든 사람이 심각한 원가족 문제가 있는 것은 아니다. 나는 당신에게 그러한 문제가 없기를 바란다. 그러나 많은 사람들은 원가족 문제가 있는데, 여러 해 상담을 받으면서도 그 상처에 대해 말만 하며 아무 것도 하지 않는다. 유기와 방임, 각종 학대, 속박 때문에 생긴 상처는 애도의 과정을 거쳐야 한다. 그들이 치유 받는 데는 이보다 좋은 방법이 없다. 어린 시절의 상처를 치유하는 데는 2년 이상이 걸릴 때가 많다. 그래서 메도우센터 같은 곳에서의 치유 프로그램이 당신에게 유리한 출발을 하게 해줄 수 있는 것이다. 대부분의 '빨리 빨리' 문화는 과거로부터 해소되지 않은 상처를 치료하는 데 시간을 보내기를 원치 않는다. 많은 사람들은 자기가 어떻게 현재 생활을 오염시키며 그들의 PRSD사랑 후 스트레스 장애를 악화시키고 있는지 전혀 감을 잡지 못하고 있다.

피아 멜로디의 책 「친밀감 요인」은 사람들에게 '감정 축소 워크숍'의 윤곽을 제시한다. 이것은 그녀가 메도우 치료 프로그램을 위해 개발한 것이다. 나는 사람이 상담자나 치료사 없이 이 작업을 해보라고 권하지 않는다. 나의 책 「상처받은 내면아이 치유」에 그것을 혼자 하려고 하기 전에 이 프로그램을 먼저 존중하라고 경고문을 써넣었다. 지금까지 35만 명이 나의 '내면아이' 워크숍을 거쳐 갔다. 한 치료사당 6명으로 구성된 두 그룹이 배당되는데 지금까지 이 워크숍에 참여한 이들로부터 500만장의 감사편지를 받고 삶이 변화어떤 경우는 극적으로되었다는 보고를 받았다. 이것은 아주 강력한 작업이다. 그러므로 어떤 방식으로든 이 작업을 하찮은 것으로 치부하지 않도록 하라.

용서 과정 Quadrinity Process

당신의 과거를 '충분히 좋은' 방식으로 치료하기 위한 또 하나의 성공적인 프로그램은 콰드리니티Quadrinity : 4단 일치 과정이라고 한다. 이 프로그램은 본래 밥 호프만이 정신과 의사 시그프리드 피셔와 의논해 개발한 것이다. (「아무도 탓하지 말라 : 충동적 자기 패배적 행동에서 자유하기 : Quadrinity 과정의 발견들」에서 더 상세히 읽을 수 있다.) 전 과정은 미국 전역과 세계 각지에서 전문가의 감독 하에 진행하고 있다. 이 프로그램은 참으로 놀라운 방법으로, 사람이 과거로부터의 상처와 분노를 해소하도록 도와주며, 그들에게 상처를 준 가해자들을 용서하도록 도와준다. 마리온 패스터의 책 「분노와 용서: 하나의 효과 있는 접근」은 이 과정을 잘 요약해 놓았다.

이마고 관계치료법

앞에서 언급한대로, 하빌 헨드릭스Harville Hendrix는 '이마고 관계 치료법' 을 개발하였다. 이는 결혼의 고통을 감소시키는데 매우 성공적으로 사용 되어 왔다. 헨드릭스와 그의 아내 헬렌 헌트 박사는 텍사스 달라스에 있는 이마고 관계 치료 연구소를 건립하였다. 이 치료법의 자세한 윤곽은 그의 책 「당신이 원하는 사랑을 얻어내기 : 커플을 위한 안내서」에서 찾아볼 수 있다. 치료기법은 우리 모두가 우리를 양육했던 모든 주요 인물들의 이미 지를 두뇌에 보전하고 있다는 믿음에 기반을 두고 있다.

우리는 특별히 부모또는 우리에게 중요했던 인물들의 긍정적 및 부정적 특성을 내면화한다. 이 이미지는 대개 무의식적 배우자 선택과정으로 우리를 안 내한다. 이마고 파트너는 무의식적으로 우리에게 상처를 주었던 부모일 것 이다. 자기보전을 추구하는 두뇌Old Brain는 학대받으며 느꼈던 상실과 갈 등, 방치와 학대를 원 부모와 처리하도록 감동한다. 앞에서 언급한 것처럼,

자연은 공백을 혐오한다. 우리의 무의식적 에너지는 해결할 것을 재촉한다.

이 책 전반에 걸쳐 배웠던 피셔의 발견에 비춰볼 때, 이 이론은, 다른 모든 매력을 끄는 이론이 그러하듯이, 어느 정도 상상력에 근거한 면이 없지 않다. 그럼에도 불구하고, 헨드릭스의 이론에 근거한 치료는 매우 성공적이라는 것이 증명되었다. 나는 바람직한 파트너의 무의식적 이미지 또는 사랑의 지도는 우리를 저 사람이 아닌 이 사람에게로 끌리게 한다. 그러나 생물학적 생명력이 없다면 우리는 그들과 화학반응을 하지 않는다. 이마고 치료는 당신을 도와 당신의 어린 시절 상처와 외상적 학대를 치료하도록 도와준다. 우리는 DNA 매치가 되는 사람과 화학반응이 일어나는 것을 느낀다. 이것은 여러 질병에 걸릴 가능성을 제거해서 우리 자녀들의 장래를 보장해준다.

이마고 치료는 PRSD^{사랑 후 스트레스 장애}의 1단계가 시작되면서 일어나는 불가피한 갈등을 다루는데 큰 도움을 준다.^{두 개의 서로 다른 가족체계가 각각의 명시적이고 은밀한 규칙, 의식과 맞부딪힌다} 만일 우리가 대부분의 사람들처럼 과거 어린 시절로부터 상처가 있다면, 우리에게 상처를 주고, 방치하고, 속박하고, 유기했던 그 사람을 닮은 누군가에게 매력을 느낀다. 헨드릭스는 열정 다음의 단계를 '교착상태'라고 부른다. 나는 이것을 원가족 '장벽'이라고 부른다. 헨드릭스는 커플이 이를 통과할 수 있는 매우 효과적인 프로그램을 개발하였다. PRSD^{사랑 후 스트레스 장애}의 1단계를 통과하는 작업은 든든한 연결과 헌신을 이끌어내는데 절대적으로 필수적인 것이다. 이마고 프로그램은 각 파트너의 과거로부터의 해결되지 않은 문제들을 처리하고 치료하기 위해 탁월한 지침이 된다. 이마고 치료는 당신이 '당신의 환영'^{당신의 결혼을 오염시키는 어린 시절의 상처}을 몰아내도록 도와줄 수 있다. 이마고 치료는 당신의

'상처받은 내면아이'를 치유해서이 과정은 나의 책 「상처받은 내면아이 치유」에 자세하게 설명되어 있다 당신이 당신의 '신동'자유로운 아이을 통합시키도록 도움을 줄 수 있다. 나는 이 장을 제임스 홀리스 박사의 도전을 인용하면서 마치려고 한다. "투박하게 말하자면, 오직 자라난 성인들만 효과적인 관계를 가질 수 있다. 세상에는 큰 덩치와 큰 역할을 하는 사람들은 있지만, 성장한 성인은 별로 많지 않다."

9

1단계 원가족 '장벽' 뚫고 나가기 : 효과적으로 싸우는 법 배우기

당신의 의사소통의 의미는
당신의 의도가 무엇이든
결국 당신이 얻어내는 반응에 있다.

신경언어학프로그래밍(NLP) 훈련

세계적인 부부관계 치료 권위자인 *존 가트맨John Gottman의 글을 생각
해보자. "갈등과 불화는 장기적인 측면에서 결혼유지에 중요한 역할을 한
다. 모든 갈등은 해소되기 원하며 갈등상황에서 부부관계는 말다툼을 통
해 상승하기도 하고 파경을 맞이하기도 한다. 다시 말해서 의견충돌과 불
만을 어떤 태도로 다루느냐에 따라 결혼 성패가 달려 있다고 할 수 있다."
성숙하고 안정된 남녀관계 열쇠는 말다툼을 하는 태도다. 극도의 긴장감
속에서 언제나 경멸로 끝나는지 아니면 상대가 우정과 우호감을 느끼도록
유도하는가 하는 것이다. 이것을 점검하는 것은 어렵지 않고 즉시 효과가
나타나기에 당신은 어렵지 않게 갈등 해소 비결을 배울 수 있다.

[차트 7B]에서 나는 성숙한 사랑을 방해하는 6가지 문제를 소개했다. 성
숙한 사랑은 상대방이 앞서 경험한 애착과정을^{자연스러운 것으로} 전제한다. 이
것이 [차트 7C]에서 보여주는 성숙한 사랑에 도달하는 발달단계를 설명하
는 기초가 된다. 우리 모두는 안전한 애착대상attachment figure을 필요로 한
다. 안전한 애착대상을 통해 끊임없는 정서적 지원과 관계발달 한계를 설
정한다. 나는 이것이 기존의 치료사들 조언과는 반대인 것처럼 보임에도,
가트맨과 다른 전문가들이 오랫동안 유지된 결혼을 성숙한 결혼이라고 판
단하는 이유라고 생각한다. 이 커플들은 결합되어 있으며 서로를 자신의
안전기지로 삼고 있다. 가트맨과 동료들은 부부싸움의 세 가지 모델을 발
견했다.

---

*워싱턴 대학교 명예교수인 심리학자 존 가트맨(John Gottman) 박사는 부부싸움을 15분 동안 관
찰하면 15년 후 이혼 확률을 무려 90% 확률로 예측할 수 있다고 주장했다. 즉 부부싸움에서 중요
한것은 갈등의 원인이 아닌 '어떤 태도로 싸우는가'다. 이혼 가능성이 큰 부부는 의도적 회피, 방어적
자세, 냉소 등과 같은 태도를 보인다고 경고했다.

싸움 회피자 : 조건 없는 동의자

어떤 커플은 절대로 의견을 달리하지 않는다. 항상 서로에게 사랑스런 말과 친절한 말만 한다. 우리들은 이 커플을 보면서 "우리 앞에서 무언가 감추고 있는게 틀림없어 절대로 피할 수 없는 차이는 어떻게 한단 말인가?"라고 생각한다. 자유롭게 이견을 말할 수 있지만 두 사람은 타협할 때나 양보할 순간을 직관적으로 아는 것처럼 보인다. 내가 말하고자 하는 것은 한 쪽이 다른 한 쪽을 모든 면에서 일방적으로 통제함으로 어떤 말다툼도 허용하지 않는 관계를 말하는 것이 아니다.

이 커플은 감정 교류가 활발하고 타협할 때를 알고 있는 것처럼 보일 수 있다. 상담 중 만났던 몇 쌍은 화합을 최선으로 여기는 부부였지만 정작 나를 찾아온 이유는 자녀문제였다. 한 가정 자녀는 학교에서 집단따돌림을 당하고 있었고, 또 다른 가정 자녀는 난독증이었다. 하지만 이들 부부의 결혼생활에서는 어떤 문제나 상처도 찾을 수 없었다. 나는 집단따돌림 당하는 자녀가 가정에서 어떤 갈등해소 기술도 배우지 못한 것은 아닌가 의문을 갖게 되었다. 아이 엄마와 아빠였던 이들 부부는 이 주제를 더 깊이 파고들기 전에 나를 '해고'하였고, 그것도 아주 정중하게 통보했다.

습관적 만성 싸움꾼

또한 부끄러움도 모르고 많은 사람들 앞에서 싸우는 부부들이 있다. 이들의 대화는 언제나 싸우자고 상대방에게 달려들고 자극하는 것처럼 보인다. 목소리는 점점 커지고 흥분상태에 빠진다. 하지만 어느 정도에서 멈춰야 하는지 알고 있음으로 상대에게 치명적인 망신을 주는 정도까지 가지는 않는다. 이 부부는 마치 시트콤에 나오는 조지George의 부모와 같다고 할 수 있다. 세상에는 이런 결혼이 많이 존재한다. 그리고 당신이 이러한 사실을 아는 것이 중요하다. 가트맨에 의하면, 원수처럼 대화하는 습관적 싸움꾼 부부가 수두룩하기 때문이다. 개인적으로는 '회피형'과 '만성 싸움꾼'같은 관계를 상상하는 것만으로도 힘이 들지만, 앞서 소개한 자녀문제로 찾아온 부부에게는 '회피형'보다는 '만성 싸움꾼'이 도움이 될 것이다.

인정하는 자

인정하는 자라고 부르는 이 세 번째 모델은 아주 분명하고 합리적으로 보이기 때문에, 사람들이 이것을 충분히 이해한다면 누가 이것을 사용하려하지 않겠나 라는 의문이 든다. 그러나 인생이란 현실은 그렇지 않은 것이 사실이다. 그러므로 다음에 나오는 모델은 나와 다른 상담자들이 상대방에게 수치심을 주지 않고 주도적으로 관계를 이끌어가는, 싸우고 갈등을 해소하는 효과적인 방법으로 제시하게 될 것이다.

사랑에 빠지기 전의 당신의 삶

한번 PEA/도파민칵테일사랑호르몬이 바닥이 나면, 정상으로 돌아가는 것은 테스토스테론 수준만이 아니다. 각자의 낭만 이전 생활의 여러 가지 다른 측면도 되살아나게 된다. 열정적으로 도취되게 만들었던 강력한 화학물질들은 급감한다. 당신의 파트너에 대해 이전에 귀엽고 색다르게 느꼈던 것들이 앞의 예에서 말했던 것처럼, 이제는 짜증스럽게 느껴진다. 남자와 여자의 차이는, 우리가 들어왔던 것처럼 양극화된 것은 아니지만, 분명히 다뤄져야 할 요인이다. 사랑에 빠져 있는 기간에는 지나쳤던, 서로 맞지 않는 많은 문제들이 낭만의 시기가 지나면 부각되기 시작한다.

로맨스 프로그램 기간 중에는, 연인들은 정치적, 종교적, 가족적, 재정적, 윤리적 차이점에 대해 거의 말하지 않는다. 일단 화학적 목욕이 끝나면, 이러한 문제들이 고개를 들기 시작한다. 그리고 아마도 잠재적으로 가장 심각한 문제는 각자의 원가족[차트 7B]에 보여준 대로과 관련된 문제들일 것이다. 상처받은 어린아이가 배우자가 발달단계의존욕구결핍DDD을 돌보게 하려 애쓰는 것 외에도, 명시적이거나 은밀한 '가족 규칙'은 PRSD사랑 후 스트레스 장애 2단계에서 흔히 부부 싸움이 일어나기 쉬운 영역이다. 가족 규칙은 친숙한 것으로 느껴진다. 그리고 우리는 어릴 때 가정 수칙에 대해 거의 생각지 않는다. 가족규범은 우리의 무의식 속에 기록되어 모든 일을 진행할 때 올바른 방법으로 여겨진다. 이러한 규칙은 일단 자녀가 태어나면 더 강렬하게 부각된다.

나의 아내와 나 우리 둘 사이에는 딸 하나가 있다. 대부분의 문제에 대해 우리는 일치한다고 생각했지만, 어린 딸을 키우는 가장 좋은 방법에 대해 몇 가지 차이가 있는 게 드러났다. 나의 교과서적 지식은 아내의 직관적이고, 상식적인 어머니 역할과 종종 충돌하였다.

이혼을 예측하기

존 가트맨은 두 차례에 걸쳐, 50쌍을 대상으로 연구하면서, 일정한 기간 내3년에 어떤 커플이 이혼할 것인가를 90% 정확도로 예측할 수 있었다. 이혼을 예측하기 위해 가트맨이 한 것을 단순화해서 말한다면, 그는 기본적으로 그들이 어떻게 결혼을 시작했는지에 대해 무엇을 말하는가에 주의를 기울였고 둘이 의사소통하는 방식을 관찰했다. 그리고 그는 '네 명의 말 타는 자'Four Horsemen라고 부르는 것을 제시하였다. 요한계시록에 세상의 종말을 알리기 위해 나오는 네 명의 기사와 같이, 이들의 행동은 관계의 종말을 알리는 장송곡이 될 수 있다. 이것들은 파괴적인 의사소통의 네 단계인데, 수리기제가 점점 부정적으로 악화되는 상황을 중단시키는데 사용하지 않는다면, 결국에는 별거와 이혼으로 이어진다.

[차트 9A]를 보라. 파트너에 대한 비판을 중단하지 않으면, 이것은 배우자의 존재 자체를 경멸적으로 판단하는 것으로 발전한다. 만일 이와 같은 인신 공격적 판단이 계속된다면, 그 말을 듣는 상대는 파트너를 심각한 위협으로 보게 될 것이고, 방어적이 되고, 경청을 중단하고, 종국에 가서 정서적으로, 육체적으로 떠나게 될 것이다.

Chart 9A 관계를 파괴하는 부정적 의사소통 사이클

네 명의 기사

- 비판 : 파트너의 행동을 나쁘게 판단
- 경멸 : 파트너의 존재 자체를 나쁘게 판단
- 방어 : 경청 및 접촉, 그리고 공감 상실
- 철수냉담과 거리둠 : 무관심, 뿌루퉁하기, 말하기를 거부함, 분리와 별거를 택함

부부가 하향 계단을 따라 침몰하다 보면, 파트너는 결혼에 대해 절대화한 부정적 이미지를 형성하기 시작한다. 각자는 배우자가 가해자이고 자신은 피해자라고 느낀다. (나는 가트맨과 그의 아내 줄리 가트맨의 열렬한 팬으로서, 그들의 모든 작품을 추천한다. 그들이 내린 결론에 대한 나의 해석의 오류가 있다면 이것은 전적으로 나의 책임이다.)

일곱 가지 치명적 D

나는 가트맨의 책을 읽기 전에, 결혼에서 부부관계가 퇴보하는 단계에 대한 나 자신의 이론을 개발했었다. 나는 그 모델을 일곱 가지 치명적 D(중세시대의 일곱 가지 치명적 죄를 흉내 내고 있다.)라고 불렀다. 나는 부모님의 이혼이 나와 형제자매에게 얼마나 충격적이고 파괴적인 영향을 미쳤는가를 기억하기 전까지, 모든 'D'로 시작되는 단어를 찾는 것이 즐거

웠다. 나의 모델은 실반 톰킨스Silvan Tomkins의 정서체계에 대한 발견 가운데 두 가지, 악취dissmell와 혐오disgust를 차용하고 있다. 이들 감정은 우선 배고픔과 관련된 신체적 경멸후각과 미각로 경험된다. 매력에 있어서 냄새는 확인된 것보다 훨씬 더 중요한 부분이다. 자아가 발전하면서, 악취와 혐오는 점점 더 사회적인 안전보호조치가 되었다. 악취는 어떤 형태의 엘리트 의식 못지 않게, 편견의 핵이다. 부부가 자동적으로 생겨나는 일곱 가지 치명적 D 스케일을 따라 내려갈 때, 그들은 역겨운 냄새와 혐오스러운 음식을 경험하는것 때문에 철수를 마침내 경험한다. 이들은 그 다음으로 자기들의 위생을 위해 악취dissmell로 내려가는데, 흔히 서로에게 창피와 수치감을 안겨주는 행동을 하기도 한다. 이것은 상당히 오래 걸리는 과정으로 악취와 혐오는 이혼하기 바로 직전에 선행된다.

나의 파트너 냄새

"나는 도저히 그의 냄새를 견딜 수가 없어요. 나는 그가 가까이 오는 게 싫어요." 한 배우자가 그녀의 남편에 대해 나에게 말했다. 혐오감은 악취를 느끼는 것 다음에 따라오는 것 같다. 이것은 당신이 사랑에 빠져 있을 때 "그녀를 통째로 삼키고 싶어요"에서 "저 남자를 나는 토해내고 싶어. 역겨워 견딜 수가 없어"로 바뀌는 것이다. 당신의 관계가 깨질 때, 특별히 아무런 수리를 시도하지 않을 때, 악취와 혐오는 일정한 기간을 두고 서서히 일어난다. 그들은 부부 성생활을 중단한다. 악취와 혐오는 관계의 비참한 종말을 알려주는 확실한 표지이다.

정신과의사 도날드 나단손Donald Nathanson은 "나는 악취가 일단 관계에 개입하기 시작한 후에, 결혼이나 사업 파트너십, 또는 어떤 관계가 생존하는 것을 본 적이 없다."라고 쓰고 있다.

나의 경험으로는 어떤 수리작업을 하지 않으면, 부정성의 사이클은 자동적으로 퇴보하며 하강하게 되어 있다. 당신의 파트너가 당신을 폄하하는 것에 대해 아무 것도 하지 않고 무대응하면, 이것은 상태를 더 악화시키는 것이다. 자동적으로 퇴행하는 치명적 D는 점차 커가는 부정성을 낳는데, 이것은 임박한 이혼의 결정적 표지라 할 수 있는 악취와 혐오로 이어진다. 결혼이 번성하고 살아남으려면, 이 파괴적인 과정에 개입하지 않으면 안된다.

방어적이고 거리를 두는 단계에 이르면, 결혼은 정체될 것이고 그렇게 끝날지 모른다. 흔히 보면, PRSD사랑 후 스트레스 장애의 첫 번째 단계 동안에, 둘 중 하나의 파트너가 상대방에 대해 수동 공격적 분노를 표출하기 시작한다. 이것은 파트너의 행동을 폄하하는 파괴적 언행으로 나올 수 있다. 만일 이것을 중단하는 행동이 취해지지 않으면, 이러한 종류의 의사소통은 서서히 격화되어 파트너의 존재 자체를 폄하하고 공격하는 상황으로 발전한다.

이와 같은 종류의 의사소통은 언제나 수치심을 안겨준다. 수치스럽게 하고 창피하게 하면 사람은 싸우거나 도망치는 반응을 하게 된다. 방어적 태도와 거리두기는 서서히 악취와 혐오를 생산하게 되어 있다. 이 시점에서, 한 사람이나 두 사람 모두가 상대방과 결혼에 대해 절대화한 부정적 이미지를 발전시킨다. 악취와 혐오는 서로를 신체적으로 밀어내게 만든다.

치명적 D는 빠른 속도로 진행될 때도 있다. 나는 젊은 부부가 첫 번째 상담하러 왔을 때 이미 악취와 혐오 상태에 있었던 것을 기억하고 있다. 여자가 먼저 말했다. "나는 저 인간이 그의 혐오스러운 물건을 사용하는 법을 배웠더라면 우리 관계가 더 가까웠을 거라고 확신합니다." 물론 그녀는 남편의 성기를 가리키고 있었다. 그리고 그녀는 자기 코를 공중으로 치켜 올리고, 혀는 앞 이빨에 대고 뺨은 꽉 조인 채 이 말을 했다.

그는 반사적으로 말했다. "당신의 성기는 너무 커서 어느 쪽으로 움직일지 모른다고. 냄새도 고약하고 혐오스럽지." 이들 발언은 우스웠지만, 전혀 재미있는 게 아니라 참으로 잔인하기까지 했다. 그들은 나와의 첫 번째 방문에서 서로의 성기에 대해 혐오감을 표현하고 있었다. 그들은 두 번 더 상담소를 방문한 후 다시는 오지 않았다.

역병과 기근

나에게는 마치 서로에게 거절당한 것처럼 행동하며 상담실에 도착했던 다른 커플들도 있었다. 나는 악취와 혐오를 '역병과 기근'이라고 부른다. 이들은 관계의 종말을 알리는 확실한 표지가 된다. 모든 커플이 이 시점에서 실제로법적으로 이혼하는 것은 아니나, 틀림없이 정서적이며 성적으로 이혼한다. 이들은 서로의 관계를 정리한 상태이며, 서로를 회피하기로 무언의 계약을 체결한 것이다. 이것은 어느 가정에나 비극이다. 자녀가 있고 집에서 생활하고 있다면, 이들은 부모가 서로를 싫어하고 혐오하고 있다는 것을 예리하게 인식하게 된다. 비록 공적인 자리에서는 '행복한 부부'로 연기하지만 말이다. 자녀들은 이것을 변화시킬 방법이 없어 무기력하게 느낄 뿐이다. 나는 이 단계에서 임박한 이혼을 앞둔 각 파트너에게 물어본다. "당신들이 서로 사랑에 빠져있을 때, 상대방에 대해 사랑하고 매력적으로 느꼈던 게 뭡니까?" 흔한 대답은 "속은 거지요. 나는 벽에 쓴 글씨를 읽었어야 했어요." 마치 강력한 사랑의 화학물질호르몬이 밀려와 결혼했는데 그것이 독으로 변한 것과 같은 것이다.

Chart 9B 일곱 가지 치명적 D

다음의 차트를 보면 , 건강한 D도 있다는 것을 알 수 있다.

건강한 D
• 당신의 가정을 개방disclose한다.
• 당신의 욕망을 선포한다.declare
• 당신이 싫어하는 것을 거론한다.discuss
• '부끄러운 비밀'을 털어놓는다.divulge

치명적 7D
• 당신의 욕망 추구와 상대가 싫어하는 것을 계속하면 쉽게 폄하가 이어질 수 있다.
• 1D : 폄하하는 비판denigrating attacks발생 파트너의 행동을 비난하는 비판은 멈춰야 한다. 이를 멈추지 않으면, 비판은
• 2D : 파트너의 인격을 폄하devaluing and demeaning 이는 악질적인 형태의 모욕감과 수치심을 주는 것으로 이를 멈추지 않으면

- 3D : 방어적 태도defensiveness와 결혼에 대한 부정적 이미지를 형성
  당신은 파트너를 적으로 보기 시작한다. 이는 만성적 불안을 느끼게 하고
  반응적인 언어적 갈등을 유발한다. 그러면 당신은

- 4D : 거리두기distance와 돌담 쌓기detachment를 추구
  "거친" 아이 같은 말다툼이나 뿌루퉁하기와 대화 거부는 두 파트너로
  하여금 진짜 거리두기와 냉담을 추구하게 만든다. 이것을 제대로 다루지 않으면

- 5D : 악취dissmell 발생 이는 고립과 멸시로 이어진다.
  악취는 모든 편견과 성별, 인종적 우월, 엘리트의식, 그리고 차별의 핵이다.
  이것은

- 6D : 혐오disgust로 이어진다.
  "나는 그녀를 통째로 삼키고 싶어"라는 로맨스의 정반대,
  "그녀를 보면 토할 것 같아"라고 말하고 싶은 메스꺼운 감정이다.
  전체 부부관계가 처음부터 실패할 운명이었다고 정의된다.

- 7D : 이것은 절망despair으로 이어진다.
  두 파트너가 끝이 없는 게임에 빠진 것처럼 느낀다. 하나 또는 두 사람 모두가
  피해자라고 느끼고 상대는 혐오스러운 가해자라고 생각한다. 이것은 흔히

- 이혼divorce으로 이어진다.

* 치명적 D는 자동적으로 퇴행하며 부정적으로 악화된다.

차이점을 다루기

부부 사이의 차이점을 효과적으로 다루는 것은 배워야 하는 기술이다. 모든 사람은 의사소통을 잘하는 데 어려움이 있다. 위대한 심리학자 밀턴 에릭슨Milton Erikson은 "어떠한 사람도 같은 문장을 같은 방식으로 이해하지 않는다."고 말했다. 내가 좋아하는 다른 인용문은 이렇게 말한다. "당신이 원하는 것을 얻지 못하면, 다른 것을 시도해보라."

이 마지막 문장은 나에게 책임을 지운다. 보통은 일어난 일에 대해 책임을 지기보다 당신의 파트너나 자녀들, 고용자, 학생 등을 탓하기가 훨씬 쉽다. 나는 부부 워크숍에서 '차이점 다루기'에 사용하는 연습문제를 이야기로 시작한다.

연습문제

벌목꾼과 그의 여자

이야기를 읽기만 하라. 비논리적인 것은 무시하고 읽되 이 이야기로부터 정서적 감동을 받도록 하라.

잭이 직업 때문에 캐나다 북부의 깊은 황무지로 가게 되었을 때, 잭과 수잔은 약혼한 것처럼 보였다. 잭은 벌목꾼이었는데 일이 있는 곳으로 가야 했다. 그가 불려간 곳은 '뱀'Snake이라고 불리는 동네였다. '뱀'이라는 동네를 들어갔다 나오려면, 물뱀과 악어와 커다란 메기가 득실거리는 넓은 강을 가로지르는 2km가 넘는 다리를 건너다녀야 했다. 강의

조류는 매우 위험해 많은 사람이 빠져 죽었다. 다른 많은 사람이 사고로 사라져 갔다. 강의 너비는 약 1.5 km 정도 되었다.

잭과 수잔은 작은 오두막을 빌려 그곳에 정착하였다. 4개월 동안은 모든 게 잘 진행되었다. 그들은 사랑에 빠져 있었고, 아직 환상적 성생활을 하고 있었다. 그때 변덕스러운 폭풍 같은 바람이 불어와 다리를 날려버렸다. 수잔은 잭이 벌목꾼의 막사에서 살아야 하므로 제정신이 아니었다. 다리를 재건하는 데는 10개월은 걸릴 참이었다. 그녀는 혼자서 10개월 동안 생존할 수가 없었다.

수잔은 아주 작은 배를 가진 친구 조슈아에게 갔다. 그는 바람이 없을 때 특별한 날이면 재미로 낚시하기 위해 그 작은 배를 사용하곤 했다. 수잔은 배로 자기를 강을 건너서 잭이 있는 곳으로 가서 그의 벌목꾼 막사에서 생활할 수 있게 해달라고 부탁했다. 조슈아는 자기가 지금 PRSD사랑 후 스트레스장애 때문에 정신이 없다고 대답하며 자기 코가 석 자라 자기 자신을 추스르기에도 바쁘다고 말했다.

수잔은 더 불안하고 두려움을 느껴 고기잡이배 선장 제프리를 찾아갔다. 그는 유명한 알코올 중독자이고 바람둥이였다. 그는 수잔의 마지막 기회였다. 그녀는 자기 약혼자 잭을 3주 반 동안 보지 못했다. 선장 제프리는 그녀에게 자기하고 잠자리를 같이 해주면 다음 날 날씨가 허락하면 데려다 주겠다고 말해주었다.
그래서 그녀는 마음에 내키지 않는 부정한 행동을 하고, '선장'은 자기가 약속한 대로 그녀를 강을 건너게 해주었고 벌목꾼 캠프까지 데려다 주었다. 잭과 수잔의 재회는 장관이 아닐 수 없었다. 그들은 자연 속에서의 생활에 행복하게 적응했다. 모든 것이 순조롭게 흘러갔다. 그러나 수잔의 양심이 그녀를 괴롭히고 있었다. 그녀는 잭과 함께하기 위해 부정을 저질렀다. 그래서 어느 날 저녁, 그녀는 사실대로 고백했다.

잭은 폭발하고 말았다! 그는 제정신이 아니었다. 결국 그는 사랑하는 수잔을 밤중에 집 밖으로 쫓아내 버렸다. 그녀는 공황상태가 되어, 흥분하고, 추위에 떠는 가운데 거의 벌거벗은 상태로 야생인 '잔자르'에게로 뛰어 들어갔다. 잔자르가 도대체 어디서 왔는지 아는 사람은 없었으나, 그는 분명 문명에 질릴 대로 질린 사람이었다. 그래서 그는 야생인이 되어 황무지에서 사람들을 구조하며 도와주었다. 수잔이 그를 만났을 때, 그녀는 자기에게 있었던 일을 말해주었다. 잔자르는 수잔을 자기 보호 아래 두었고 잭을 찾기 위해 캠프로 갔다. 그를 찾았을 때, 잔자르는 잭을 흠씬 두들겨 패주었다.

이야기는 여기서 끝난다. 나는 워크숍 참석자들에게 이야기에 나오는 주인공들을 차례대로 서열을 매기는데, 가장 좋아하는 인물부터 가장 싫어하는 인물까지 기록해보도록 한다.

나는 사람들에게 철학적 사고와 도덕적 판단을 피하고 가능하면 직감대로 쓰라고 한다. 그리고 자기 목록을 파트너와 나눠보라고 요청한다.

자, 이제 독자는 자신의 목록을 만들어보라.

내가 처음 이 연습문제를 풀었을 때, 나의 순서는 다음과 같았다.

1. 친구 조슈아
2. 야생인 잔자르
3. 선장 제프리
4. 수잔
5. 잭

나는 이 연습문제를 지난 40년 동안 젊은 부부, 회복 중에 있는 부부, 화학기술자, 건설회사 사장, 침례교회, 70, 80대 노인들을 대상으로 해왔다. 나는 이것을 적어도 700회 이상 사용하였고, 예외는 한 사람도 없었다! 침례교회 성도 대부분은 선장 제프리를 뽑았다. 87세인 노인이 일어나서 나에게 말했다. "그는 있는 그대로 솔직하게 말했잖아." 나는 그들의 선택에 놀랐다고 말해주었다.

이 연습문제에서 중요한 것은 다양한 대답과 다양한 선택이다. 나는 나의 참석 그룹에 그들의 순서 매김이 그들의 경험을 반영하는 것이냐고 물어본다. 대부분은 그렇다고 대답했다. 수잔그녀는 언제나 1번을 차지했다을 위해 투표한 사람들은 짝사랑과 거절의 경험을 한 사람들이었다.

나는 사람들이 다른 의견과 개입이 객관성 없다는 것을 알기를 원한다. 그리고 수천 명의 대상을 샘플로 하다 보면, 다양한 차이점이 있다는 것이다. 차이점은 대개 주관적인 것이다. 부부도 생각이 다르다는 것을 알 필요가 있다.

퍼거스와 아이린 : 두려움에서 신뢰로

다음 이야기는 나의 경직된 내담자, 퍼거스라는 이름의 의사와 그의 아내 아이린과 상담했던 것이다. 상담은 그들이 제기하는 문제에 성공적인 결과를 낳았으며, 서로 친밀한 의사소통을 할 수 있게 도와주었다.

퍼거스는 아이린보다 15살 연상이었다. 그는 61세이고 그녀는 46세였다. 그는 그녀의 명랑하고 쾌활한 성격을 좋아했고, 그가 내게 일러주기로는 '그녀가 섹스를 좋아하는 것'이 마음에 들었다. 그들이 나를 찾아온 것은 결혼한 지 2년 반이 되었을 때였다. 아이린은 탁월한 테니스 선수였는데, 새로운 테니스 프로였던 타드Todd로부터 퍼거스의 컨트리클럽에서 레슨을 받기 시작했다. 그녀는 프로선수가 가르치는 기술이 마음에 들었고 그를 저녁식사에 초대했다. 타드는 근육질 몸매에 1미터 90 센티의 거구에 재치가 넘치는 세련된 남자였다. 퍼거스는 그에게 위협을 느꼈지만, 저녁에 초대하면서 그를 점검해 볼 수 있는 기회를 갖게 되었다. 비록 타드와 아이린이 카드놀이를 하리라는 것을 알았지만, 퍼거스는 식사를 마친 후 1시간쯤 후에 실례를 구하고 자기 침실로 가서 바로 잠에 떨어졌다. 그리고 그는 아이린의 웃음소리에 새벽 2시 30분에 잠에서 깼다.

다음 상담 회기에, 퍼거스는 아이린에게 분노를 터뜨렸다. "도대체 당신은 어떻게 된 여자냐? 밤중까지 카드놀이를 하다니! 당신 같은 늙은 여편네그녀는 사실 그렇게 늙지 않았다가 바람둥이 남자와 늦게까지 뭘 하고 있는 거야." 아이린이 그녀의 상체를 퍼거스로부터 멀리하는 것이 보였다. 그녀는 그 상황에 대해 일체 대꾸하지 않았다. 퍼거스가 계속해서 아이린에게 비판적인 말을 쏟아내고 통제 능력을 상실하고 상처 되는 말을 쏟아내자, 나는 회기를 끝내고, 그에게 따로 만날 것을 요청했다.

인식의 수레바퀴

나는 퍼거스와 두 번을 더 만났다. 그는 내가 아이린을 만나지 않고 자기만 따로 보자고 한 것에 대해 매우 화가 났다. 나는 퍼거스가 분을 뿜어내도록 허락했다. 나는 그의 괴로움을 반영해주었고, 이해할 수 있기를 바랐다. 그 이후 나는 인식의 수레바퀴Awareness Wheel라고 부르는 것을 가르치기 시작했다. 이것에 대해서는 [차트 9C]를 보라. 이 수레바퀴는 (1)감각적 데이터 (2)해석 (3)감정 (4)의지 네 부분으로 구성되어 있다. 인식의 수레바퀴는 나와 나의 아내, 그리고 수많은 내담자와 워크숍 참석자에게 하늘이 내려준 선물이다.

퍼거스는 불안과 두려움이 가득한 사람이라는 것이 분명해졌다. 그가 얼마나 괴로워하는지를 내가 알아준다 싶으니까, 그는 나에게 귀를 기울일 준비가 되었다. 나는 그에게 아이린과 효과적인 의사소통을 하는 방법을 가르쳐 주겠다고 말해 주었다. 나는 그가 화를 내기 시작하는 부분에 초점을 맞추었다. 그는 아내가 웃는 것을 들었고 새벽 2시 30분에 재미있어 하는 것처럼 보였다고 했다. 우리는 꼭두새벽까지 자지 않고 놀 수 있는 사치를 누리지 못하는 것 때문에, 그에게 약간의 유동적 분노가 있는 것을 발견했다. 그는 외과의사로서 아침 4시 반에 일어나 병원에 출근하기 위해 일찍 잠자리에 들어야 했다. 퍼거스는 고도의 의술을 가진 의사로서, 환자의 수요가 많았으며, 수술실에 있는 동안 매주 4일씩 수술 일정이 가득 차 있었다.

어느 정도 연습을 해본 후에, 나는 퍼거스에게 인식의 수레바퀴를 사용하게 했다. 그는 말했다. "나는 당신 웃는 소리에 잠이 깼어요. 내가 시계를 봤을 때, 새벽 2시 30분이더라고(카드 게임 한지 3시간 되는 시간)." 우리는 감각적 자료에서 해석으로 나아갔다. 우리가 아이린을 포함시켰던 첫 번째 상담회기에, 그는 그녀가 젊고 정력이 넘치는 25살짜리 테니스 선수에게 흥분하는 것이라고 비난을 퍼부었다. 자기 마음속으로 반추해보았을 때, 바람을 핀 것으로 송사했지만, 그것을 뒷받침할 자료가 전혀 없었다. 그래서 나는 그를 시켜 아이린에게 말하게 했다. "나는 당신이 타드에게 흥분이 돼서 그와 정사情事를 나눈다고 상상을 하게 돼."

우리의 감정은 우리의 해석(감정 정보에 대해 우리가 생각하는 것)에서 흘러나온다. 그래서 나는 그가 아이린이 실제로 한 것 때문이 아니라, 자기가 유추한 것 때문에 분노를 느끼고 있다는 것을 퍼거스가 깨닫도록 도와주었다. 실제로 아이린은 테니스 코치로서 타드를 많이 좋아하고 있었다. 그녀는 카드게임을 함께 하면서 재미있는 시간을 보내고 있었다. 또 그는 유머 감각도 있었다. 일반적으로, 퍼거스는 아이린이 젊은 남자를 따라서 자기를 버리고 떠나리라는 두려움을 느끼고 있었다.

나는 그가 아이린에 대한 공상 때문에 생긴 느낌은 그 스스로 만들어냈다는 것을 깨닫게 도와주었다. 나는 그에게 "나는 당신이 떠날 것 같아 무서워"라고 말하는 연습을 하게 했다. 인식의 수레바퀴의 마지막 부분은 쉽다. 퍼거스는 자기가 아이린에게 원하는 것이 무엇인지 물어볼 필요가 있었다. 인식의 수레바퀴에서 4번째 단계는 의지에 대한 것이다. 이것은 당신이 알고 싶은 것이나, 파트너에게 하라고 부탁하고 싶은 내용이다.

퍼거스가 준비가 되었을 때, 우리는 아이린을 치료를 위해 다시 참여하게 했다. 나는 그들이 눈을 맞추면서, 서로 바라볼 수 있게 좌석을 배치했다. 퍼거스가 인식의 수레바퀴로 자신을 표현하고 있을 때, 나는 아이린이 진정으로 경청하려 하는 것을 감지할 수 있었다.

남자가 그의 환상에 대해 책임을 졌을 때, 그녀는 그에게 더 가까이 다가 갔다. 그리고 그가 눈물을 흘리며 그녀가 자기를 떠나갈지 모른다고 두려움을 표현할 때, 그녀는 자리에서 일어나 자기 팔로 남편을 안아주었다. 그녀는 남편이 취약한 자신을 정직하게 드러내는데 분명히 감동을 받은 것 같았으며, 남편에게 가까이 가기를 원했다. 아이린은 즉각적으로 퍼거스에게 깊은 사랑을 표현했다.

그녀는 타드를 좋아하며 그의 지도를 받으며 테니스에 빠른 진척이 있는 것으로 생각한다고 말했다. 퍼거스는 그녀에게 레슨을 중단했으면 좋겠다고 말해주었다. 아이린은 레슨을 중단하지 않겠다고 말하며, 대신 퍼거스도 그녀와 함께 했으면 좋겠다고 초청하였다. 퍼거스는 타드에게 함께 레슨을 받기로 동의했다. 그리고 그것으로 모든 것이 잘 마무리된 것처럼 보였다.

퍼거스가 아내에게 판단과 수치심을 안겨주면서^{폄하와 비난은 치명적} D, '비판적 부모' 모드에 있을 때, 그녀는 남편으로부터 신체적으로, 정서적으로 멀어졌다. 그녀는 그와의 성생활도 중단했다. 우리의 회기 이후에 그녀는 남편에게 다가가 그를 안아주었다. 나중 회기에 와서, 그들은 나에게 자주 만족스런 성생활을 나누고 있다고 말했다.

사실 대 환상

다음은 내가 모든 관계 워크숍에서 사용하는 연습문제다. 이것은 부부가 서로에게 자신의 상상을 어떻게 투사하는지를 보도록 도와준다.

연습문제

사실 대 '나' 진술문 사용하는 것을 상상하라

부부는 서로를 마주 본다. 각자 순서를 바꿔가며 파트너에 대한 사실 한 가지를 지적한다. (예: 당신은 지금 빨간 셔츠를 입고 있어.)

그러다 파트너는 순서를 바꿔가며 상대방에 대해 상상하는 것을 말한다. 이것을 세 차례 반복한다. 탐이 시작한다. "나는 당신이 푸른 색 블라우스를 입고 있는 게 보여." 사라가 말한다. "나는 당신이 금색 손목시계를 차고 있는 게 보여." 각자는 두 번 더 사실을 진술한다. 그러면 탐이 말한다. "나는 당신이 꽤 행복한 사람이라고 상상해." 그러면 사라가 대답한다. "나는 당신이 이 연습을 바보 같은 짓이라 생각한다고 상상해." 그리고 상대방에 대해 상상하는 것을 두 차례 더 진술한다.

이 시점에서, 나는 사람들에게 멈추고 배우자에 대해 상상한 것에 대해 반추해보라고 부탁한다. 그리고 그들에게 말해준다. "여러분이 마음에 세 가지 상상한 것을 떠올렸을 때, 각 상상을 확정해 보세요." 예를 들자면, 탐이 말한다. "나는 행복한 사람이다. 그리고 사라는 내가 이 연습을 바보 같은 짓이라고 내가 생각한다고 말하지." 그들이 이 연습문제를 시작할 때, 탐은 아주 행복하다고 느끼고 있었으며, 사라는 이 연습을 바보짓이라고 생각하고 있었다. 각자는 자기들이 주관적 느낌을 상대방에게 투사했다는 것을 깨닫게 되었다. 대부분의 경우, '상상한다'는 말은 그 상상하는 사람에 의해 소유될 수 있다.

보다 전문적인 용어로 말한다면, 각자가 상상한 것은 '환상 투사' fantasy projection라고 하는데, 상상은 대개 자기 자신의 경험에서 나오는 것이다. 투사가 반드시 틀린 것은 아니다.

두 사람이 서로를 아주 잘 알게 되면, 투사는 상당히 정확할 수 있다. 그러나 틀릴 때도 많다. 우리가 잘 알지 못하는 사람에 대해 투사할 때, 그 투사는 거의 틀린 것으로 나온다. 그 투사가 잘못될 때, 혼돈과 문제를 야기하는 것이다. 비판하는 것과 탓하는 투사는 일반적으로 틀리다. 우리가 비난하고 투사할 때, 우리는 십중팔구 우리 자신의 문제 즉, 우리 자신의 싫어하는 것이나 내 것이 아니라고 절연한 것을 상대방에게 떠넘기고 있는 것이다.

[차트 9C], 인식의 수레바퀴를 보면, 당신은 인식이 사실또는 감각 정보로 시작해서 시계방향이는 우리의 상상이나 환상/공상의 산물으로 움직이는 것을 볼 수 있다. 이것은 우리가 상대방의 머리속에서 무엇이 돌아가고 있는지 알지 못하기 때문이다. 감정은 우리의 해석을 따라 온다. 그리고 우리가 배우자에게서 원하는 것은 그 다음에 온다.

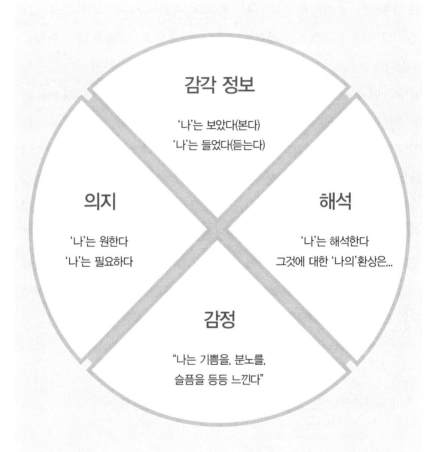

Chart 9C 인식의 수레바퀴

감각 정보

'나'는 보았다(본다)
'나'는 들었다(듣는다)

의지

'나'는 원한다
'나'는 필요하다

해석

'나'는 해석한다
그것에 대한 '나의'환상은...

감정

"나는 기쁨을, 분노를,
슬픔을 등등 느낀다"

인식에서 가장 중요한 부분은 우리의 해석이다. 우리가 상대방의 의사소통에 대해 해석할 때마다, 우리는 공상하며, 무엇인가를 만들어내고 있는 것이다. 우리는 메도우 치료센터에서 치료 작업을 할 때, 바로 이 언어를 사용한다. 우리는 말한다. '나는 보았다'…또는 '나는 들었다'…그리고 그것에 대해 내가 유추하는 것은 내가 상상하는 것은 무엇이든…그리고 나의 환상은 투사이기 때문에 그것은 나의 충족되지 않은 무의식적 욕구들, 나의 편견, 남자와 여자, 게이, 레즈비언, 흑인에 대한 나의 신념체계 또는 나의 배우자 아니면 내가 지금 대화하는 대상에 대한 나의 '얼어붙은 이미지'에서 오는 것일 수 있다. 우리의 결혼이 진행되는 동안, 우리 배우자에 대한 이미지는 냉동식품처럼 얼어붙을 수 있다.

일단 내가 해석을 하고 나면 나는 그것이 자극한다는 느낌을 갖는다. 내가 당신이 행복하다고 공상하고, 상상하고, 생각을 하면, 나는 아마도 행복하다는 느낌을 받거나 당신이 행복하기 때문에 분개하며 기분이 나쁠 수도 있다. 인식의 수레바퀴에서, 당신에게는 또한 의지—당신에게는 배우자와 관련된 욕망desire이나 바람want에 대한 실천 의지를 가지고 있다.

의존욕구결핍장애는 어떻게 인식의 수레바퀴를 오염시키는가?

발달 과정상의 의존욕구결핍은 인식의 수레바퀴를 사용할 수 있는 능력을 차단한다. 효과적인 의사소통을 방해하고 왜곡한다. 특히 외상적 경험은 편도라고 불리는 두뇌의 부위에 각인되어 있는 과거로부터의 얼어붙은 장면들이다. 편도는 두뇌의 경고신호다. 좋든 나쁘든 비교적 극적인 새로운 경험을 할 때마다 두뇌에 경보를 울린다.

나는 1943년 라디오로 노틀담 미식축구 게임 중계를 들었던 것을 자세하게 기억하고 있다. 안젤로 베르텔리가 Fighting Irish 팀의 쿼터백이었는데, 결국 Heisman 트로피를 쟁취했다. 나는 또한 프랭클린 루즈벨트 대통령이 사망했을 때 정확하게 내가 어디에 있었는지를 상세하게 기억하고 있다.

그리고 나는 우리 아버지의 알코올성 행동과 관련된 여러 장면에 대해 생생하게 고통스러운 기억이 있다. 이러한 기억들은 해소되지 않은 분노와 신뢰의 상실과 유기의 문제로 발전하였다. 과거로부터의 외상적 장면이 해결되지 않은 채 남아 있으면, 그 장면의 조그만 단일 요소를 상기시키는 사건이 발생하는 순간 이는 과거를 새롭게 자극할 수 있다. 그러한 일이 일어나면, 사람의 인식은 오래된 장면에 관련된 억압된 감정과 결정에 의해 압도된다.

나 자신을 예로 들자면, 현재에 거하는 대신에, 나는 과거의 어린 아이가 된다. 나는 이제 어릴 때 느꼈던 두려움과 분노와 불신을 느끼는 어른이 되는 것이다. 나의 모든 인식과 지각이 왜곡된다. 나는 내가 보는 것을 보지 못하고, 내가 듣는 것을 듣지 못한다. 나는 어느 누구의 행동도 적절하게 해석하지 못하게 된다. 나의 유효기간이 지난 감정은 이제 나의 행동을 지배하고, 효과적인 방식으로 의사소통이 불가능하다. 나는 거기에 없기 때문이다. 이렇게 해서 억압된 감정은 내가 하려는 모든 해석에 영향을 미친다.

몇 년간을 함께 한 후, 로맨스 프로그램을 생산하는 화학물질이 잦아들면, 사람들은 변형된 의식 상태에서 빠져나와 더는 황홀한 기분이 아니게 된다. 그들은 정상적인 자아로 돌아오든지, 아니면 거짓된 자아fake self로

복귀한다. 비교적 최근에 적응한 정상적인 자아가 있으면 PRSD사랑 후 스트레스 장애를 통과해 만성적으로 고양된 도파민이 생활에 적응한다. 이들은 장기적인 삶을 위해 정착하며 몇 가지 도전적 적응을 해야 할 처지이지만, 충분히 좋은 방식으로 적응할 만큼 충분한 자기분화가 되어 있다.

거짓된 자아를 가진 사람들은 다양한 상태의 동반의존 상태에 있다. 이들은 의사소통 문제로 고통을 받는다. 나는 아직도 그들의 어머니에게 속박되어 있는 남자들을 많이 보았다.

이것은 마치 각 렌즈에 엄마의 얼굴이 새겨진 한 쌍의 안경을 쓰고 있는 것과 같다. 그들은 아내의 얼굴을 진짜로 보지 못한다. 어머니의 얼굴 렌즈를 통해 아내를 본다. 이러한 사람들이 그들의 어머니를 진정으로 떠나는데즉 집을 진정으로 떠남 필요한 애도작업을 하기 전까지는, 그들의 어머니와 가졌던 이슈들을 반복해서 재연할 것이다.

나는 두 차례 결혼했는데, 두 번 다 건강에 매우 관심이 많은 여인들과 결혼했었다. 그런데 나는 두 여자 모두에게서 나의 어머니의 건강염려증을 보았다. 그들의 건강에 대한 제안을 내가 왜곡하고 과민 반응하였는데, 이것은 내가 그들에게 나의 어머니를 투영한 결과였다.

골동품 가게 : 환상을 현실로 만드는 감각정보 사용하기

내가 지금 당신과 어느 골동품 가게에 와 있다고 가정하자. 당신은 나의 아내다. 나는 당신에게 더는 다른 골동품을 구입하지 말라고 부탁한다. 우리가 구경하다가, 당신이 가게 매니저와 대화하는 것을 본다. 그리고 당신이 "내일 전화하겠습니다."라고 말하는 것을 듣는다. 그 감각 정보로, 당신이 골동품을 사려고 한다고 해석한다. 내가 그러한 환상을 만들자, 화가 난다. 그래서 그 가게를 나설 때, 당신에게 내가 보고 들은 것을, 해석하는 것을, 분노하는 것을 이야기한다. 나는 당신의 의도가 무엇인지 알고 싶다. 이것은 내가 아일랜드에서 내 아내와 겪었던 실제 사건이다.

말다툼을 잘하고 이 갈등을 다루기 위해서는 내가 '나 진술문'으로 말하고, 내 환상을 표현하고 내 감정과 욕구를 알리는 것이 중요하다.

'나' 진술문으로 말하면, 배우자가 나를 알 수 있게 되고 내 안에서 무엇이 일어나고 있는지를 알게 되며 또한, 비판과 모욕을 주는 말을 피하게 된다. '내 추측은' 또는 '그것에 대해 내가 생각하는 것은'이라고 말하면 해석을 '나의 것'으로 소유하게 된다. 그러면 나는 그것이 절대적인 것이 아니며, 반드시 진실이 아닐 수도 있다는 것을 분명히 해 준다.

감정과 욕구를 잘 표현하면, 파트너는 내 안에 무엇이 일어나고 있는지를 알게 된다. 사실 말싸움은 우리가 서로를 더 깊이 알 수 있는 한 가지 방법이기도 하다. 이것이 바로 버지니아 싸티어가 갈등이 없이 차이점의 타협과 협상이 없이 진정한 친밀감이 있을 수 없다고 진술한 이유인 것이다. 그리고 존 가트맨이 효과적인 말다툼서로를 더 잘 인식할 수 있게 함을 결혼이 장기적으로 성공할 수 있는 열쇠라고 말한 이유도 여기에 있는 것이다.

인식의 수레바퀴를 내가 여기서 소개한 것은 밀러Sherod Miller와 너날리Elam Nunally, 왜크맨Daniel Wackman의 공저 「Alive and Aware」를 단순화한 것이다. 나는 이 책을 독자에게 강력하게 추천한다.

골동품 가게에서의 결론은 아내는 나를 위해 골동품 하나를 사주려고 했던 것이다. 장모가 내 생일을 위해 골동품 펜 하나를 사주라고 부탁을 했던 것이다! 그러니까 '내'가 추측했던 것은 사실이었다. 하지만 사실은 장모의 부탁으로 나를 위해 선물을 구입하려 했었던 것인데, 나는 아내가 자신을 위해 골동품을 사려고 했다고 상상했던 것이다!

감각에 기반을 둔 정보

갈등을 명확히 하고 효과적으로 다루는데 큰 도움이 될 수 있는 두 개의 다른 도구가 있다. '표상된 실재'Represented Reality라는 제목으로 된 [차트 9D]를 보라. 이것은 밀턴 에릭슨과 같은 천재가 왜 "세상에는 똑 같은 두 사람은 없다. 같은 문장을 같은 방식으로 이해하는 두 사람은 없다'고 말했는가를 보여주기 위해 만들었다.

내가 창안한 [차트 9D]는 인식론적 차트다. 인식론은 언어의 깊은 구조를 연구하는 것이다. 인식론자는 우리가 어떻게 아는지를 알기 원한다. 나는 [차트 9D]를 처음에 나의 책 「수치심의 치유」에 제시했었다.

Chart 9D 표상表象된 실재

우리는 어떻게 아는가

1. 표상
신체-지식(지각)
우뇌-상상
전인적-비구어적-정서적

2. 표상
마음-지식(개념이해)
좌뇌-지성
순차적-구어적-논리적

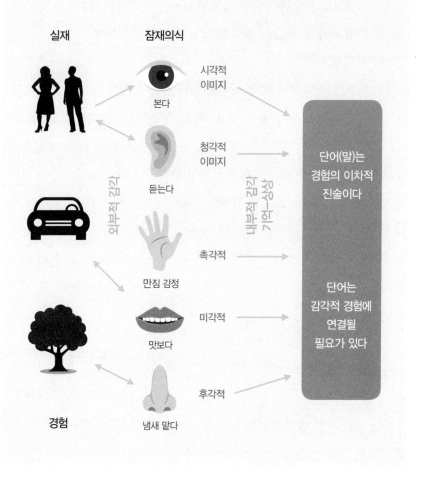

실재

잠재의식

시각적
이미지

본다

청각적
이미지

듣는다

촉각적

만짐 감정

미각적

맛보다

후각적

냄새 맡다

외부적 감각

내부적 감각—상상
기억

경험

단어(말)는
경험의 이차적
진술이다

단어는
감각적 경험에
연결될
필요가 있다

아무도 실재reality를 즉시 알지 못한다. 임마누엘 칸트는 수 세기 전에 그의 책 「순수이성 비판」The Critique of Pure Reason을 통해 우리가 사물을 알거나 그 자체를 경험하지 않는다는 것을 보여주었다. 우리가 아는 것은 경험에 대한 우리의 언어화이며 재진술이다. 우리는 일어났다고 믿는 것에 대해 말하기 위해 말을 사용하지만, 무엇이 일어났는지를 정확하게 말해주지는 못한다. 말은 마치 영토의 지도와 같다.

지도는 결코 그것이 보여주는 영토를 완전히 대표해 보여주지는 못한다. 사람들은 우리에게 그들이 의식적으로 경험한 것을 말해주지만, 실제로 일어난 것을 말해주는 것은 아니다.

나의 차트에서, 나무와 자동차, 사람들과 같은 실재는 왼쪽 모퉁이에 있다. 중간 부분은 실재에 대한 나의 재진술의 1등급이다. 나는 그것을 보고, 듣고, 만지고, 맛보고, 냄새 맡는다. 실재에 대한 우리의 1급 재진술은 감각에 기반을 둔 정보이며, 실재에 대한 우리의 최선의 의사소통은 감각을 기반에 두고 있다. 골동품 가게의 예에서, 만일 내가 아내에게 내가 화가 났다고만 말해주었다면, 그녀는 '화가 났다'는 말이 무엇을 의미하는지 이해할 수가 없었을 것이다. '화가 난'과 같은 말은 2등급 재진술이기 때문이다.

한 단어말, 다양한 해석들

만일 내가 어떤 집단의 사람들에게 '서커스'라는 말을 했다면, 모두 그들의 감각에 기반을 둔 단어의 재진술을 찾아갈 것이다. 어떤 사람은 텐트를 볼 것이고, 어떤 이는 솜사탕의 맛을 경험할 것이며, 다른 사람은 서커스 음악을 들을 것이다. 내가 단 하나의 단어를 사용할 때, 그 단어에 대한 여러 가지 감각적 재진술이 있을 수 있다.

나는 모임에 갔다가 내 친구가 울고 있는 것을 보았던 적이 있다. 나는 그에게 무슨 일이 있느냐고 물었다. 그는 자기 개가 죽었다고 말했다. 솔직히 말해서 이해가 가지 않았다. 나는 한 번도 개를 키운 적이 없으며, 내가 신문배달을 하며 개에게 물려본 후로, 개와 나의 경험은 주로 부정적이었다. 만일 어떤 사람이 하나의 단어를 사용했을 때, 그 말을 이해할 수 있는 유일한 방법은 그 단어가 유발하는 경험의 감각에 기반을 둔 재진술을 찾아가는 것이다. 나는 개와 어떤 긍정적 경험이 없다. 따라서 나는 사랑하는 개가 죽어가는 것을 감각적으로 경험한 적이 없다.

한 해가 지난 후, 나는 아들에게 개 한 마리를 사주었다. 우리는 개에게 '컬리'Culley라는 이름을 지어주었다. 우리와 몇 주간을 함께 한 후, 내가 집에 왔을 때, 그 개는 펄쩍펄쩍 뛰면서 오줌을 쌀 정도로 흥분하며 좋아했다. 나는 항상 그러한 친구를 갖고 싶었다. 오줌 싸는 것까지는 좋지 않지만, 나를 보고 너무 기뻐하는 친구, 무슨 일이 일어나든 상관하지 않고 나를 사랑해줄 친구 말이다. 컬리가 죽었을 때 나는 울었다.

우리가 서로 다툴 때 우리는 단어를 감각에 기반을 둔 정보로 번역해야 한다. 의사소통하는 법을 배우고 잘 다투려면, 우리는 단어가 감각적 경험으로 번역되어 우리에게 의미가 전달되어야 한다는 사실을 인식해야 한다.

질문을 해서 상대방이 당신에게 무엇이라고 말하는지 점검해보라. 어떤 사람이 "나는 당신 형이 싫어요"라고 말한다면, 당신은 "구체적으로 그의 어떤 부분이 싫은 데요?"하고 반응할 것이다.

만일 그의 대답이 "그는 너무 거만해요."라고 한다면, "구체적으로 그가 어떻게 거만한데요?"라고 물어보라. 그가 "그는 주일날 당신 집에서 나에게 말도 건네지 않았어요." 하고 말한다면, 당신은 "그게 당신에게 어떻게 보였고 어떤 소리로 전달되었나요?"

만일 그가 "내가 '하이, 밥' 하고 인사를 건넸는데, 그가 다른 사람에게 말을 하기 시작 했어요" 한다면, 이제 당신에게는 "나는 당신 형이 싫어요." 라는 문장과 함께 갈 감각 정보가 생긴 것이다.

말들을 감각 정보로 쪼개보라. "당신은 참 친절해요." 말하는 대신에 "나는 당신이 저 집 없는 노숙자가 일어나도록 도와주는 것을 보았어요. 그런 다음 나는 당신이 그에게 돈을 주는 것을 보았고요. 당신이 그를 격려하는 것을 들었어요. 나는 당신에게 따뜻함과 사랑을 느꼈어요."라고 말하라. 가장 효과적인 의사소통은 감각에 기반을 둔다. 나의 차트에서, 당신은 그것이 실재에 가장 가깝다는 것을 볼 수 있다.

다음 모델은 단어를²등급 재진술 구체적이고 사실적이며 감각에 기반을 둔 존재 언어로1등급 재진술 번역하기 위한 지침이다. 이 모델은 리차드 밴들러, 레슬리 밴들러, 존 그라인더, 주디스 델로자이어등 신경언어프로그래밍 NLP의 창시자들에 의해 창안되었다.

이들 모델의 창시자들은 프리츠 펄스, 밀턴 에릭슨, 버지니아 싸티어등 우리 시대의 가장 위대한 의사소통의 대가 세 명을 관찰하고, 경청하고 비디오로 촬영하면서 여러 해를 보냈다.

이들 신경언어이론가들이 발견한 것은 이 치료분야의 거장들은 항상 사람들의 말과 환상을 구체적이고 감각에 기반을 둔 정보로 번역하고 있었다는 것이다. 감각에 기반을 둔 정보는 가능한 한 실재에 가깝다. 이것은 전문 치료사들이 내담자들에게 하는 말에 대해 절대적으로 명확하게 이해할 수 있도록 했다. 이 모델을 엄밀히 철저하게 사용하므로, 그들은 자신의 환상과 왜곡된 신념을 의사소통에서 상당 수준까지 제거할 수 있었다.

'하드 데이터 번역자 도구'라는 다음 차트에서 '삭제', '참고색인의 부족' 등의 어휘에 기죽지 않도록 하라. 다만 주어진 예를 읽기만 하라. 당신은 충분히 이해할 수 있을 것이다.

하드 데이터 번역자 도구

하드 데이터 번역자 툴은 인간들 사이의 정보의 흐름을 도와줄 의도로 존 그라인더와 리차드 밴들러가 개발했다. 이론의 기본 전제는 단어는 그 말이 개인 안에 어떤 감각적 재진술의 닻을 내릴 때에만 의미가 있다. 감각적 경험을 말을 통해 부호화하는 동안 청각적 자극을 자신의 감각 재진술로 변환하여 해독하는 과정에서 중요한 정보가 상실되거나 왜곡될 수 있다.

하드 데이터 번역자 툴은 의사소통 과정에 문제가 될 수 있는 언어적 패턴을 식별할 수 있게 해 준다. 그래서 두 사람이 보다 완전한 의사소통을 보장하기 위해 사용할 수 있는 일련의 응답을 제공한다.

이 도구는 언어를 명확하게 하고 구체화한다. 이렇게 하는 과정에서 2등급 재진술인 퍼지 데이터fuzzy data 단어가 하드 데이터hard data로 명확하고 구체화된다. 구체적이며, 완전하고, 명료한 말words을 그들이 대표하는 구체적 경험과 연결한다.

이렇게 해서, 하드 데이터 번역자 툴은 말을 경험으로 되돌려놓는다. 보다 구체적으로 말하면, 이것은 당신의 배우자의 말을 당신 배우자의 경험으로 번역해준다. 이렇게 해서, 배우자의 말을 당신 자신의 경험으로 번역하지 못하게 막아준다. 아니면 그녀의 말을 당신 자신의 상처로부터 온 투사로 왜곡하지 못하게 한다.

Chart 9E 하드 데이터 번역자 툴

1. 단순한 삭제
어떤 대상물이나 사람 또는 사건명사 문구나 명사 논쟁이 표피 구조에서 삭제되었을 때

예) 우리 결혼에서 내가 불편하게 생각하는 몇 가지가 있어요.

반응) 우리 결혼에서 구체적으로 무엇이 당신을 불편하게 하는데요?

2. 참조색인의 결여
지칭되는 대상이나 인물명사이 구체적이지 않을 때

예) 이 가정 안에 있는 사람들은 좋은 동기가 결여되어 있어요.

반응) 구체적으로 누가 좋은 동기가 부족하다는 거지요?

3. 비교급의 삭제
지시대상이 비교 중에 선정되었을 때좋은, 더 좋은, 제일 좋은 더, 덜; 대부분, 최소한

예) 그 문제는 직면하지 않는 게 더 좋아.

반응) 누구를 위해 더 좋은 거야? 무엇에 비교했을 때 더 좋다는 거야?

4. 구체적이지 않은 동사

행동이 더 구체적일 필요가 있는 곳에서 전혀 명시적이지 않은 동사들

예) 새로운 가정부가 신경이 쓰이게 해.

반응) 구체적으로 어떻게 당신을 신경 쓰게 하는데?

5. 명사화

하나의 지속되는 과정이 의미를 왜곡할 정도로 정적인 상태로 표현될 때

예) 우리 결혼은 문제가 있어요.

반응) 우리 결혼의 어느 부분이 문제가 있다는 거야?

6. 전제|presuppositions

상대방의 의사소통에 무엇인가가 암묵적으로 전제되었을 때

즉 그것이 당연시 되면 경험에 대한 사람의 선택을 제한할 수도 있을 때

예) 만일 당신이 우리 아이의 철자를 고쳐주려고 내가 열심히 한 것을 안다면,

　　당신은 아마 모자를 쓰고 나갔을 거야.

　　이 진술문에는 세 가지 전제가 숨어있다.

　　(1) 당신은 모른다.

　　(2) 나는 열심히 일했다.

　　(3) 당신은 일정한 방식으로 행동할 것이다.

반응) (1) 당신은 내가 모른다는 것을 어떻게 아는가?

　　　(2) 당신은 구체적으로 어떻게 열심히 일했는가?

　　　(3) 당신은 내가 어떻게 할지를 어떻게 아는가?

7. 가능성과 필연성의 모델 조작자 model operator

개인의 행동에 대한 규칙과 제한을 식별하는 진술들.

가능성의 예) 나는 너무 지쳐 있으나 쉴 수가 없어요.

반응) 무엇이 당신을 쉬지 못하게 하나요? 무엇이 당신을 막나요?

필연성의 예) 우리 주일 학교에 대해 내가 어떻게 느끼는지에 대해 아무에게도 알리면 안 돼.

반응) 당신이 알린다면 무슨 일이 일어날까?

의미론적으로 잘못 형성됨

8. 원인–결과

한 사람이 그들의 경험이나 반응을 외부의 자극에 원인적으로 결부시킬 때. 외부 자극은 반드시 직접적 연결이 되는 것도 아니고, 연결이 불분명한 데 인과관계가 있는 것처럼 말할 때.

예) 우리 결혼을 향상시키는데 대한 당신의 제안이 나에게는 혼동스러워요.

반응) 구체적으로 어떻게 당신에게 혼동이 되나요?

9. 마음 읽기 독심

한 사람이 상대로부터 구체적인 의사소통을 받지 않았는데 다른 개인이 무엇을 생각하고 있는지를 안다고 주장할 때.

예) 나의 남편은 내 기분을 결코 고려하지 않아요.

반응) 당신은 왜 당신 남편이 당신의 기분을 결코 고려하지 않는다고 생각하지요? 당신은 당신 남편이 당신의 기분을 단 한 번도 배려하지 않았다고 말하는 겁니까?

밴들러와 그라인더가 개발한 메타모델에 근거하여, 이 차트를 사용하라. 내가 약속하건대, 당신에게 큰 도움이 될 것이다. 그들의 책 「개구리에서 왕자로」를 읽어보라. 이 책은 당신에게 이 모델에 대한 충분하고 풍성한 논의를 제공할 것이다. 퍼지 데이터2등급 재진술를 하드 데이터로구체적, 감각에 기반을 둔 정보 또는 1등급 재진술 바꾸는 방법을 제시할 것이다.

Post-Romantic Stress Disorder

10

관계 수리와
친밀한 성생활

반면에 지불할 청구서가 있고, 수리해야 할 기계가 있으며,
배워야 할 불규칙 동사가 있으며, 무의미로부터 구속해야 할 시간이 있다.

W. H. Auden

유순함은 건강한 수치심과 성숙함의 주요한 특성이다. 우리 모두는 친밀감에 대해 끊임없이 배워야 한다. 특별히 우리가 바라보아야 할 좋은 모델이 없었을 경우에는 더욱 그렇다. 부부가 성욕이 일치하지 않는다는 문제를 잠시 접어두라. 부정적으로 반대를 하는 비난과 멸시 단계를 극복하기 위해 각 사람에게 필요한 것 중 하나는 적절한 표현을 찾기 어렵지만 '수리기제의 공구키트'tool kit이다.

[치명적 일곱 가지 D]라는 모델은 전 단계에서 아무런 수리작업도 하지 않는다면 자동적으로 더 심각해진다. 여기에 사용되는 핵심 용어는 '만일 완전히 혼자 버려둔다면'으로 이렇게 되면 한 단계는 자동적으로 회전해 다음 단계로 들어가고, 부부관계는 금이 가기 시작해 결국 관계는 해체되어 버리고 만다. [일곱 가지 치명적인 D]는 신속하게 대처해야 한다. 그것도 빠를수록 좋다. 만일 우리가 새롭게 등장하는 비판에 뛰어들어 막을 방법을 찾아내지 못한다면, 상황은 더 악화되어, 상대를 경멸하고 수치심을 안겨주고 비하하는 단계에 이르게 될 것이다.

수리방법을 제안함

다음에 나오는 것은 관계 수리를 위한 제안들이다. 어떤 한 가지 방법도 항상 효과적이지는 않다. 수리기제를 다룰 때는 융통성을 갖는 것이 매우 좋다. 한 가지 변경해서는 안되는 규칙은 격노rage를 제거하는 것이다. 나는 한 때 '격노 중독자'였는데, 이것을 위해 도움을 받아야 했었다. 나는 이것 때문에 나의 전처와 우리 자녀들로부터 모든 사랑을 상실할 위기에 처해 있었다. 만일 당신이 배우자와 가족에게 격노한다면, 나는 당신에게 외부의 도움을 요청하라고 부탁하고 싶다. 그렇게 하지 않으면, 격노가 당신의 삶을 파멸로 이끌 수 있다. 나는 당신에게 존 리John Lee의 책 「분노 해결법」The Anger Solution을 읽어보라고 권하고 싶다. 나는 이 책이 소개하고 있는 퇴행과 이것을 파헤치는 방법에 대한 이해를 아주 귀하게 생각한다. 그가 '우회 방법'이라고 부르는 것은 연령별 퇴행자료를 추적하고 그에 수반되는 분노를 추적하는 단순한 방법이다. 아동기 발달적 결핍은 상실이다. 그 상실을 슬퍼하려면, 애도과정의 한 부분인 분노를 직면해야 한다. 분노는 당신의 것이기에, 다른 사람에게 분출해서는 안 된다.

수리기제들

1. '나 진술문'I message을 사용하고 '너 진술문'You message을 피하라. '너' 진술문은 대부분 상대를 판단하게 만든다. 오히려 상대의 행동 때문에 '내'가 어떤 감정을 느끼게 되었는가를 말하라.

2. 공감적으로 경청하고, 당신이 들은 바의 타당성을 인정하라.validate 배우자의 의사소통 내용은 물론 비언어적 정서까지 요약해서 되풀이하라. 상대방의 감정을 반영하고 "나는 당신 입술이 떨리는 것을 보았어요.", "나는 당신이 부드럽게 말하는 것을 들었어요.", "나는 당신이 슬퍼하는 것을 경험했어요."와 같이 감각에 기반을 둔 정보를 피드백 하라.절대로 상대방이 왜 슬퍼하는지에 대해 충고하지 마라

3. 한 번에 한 가지에만 초점을 맞추라. 이것은 '취사선택'gatekeeping으로 알려져 있다. "당신은 우리가 하는 일마다 늦어요"라고 말하는 대신 "당신은 오늘 저녁 식사에 늦었어요"라고 말하라.

4. 스스로 할 말을 편집하라. 모욕적인 언사를 생략하고 지금 바로 앞의 정보에 초점을 맞추라. 예를 들어, "이 더러운 인간아"라고 말하는 대신 "당신은 늦었어요"라고 말하라.

5. 당신이 할 수 없고 하지 않으려는 것을 말하지 말고, 배우자에게 당신이 할 수 있고 하기를 원하는 것을 말해주라. "당신은 나와 함께 휴가를 가는 적이 없어요"라고 말하는 대신 "나는 당신하고 휴가를 가고 싶어요"라고 말하라. 예를 들어, "2년 전 여름에 우리가 하와이 갔을 때, 해변에 앉아 이야기를 주고받았던 것이 좋았어요"와 같이 감각 정보를 주라.

6. 언제나 긍정적으로 감사를 표현하라. 구체적이고 감각에 기반을 두고 말하라. "당신은 위대한 엄마야"라고 말하는 대신에 "나는 엄마가 ○○○ 장난감 치우는 것을 도와주는 걸 봤어요. 엄마는 아이가 지친 것을 아는 것 같았어요. 나는 엄마가 아이들을 돌봐주며 양육하는 것이 참 좋아요"하고 말하는 것이 좋다.

7. 이행하기 쉬운, 챙겨주는 행동을 하라. 부정 사이클이 점점 악화되고 있다면 이것은 특히 좋다. 챙겨주는 행동이라는 것은 상대방이

좋아하는 행동을 말한다. 낮 동안에 전화를 해 "당신 사랑해"라고 말하는 것과 같은 행동이다. 만일 당신은 집에 있고 배우자가 가계 부양자라면, 배우자가 집에 왔을 때 피로를 풀 수 있는 약속된 시간을 주라. 둘이 맞벌이 부부라면, 서로 약속한 시간을 교대로 갖도록 하라.

8. 토의시간을 정하라. 구체적으로 토의할 시간을 정하라. 특별히 과거에 혼란을 야기했던 주제를 다루게 될 때는 시간을 정하고 이야기하라. 아니면 밤늦게 정하는 것도 좋다.

9. 신체적으로나 정서적으로 상대방을 달래고 진정시켜라. 배우자의 손을 잡거나 어깨에 손을 얹는 것과 같이 작은 몸짓을 보여주고 배우자를 만지고 터치하라. 나에게는 피드백을 요청하기 전에 포옹해도 되느냐고 물어보는 게 도움이 되었다. 물론, 배우자가 화가 나 있거나 흥분해 있을 때는 이렇게 하는 게 도움이 되지 않는다.

10. 유머를 사용하라. 유머는 긴장된 상황을 반전시킬 수 있다. 아마 당신은 여러 해 동안 농담이나 유머러스한 일화를 나눴을 것이다. 그것은 장인 장모에 대한 것일 수도 있고 함께 했던 경험에 관계될 수도 있다. 아니면 현재 진행되고 있는 사건과 관련해 말할 수도 있을 것이다. "적어도 내가 뉴욕시장보다는 양심적이잖아!" 아니면 "이보다 더 나쁠 수도 있었어. 당신이 이단 교주상대가 싫어하는 사람와 결혼하지 않은 걸 다행으로 알라고." 유머는 패턴을 바꿔놓을 수 있다. 물

론 유머를 잘못 썼다가 사태를 더 악화시킬 수 있다. 그러므로 조심스럽게 사용하여야 한다.

11. '느낌'을 탐색하라. 상대에게 지금 기분이 어떠냐고 물어보라. 그리고 방어하지 말고 경청하라.

12. 메타커뮤니케이션meta-communication을 사용해보라. 이 단어는 복잡하게 들리는 말이지만, 단순히 상대방에게 당신이 어떻게 의사소통할 계획인지를 미리 말해주는 것을 의미한다. 그리고 당신이 지금 말하려는 것은 어떤 악의를 품고 말하는 것이 아니라고 말해주는 것이다.

13. 감정의 홍수가 임박한 것 같으면, '중단'stop action을 불러라. 가트맨은 자신이 휴식할 때 맥박수를 재보라고 추천한다. 당신의 기본 맥박을 알아보라. 그런데 토론할 때 이것이 10%증가하면, 홍수가 나기 쉬우니까, 중단하라고 한다. 대개는 회복하는데 20분이 걸린다. 산책을 하거나, 심호흡을 연습하거나, 묵상을 하거나, 내일로 대화하는 시간을 재조정하라. 행동 중단은 가트맨 부부가 추천하는 수리기제 중 하나다. 나는 이 방법을 아주 좋아한다. 그러나 나의 내담자들이 초기 수리작업 중에 이것을 효과적으로 사용하지 못하는 것을 보았다. 성격이 급하고 반응적인 내담자 중에는 '행동 중단'이 효과적이라고 생각하는 것은 미친 짓이라고 나에게 말해주는 이도 있었다. 스트레스가 덜 되는 수리기제로 시작하는 사람들은 시간이 가면서

중단을 효과적으로 사용하였다.

배우자를 변화하게 만들기

인공두뇌학cybernetics은 하나의 체계에서 융통성이 있는 부분이 효과적
이며 그 체계를 통제할 가능성이 가장 크다고 가르친다. 상담과 치료학에
서, 거듭 거듭 나오는 말은 당신이 배우자를 변화시킬 수 없다는 것이다.

파트너들은 계속 그것을 시도한다. 그들은 거듭 같은 것에 대해 말다툼
을 한다. 이와 같은 말싸움은 결국 아무런 열매도 맺지 못하며, '끝이 없는
싸움'이라 부르는 지루하고 반복적인 싸움이 계속된다. 나는 책의 앞부분
에서 신디와 로버트를 예로 들었다. 각 사람의 행동이 상대방 행동을 촉발
한다. 이와 같은 논쟁은 두 사람의 친밀감을 심화시키지 못하며, 오히려 퇴
보시킨다. 각 사람은 배우자를 변화시키려고 애쓰며, 계속 같은 행동을 사
용하는데, 배우자는 변하지 않고 그대로 있다. 역기능성에 대한 '체계적 사
고'에서 나온 치료적 슬로건은 "변화시키려고 노력하면 할수록, 사람들은
그대로 있다."는 것이다.

당신의 배우자를 변화시키는 방법이 있다. 이것은 내가 이미 진술한 단
순한 규칙에 기반을 두고 있다. '만일 당신이 하고 있는 게 효과가 없으면,
다른 것을 시도하라'는 것이다. 당신이 이 진리를 파악하는데 핵물리학자
가 될 필요는 없다.

창조적 개입과 변화

엘마는 상담하려고 나를 찾아와, 남편이 일주일에 사흘 정도 저녁식사에 30분에서 1시간씩 늦는다고 불평을 했다. 남편의 이러한 행동이 그녀를 많이 힘들게 하는 게 분명했다. 그래서 내가 그녀에게 이 문제에 대해 무엇을 했느냐고 물었다. 그녀는 남편을 '이기적이고, 아무 데도 쓸데없는 게으름뱅이'라고 불렀다고 한다.

나는 그녀에게 이 꾸물대는 행동이 얼마나 지속되었느냐고 물었다. 그녀는 대답했다. "약 15년은 됐어요." 다시 나는 그녀에게 남편을 '이기적이고 아무 데도 쓸데없는 게으름뱅이'라고 부르는 것 외에 무엇을 해보았느냐고 물었다. 그녀는 대답했다. "아니요." 이 시점에서, 그녀의 욕지거리가 효험 없다는 것을 말해주려고 상담훈련을 받을 필요는 없다. 나는 그녀에게 남편의 꾸물거림에 대한 반응으로 전혀 다른 것을 시도해보라고 제안했다.

우리는 선택 가능한 다른 반응에 대해 대화를 나누었다. 나는 최면치료사 밀턴 에릭슨의 업적에 매료되어 있는데, 그는 치료 중 이례적인 개입을 하는 것으로 잘 알려져 있다. 나는 엘마가 해결책을 찾게 도와주려고 '패턴 방해'에 대한 그의 전략을 약간 수정하여 소개하였다.

나는 그녀에게 남편이 늦을 것 같다고 의심되는 어떠한 저녁에도 좋으니 빨간 꼬리가 달린 핑크 리어타드무용수나 여자 체조 선수가 입는 것 같은 몸에 딱 붙는 타이츠를 입어보라고 제안 했다. 그녀는 앞 시간에 이 옷에 대해 나에게 이야기했었다. 그녀는 여자들만 모이는 밤샘 파티에 이 옷을 입은 적이 있는데, 모든 참석자는 미친 여자처럼 옷을 입고 오라는 요청을 받았다.

그녀는 나에게 정말로 그렇게 하라는 것이냐며 내가 그런 제안을 하는 이유를 물었다. 나는 그녀에게 나를 믿고 그대로 해보라고 했다. 그래서 엘마는 내키지 않지만 나의 권고를 받아들여 남편을 맞이할 때 빨간 꼬리가 달린 핑크 빛 리어타드를 입었다.

삼 주가 지난 후, 나는 엘마와 다음 상담 약속을 잡았다. 내가 그녀를 보았을 때 그녀는 행복한 얼굴이었다. 그녀는 남편이 늦게 집에 왔을 때 빨간 꼬리가 달린 리어타드를 입은 자신을 보고 처음에는 한참 동안 자기를 '심문'했다고 한다. 그런데, 그날 저녁 이후, 13년 만에 처음으로 저녁식사에 단 1초도 늦지 않았다. 그는 아내가 미쳐서 제 정신이 아니라고 생각했을 것이다. 그래서 일찍 퇴근해 아내를 돌보기로 했던 것이다.

내가 묘사한 것과 같은 창조적 개입은 항상 효과가 있는 것은 아니지만—세상에 항상 효과가 있는 것이 어디 있는가—패턴을 방해하여 틀에 박힌 행동에 변화를 야기할 수가 있는 것이다. 여기서 중요한 요점은 만일 당신이 배우자의 행동을 바꾸고 싶다면, 먼저 당신의 행동부터 바꾸지 않으면 안 된다는 것이다. 바꾸어 말하면, 내가 당신을 바꾸고 싶다면, 내가 나를 바꿔야 하는데, 내 행동의 변화는 적어도 3개월 동안 지속될 필요가 있다. 3개월이 끝난 후에도, 당신이 원하는 것을 얻어내지 못했다면, 다른 것을 시도해 보아야 한다.

나는 비판을 완화시키는 가장 좋은 방법 중 하나를 발견했다. 그것은 문맥에서 벗어나 잘 사용하지 않는 용어를 사용하는 것이다. "당신 차고 문을 열어둔 채 나갔어요."라는 말에 "나도 알아. 오늘 교통이 너무 한가했지 뭐야"라고 반응하라.

당신의 비판자는 한가하다는 말의 의미를 생각해야 할 것이다. 그리고 한가한 것이 교통과 무슨 관계가 있는지를 생각해야 할 것이다. 비판하는 배우자는 혼돈에 빠질 것이고 이것은 패턴을 방해한다. 이렇게 하면 비판의 탄력이 줄어든다. 이것은 많은 경우에 효과가 있다.

어느 때 배우자가 변하지 않을 것을 알 수 있는가

당신이 3개월에 한 번씩 7가지 분명한 변화를 시도했는데도, 배우자에게 변화가 일어나지 않을 수가 있다. 그 시점이 되면, 당신은 그 관계에 계속 머물 것인지, 아니면 배우자는 변하지 않는다는 사실을 수용할 것인지를 선택하여야 할 것이다. 그리고 당신의 삶의 질을 향상시키는 옵션을 놓고 씨름을 해야 할 것이다. 당신이 한두 해 변화된 모습을 보여도 배우자로부터 아무런 도움 될 만한 반응이 없으면, 아마 심각하게 이혼을 고려해 봐야 할 때가 된 것이다.

나는 두 번째 원리를 거론했다. 이것도 책임의 소재를 자신에게 돌리는 원리다. '당신의 의사소통의 의미는 당신의 의도가 무엇이든 결국 당신이 얻어내는 반응에 있다.'

시의 '방법'The How of a Poem

한 번은 성 토마스 대학교에서 영시English poetr를 가르친 적이 있었다. 하루는 「How Does a Poem Mean?」이라는 제목의 책을 이용해 로버트 프로스트의 시를 몇 개 검토하였다. 시의 '어떻게'는 시인이 이야기를 하기 위해 문장과 소리를 함께 조합하는 방식을 예시한다. 나는 나의 레슨이 아주 재미있을 것이라고 생각했는데, 내 수업을 듣는 우수한 신입생들 대부분은 전혀 나의 열정을 공유하지 않고 있었다.

내가 출제한 작은 시험에 85%의 학생들이 낙제 점수를 받았다. 처음에 나는 화가 났다. 그리고 학생들의 게으름을 되씹고 반추했다. 나는 계속 되새김질을 하다가 문득 시의 '방법'을 가르치는 일에 내가 죽을 쓴 것이 아닌가하는 생각이 들었다. 시의 내용what보다 방법how을 검토하는 것은 상당한 전환이었다. 마침내 내가 잘 가르치지 못했다는 결론에 이르렀다. 학생들에게 책임을 돌리는 대신, 잘못 가르친 것에 대해 책임을 졌다. 그리고 다른 접근을 통해 충분히 좋은 반응을 얻어냈다.

우리가 행동하는 방식에 상호관계 책임을 지우면, 우리는 그것에 대해 무엇인가 할 수 있는 통제력을 지닌다. 우리가 행동하는 방식을 바꾸면, 우리는 다른 결론을 얻을 수 있다. 당신이 높은 자존감을 가질수록 좋지 않은 결과에 개인적 책임을 질 수 있게 된다.

성욕의 불일치

나는 로맨스 프로그램이 시드는 가장 극적인 효과는 테스토스테론 수준의 감소라고 언급했었다. 사랑에 빠져 심취하는 기간에 두뇌를 가득 채우는 화학물질은 극적으로 테스토스테론 수준을 끌어올린다. 테스토스테론의 기본 수준이 사랑에 빠지는 로맨스 프로그램 기간이 얼마였든 간에 우리가 사랑에 빠져 있는 기간 동안 이 남성 호르몬 수준은 급증한다.

테스토스테론 두뇌 잠식 기간이 얼마나 지속되는지는 아무도 확실하게 모르지만, 피셔에 의한 새로운 발견은 17개월이 평균이라고 본다. 그리고 2장에서 언급한 것처럼, 다른 연구자들 사이에 사랑에 빠지는 기간은 12개월에서 18개월까지 지속된다는 사실에 높은 수준의 합의가 이뤄져 있다. 나는 거절을 경험한 파트너에게는 그 기간이 더 길어질 수 있고 사랑하는 사람과 결혼하지 못한 사람에게도 그 기간이 길어질 수 있다는 것을 발견하였다. 일단 신경전달물질이 감소하면, 성욕도 함께 떨어지게 된다.

섹스의 빈도도 결혼을 하고 세월이 가면서 상당히 떨어진다는 것은 잘 알려져 있는 사실이다. 10년 이상 결혼한 부부들은 섹스보다는 서로 존경하고 찬사를 주고받으며, 파트너와 우정을 누리며, 상대를 안전기지로 삼는 것에 더 가치를 둔다.

당신의 첫째 아이가 도착하면

존 가트맨과 줄리 가트맨 부부는 130쌍의 신혼부부를 대상으로 장기간 연구를 시행하였다. 연구가 끝났을 때, 그들은 다음과 같은 결론을 내렸다. '새로운 데이터에 우리는 충격을 받았다. 신혼부부의 2/3가 그들의 첫째 자녀가 태어난 후에 매우 불행하다고 보고했다.'2014년 Psychology Today 9월 호에 게재한 John Gartner, '아동우상'에서 인용함

두 파트너의 테스토스테론은 아기가 생긴 후에 감소한다.여성의 경우가 더 심하다 그리고 이것은 한 명 이상의 자녀가 생기면서 더 심화된다. 다시 한 번 말하지만, 자연은 재생산과 복잡성을 증가시키는데 더 관심이 있는 것 같

다. 그러나 T테스토스테론가 높은 배우자가 T가 낮은 배우자를 유혹했을 경우, PRSD사랑 후 스트레스 장애는 아주 영향이 크다. 특히 해결책을 찾기 위해 아무 노력을 하지 않을 경우, 충격은 더 강하다. T가 높은 배우자가 가장 상처를 받는 것이 사실이지만, T수준이 낮은 배우자는 성적 철수의 기간이 길어질수록 거절감을 느낀다.

제1부에서, 셜리의 "우리 서로 애무만 합시다"에 폴이 "좋아"라고 반응했을 때, 그 말은 "모든 것이 좋다"는 의미가 아니었다. 그것은 분노를 느낀다. 보복할 필요가 있다는 것을 암시하는 말이었다. 그리고 콜비의 마돈나 성욕부진증 후에 샌드라는 다시는 섹스를 주도하지 않게 되었다고 말한 것을 기억해야 한다.

마술적 해결책은 없다

솔직히 말해서 아직까지 성욕 불일치의 문제에 대해 마술적 열쇠를 찾았다는 사람을 만나지 못했다. 많은 이들이 좋은 게임을 추천하는 데, 그들이 성공했다는 소식은 어떤 종단적 연구에서도 아직 발견되지 않고 있다. 나는 대부분의 사람들보다 성적 치료의 성공에 대해 더 낙관적이다.

패트 칸스Pat Carnes 박사는 이 분야의 선구자인데, 우리의 메도우스 치료센터에도 상당히 효과적인 치료 프로그램이 있다. 만일 원가족의 차이와 발달의존성 상처가 충분히 좋은 방식으로 다뤄지지 않으면 성적 이슈는 가중될 것이다. 그리고 커플이 그들의 서로에게 끌리던 초기 매력 단계를 재정의 하는 단계에 도달했다면, 상담자는 다음 같은 말을 듣기 시작할 것이다. "나는 애초에 행크에게 매력을 느낀 적이 없다고 생각해요.", "저는 제가 미숙하고 외로웠다고 생각해요.", "실험단계를 통과한 것이 아닌가 싶어요."

나는 부부가 높은 수준의 악취와 혐오 수준에 도달하면, 서로에게 다양한 수준의 혐오감이 생긴다고 말한 나단손Nathanso 박사의 말에 동의한다. 나는 이 과정을 완만하게 통과한 부부를 아직 만나지 못했다. 사랑에 빠진 커플을 바라보면서특히 환상적 섹스로 나타나는 높아진 테스토스테론에 뿌리를 둔 행동 수많은 시간을 상담실에서 보냈다. 나는 이미 어떤 배우자라도 처음 사랑에 빠졌을 때와 같은 기분을 계속 느끼고 있다면 그것은 분명 비정상적인 것이라고 제안하였다. 내가 상담한 몇 명의 부부는 규칙적인 성생활을 했는데결혼한 지 수년 동안 적어도 하루에 한 두 번씩 섹스를 했다 이들이야말로 미성숙한 부부였다. 그들의 결혼은 지속되지 않았다. 나는 이것이 절대적 사례라고 생각하지는 않지만 어느 정도 신빙성은 있다고 본다.

다시 찾아본 로맨스

기억은 선택적인 것이다. 결혼 후반기에는 대개 어느 정도의 기억상실이 있어 서로 반해 열정적 사랑을 했던 시절의 성적 강도는 기억이 나지 않기 마련이다. 그러나 성욕 장애를 다룰 때, 첫눈에 반해 사랑에 빠졌을 처음 몇 달 동안 그들이 기억하는 것에 초점을 맞추면 커플에게 도움을 줄 수 있다. 서로를 처음 보았을 때를 기억하게 하고, 사랑에 빠졌을 때의 감정이 어떻게 발전했는지를 기억하게 하고 각 파트너로 구체적이며 감각에 기반을 둔 기술description을 하도록 요청해 보라.

애정 어린 행동은 로맨스 프로그램의 필수적인 부분이다. 처음에 연인들은 유희적이고, 많이 웃으며, 서로에게 많은 애정표현쓰다듬고 애무하고을 한다. 서로 사랑에 빠져 있는 초기 단계에는 많은 포옹과 키스, 그리고 부드러운 터치가 있다. 포옹과 즉흥적 키스는 챙겨주는 행동들이다. 밤에 어떤 기대도 없이 애무를 하다보면 애무 이상으로 발전하기도 한다. 사랑에 빠진 커플은 함께 일하고 서로를 도와 문제를 해결한다. 그들은 상대방의 필요를 자신의 우선순위로 삼는다. 위대한 정신의학자 해리 스택 설리반은 사랑이란 사랑하는 사람의 필요와 안위가 나의 필요와 안위만큼 중요하게 느껴지는 상태라고 정의하였다. 참된 사랑의 기준은 사람이 상대방의 걱정을 자기 자신의 걱정만큼 신경 쓰는 것이리라.

커플들을 상대로 일하면서, 나는 그들이 함께 공유한 경험을 일깨워 주는 것이 유익하다는 것을 발견했다. 내가 상담했던 한 특정 부부는 계속해서 옥신각신했는데, 그들의 공유한 초점은 그들의 후손이었다. 그들에게는 학습지체아가 있었는데, 두 부부는 함께 아이가 빨리 학습을 따라가게 하는 방법을 찾으며 아이를 도와주었다. 또한 그들은 딸의 자존감을 높이기 위해서 자녀와 함께 하는 시간을 마련하기로 합의했다.

초기의 사랑에 빠진 행동은 남성에게 특히 중요하다. 남성은 대개 테스토스테론 레벨이 더 높다. 피셔는 설문조사를 통해 여성이 연애편지나 시, 정감어린 행동 등 사랑의 제스처에 더 쉽게 감동을 받고 성적으로 흥분한다는 것을 발견하였다. T테스토스테론가 높은 남자와 T가 낮은 여자를 위해, 이 애정어린행동을 하는 것이나 그런 행동을 처음으로 하는 것은 성교를 주도하는 강력한 촉진제가 될 수 있다. 나는 PEA/도파민칵테일사랑호르몬이 바닥나면서 일어나는 일을, 부부가 이해하는 것은 크게 도움이 된다는 것을 발견하였다. 그러면 T가 높은 파트너는 감소된 성욕을 거절이나 사랑의 종말로 공연히 오해하지 않게 될 것이다.

당신의 성생활에 대해 말하라

섹스에 대해 논의하는 것은 중요하다. 어두운 방에서 섹스를 하는 것, 섹스 하는 중에 침묵하는 것, '더러운 쌍말을 하는 것', 상대방에게 무엇이 성적으로 당신을 흥분하게 하는지를 상세하게 말해주는 것과 같이 당신을 성적으로 흥분하게 하는 의식에 대해 이야기하는 것은 도움을 줄 수 있다. 다른 사람들에게는 자기 나름으로 성감을 불러오는 다른 특별한 의식이 있을 것이다. 나는 한 여성이 남편에게 구체적으로 무엇이 자기를 흥분하게 하는지 이야기하는 것을 들은 적이 있다.

어떤 성욕은 이상하게 보일지 모르지만, 우리 모두는 독특한 '성욕자극 모형'templates of arousal이 있다. 우리 파트너는 마음을 읽는 독심술사가 아니다. 이 방면에서나 다른 형태의 의사소통에서도, 배우자는 우리가 기술 describe하거나 실제로 보여주기 전에는 정확하게 무엇이 우리를 흥분하게 하는지 알 수 없다.

한 커플과 상담을 하는데, 아내가 그녀의 남편에게, 단계적으로, 하나씩, 생생하게, 자기가 무엇을 좋아하고 원하는지를 정확하게 말해주었다. 그녀는 어떤 것도 상상에 맡기지 않았다. 어떻게 키스받기를 원하는지, 키스의 강도, 지속시간 등을 상세하게 기술했다. 그녀의 이야기는 그녀의 몸 위에 그가 어디를 갈 필요가 있는지, 일단 그곳에 도달하면 어떻게 해주기를 바라는지를 정확하게 알려주는 에로틱한 도로 지도로 발전했다. 그녀는 심지어 각 부위에 그가 얼마나 오래 동안 머물러 있어야 하는지도 말해주었다. 그러면 쾌락의 고속도로에 있는 동안 자기가 어떻게 화답할 것인지도 말해주었다. 그녀는 고상한 척하며 말을 아끼는 여자가 아니었다. 그리고 그렇게 드러내놓고 나눈 것에 대한 보상은 남편과의 생동감 있고 활기 넘치는 성생활이었다.

사업을 위한 프레젠테이션을 하는 것처럼, 때에 따라서는 시각적 보조가 당신의 요지를 전달하는데 도움이 될 수 있다. 나의 내담자 중 하나는 자기 아내에게 오럴섹스 하는 법을 보여주기 위해 남근대용품dildo을 사용하였다. 그들의 성생활은 그 결과 생기를 되찾았다.

처음에는 당신의 소망과 필요를 말하는 것이 불편하게 느껴질 수 있겠지만, 시간이 지나면, 당신이 진짜로 원하는 방식을 시연할 정도로 안전하게 느껴질 것이다. 이것을 마치 당신의 등에 가려운 곳에 대해 말하는 것과 같다. 당신이 누구에게 당신의 가려운 곳을 긁게 한다면 가려운 곳이 어디인가를 말하고 그 지점을 발견할 때까지 실험하지 않겠는가? 이 경우에는, 그곳이 당신의 G 스폿이다.

마돈나 성욕부진증

마돈나 성욕부진증과 동일시하는 사람들을 위해서, 즉 머릿속에서 "사랑하고 아끼는 사람과는 섹스를 안 하는 법이야"라는 메시지가 돌아가는 사람들에게는 말해주고 싶다. 당신은 낯선 사람들에 대한 '더러운' 환상을 의지적으로 제거하고 그것을 배우자에 대한 에로틱한 환상으로 대치해야 한다. 시간은 걸리겠지만, 이것은 큰 도움이 될 것이다. 나는 그들의 공상 생활을 바꾸고 몇 가지 불안감소 연습을 하게 함으로 마돈나 성욕부진증이 있는 몇 사람을 도와주었다.

내 내담자 가운데 한 사람은 모계중심 가족 안에서 수치심을 안고 자랐다. 결과적으로, 그는 자기가 선정적인 늙은 여자의 노예라고 상상하기를 좋아했다. 그는 자기 엉덩이에 고착되어 있었는데 그의 공상은 그가 그들의 이 특정 부위만 쾌락을 느끼게 해줘야 한다는 것을 중심으로 돌아갔다. 그는 아내를 참으로 사랑했지만, 아동기의 문제 때문에, 육신적인 쾌락을 수치스런 공상과 연계하였다. 나는 그를 도와 건강한 성애는 부부관계에서 중요하다는 것을 깨닫게 해주었다. 그리고 몇 가지 관점을 바꾸게 하여, 그의 공상을 재구성함으로 아내와 신나는 성생활을 누릴 수 있게 되었다. 나는 그가 아내의 풍만한 둔부를 부드럽게 만지는 것을 상상하도록 도와주었다. 그가 아내의 엉덩이에 머리를 대고 누울 수 있는 쿠션이라 생각하고 그것을 아내의 친절하고 양육적인 여성성과 연계하라고 제안하였다.

그 당시에는 약간 진부하고 이상하게 보였지만, 그대로 해서 효과가 나타났다. 그가 아내의 상냥함과 양육적인 것에 초점을 맞추고 아내를 전인격으로 보고, 성적 쾌락을, 인격과 단절된 엉덩이가 아닌, 또 다른 하나의 인격과 연계하게 되었다.

빌과 쑤는 어떻게 되었나

4장에서 거론했던 빌과 쑤가 PRSD사랑 후 스트레스 장애로 성적 벽에 부딪혔을 때, 나는 몇 회기에 걸쳐 그들을 만나 그들의 성생활에 무슨 일이 벌어지고 있는가를 이해하게 도와주었다. 특별히 PRSD가 T테스토스테론가 낮는 배우자의 성적 철수행위에 어떤 영향을 미치고 있는지를 이해시켰다.

또한 장기 결혼에 대한 연구에서 새로 발견된 결론을 이해하도록 도와주었다. 세월이 가고 자녀가 생기면서, 두 사람은 성적 욕구가 떨어지게 된다. 자녀를 낳아 기르면서, 두 사람의 테스토스테론 수준도 떨어지게 마련이다. 그리고 자녀가 부부의 주요한 초점이 될 때, "100여개가 넘는 연구는, 첫째 아이의 출현과 함께, 그리고 마지막 자녀가 대학으로 떠날 때까지, 결혼만족도가 급감함을 보여준다."John Gartner, 아동우상, Psychology Today 수년에 걸친 과학적 연구를 마친 존 가트맨은 결론을 내렸다. "대부분의 불행한 결혼은 자녀라는 똑같은 바위에 부딪혀 허우적거리는 것 같다."

처음에 빌은 이들 정보에 전혀 수용적이지 않았다. 그는 연애기간에 경험했던 환상적인 섹스를 원했다. 그는 자기와 결혼하려고 자기를 성적으로 이용했다고 쑤를 비난했다. 그들의 첫 아이가 태어난 후, 빌의 성적 욕구는 많이 감소했었다. 두 번째 아이가 태어났을 때, 나는 두 사람에게 그들의 성적인 불꽃을 되살리기 위해 몇 가지 운동을 해볼 것을 설득했다. 나는 모든 부부에게 만지고 안아주는 운동을 하라고 한 것은 아니다. 빌과 쑤처럼 이 운동을 한 부부들은 서로를 잃고 그들의 새로운 가족을 상실할 만큼 가치 있는 것은 아니라는 것을 깨닫고, 자존심을 버리고, 이 운동을 실시하였다.

빌은 자신의 취약하고 연약한 부분을 드러내는 것에 지나치게 남성화된 두려움이 있었다. 이와 같은 두려움을 대부분의 남성 내담자들에게서 발견하였다. 남자들은 어릴 때부터 그들의 감정을 선반 위에 올려놓으라고, 특별히 슬픔을 보여서는 안 된다고 가르침을 받는다. 그들은 아픈 것을 내색하지 말고 어떤 연약함도 보여서는 안 된다고 조건적으로 길들여졌다. 이것 때문에 불가피하고 지나치게 남성화된 거짓된 자신을 만든다.

내가 빌과 쑤에게 해보라고 권유했던 가장 중요한 과제는 매주 둘 만을 위해 특별한 시간을 가지라는 것이었다. 이 시간은 예를 들어, 수요일 저녁 늦은 식사, 토요일 아침 겸 점심과 같이 구체적이고 현실적이어야 했다. 자녀들은 이 시간이 부모만을 위한 시간이라는 것을 알 필요가 있다.

가장 좋아하고 사랑에 빠진 행동들

나는 빌과 쑤에게 그들의 연애초기에 특히 가치가 있었던 행동 가운데, 가장 좋아하고 사랑에 빠진 행동의 목록을 만들어보라고 과제를 주었다. 나는 그들에게 접촉과 친밀감을 촉진하는 바소프레신vasopressin과 옥시토신oxytocin과 같은 화학물질에 대한 좋은 정보를 주었다. 나는 그들의 성생활 향상을 위해 행동을 개시한다는 계약서를 쓰게 했다.

황홀감은 덜하지만 '아직 좋아요'

빌과 쑤의 성생활은 로맨스 기간에 비하면 즉흥성과 황홀함이 떨어졌지만, 성적 접촉을 유지하겠다는 각오가 서면서, 강력한 화학물질인 바소프레신과 옥시토신이 그들의 어색함을 완화시켜주었다.

시상하부와 생식선에서 주로 만들어지는 두 개의 가까운 호르몬인 바소프레신과 옥시토신은 애착과 연관된 여러 가지 행동을 만들어낸다. 바소프레신은 자연이 애착을 위해 만든 화학물질이다. 바소프레신은 동물 가운데 수컷이 부성적 본능을 느끼게 하는 화학물질인 것으로 보인다.

옥시토신도 시상하부는 물론 난소에서 만들어진다. 옥시토신은 출산과정에 모든 암컷 포유동물에서 분비된다. 과학자들은 옥시토신이 엄마와 아기 사이의 결속을 자극하며, 성인 남녀 간의 애착의 느낌을 자극한다는 것을 보여주었다. 바소프레신과 옥시토신은 둘 다 성관계 중 성기를 자극하고 오르가슴을 하는 동안에 분비된다. 옥시토신은 특별히 강력한 작용을 하는데, 피부를 터치에 민감하게 하며 고요하고 잔잔한 느낌을 야기하기 때문이다. 옥시토신은 또한 건망효과가 있는데, 적어도 잠시 동안 부정적 기억을 차단한다.

그들의 초기 PRSD사랑 후 스트레스 장애 후에, 빌과 쑤는 약간의 시간이 지난 다음 다시 정기적인 섹스를 누리게 되었다. 그들의 성생활은 좋을 때와 나쁠 때가 있었는데, 이것은 예상하지 못한 바가 아니었다. 나는 이 부부를 11년간에 걸쳐 지켜보며 상담했다. 지난 번 마지막으로 보았을 때, 이들은 성생활에 만족하고 있었다.

구강성교 Oral Sex

내가 어린 사춘기 시절에는, 구강성교가 매우 금기시되던 비밀이었다. 나의 어머니 세대에는 오럴섹스는 눈살을 찌푸리게 하는 주제였고 혐오스러운 주제였다. 케이가 '호프 스프링스' 영화에서 오럴섹스에 대해 보였던 반응을 기억하는가. 오늘날에 와서 이것은 점점 용인되고 받아들여지고 있다. 그리고 오늘날의 연인들 사이에서는 흔해진 것으로 보인다.

지난 수년에 걸쳐, 오럴섹스에 대해 상담을 요청하는 여성들이 있었다. 그들은 새로운 연인과 처음으로 쿤닐링구스cunilingus: 입술이나 혀로 여성의 성기를 애무하는 행위를 경험했는데, 좋았지만 더러운 기분이 들었다고 했다. 다른 사람들은 펠라티오fellatio: 남성 성기에 하는 오럴 섹스를 즐긴 것에 대해 수치심이나 죄책감을 느꼈기 때문에 나에게 와 상담을 했다. 많은 이들이 자기 연인의 정액을 삼켰는데, 비록 흥분해 오르가슴에 도달하기는 했지만, 스스로 더럽다고 느꼈다.

성적으로 흥분시키는 모형으로 구강성교는 완전히 자연스러운 것이다. 우리가 사랑할 때, 우리는 사랑하는 연인과 통합하고 싶어 한다. 우리는 그들과 하나가 되고 싶다. 그리고 연인을 성적으로 만족시키는 것은 이 욕구를 채우게 도움을 준다.

나는 오럴 섹스로 그들의 성생활을 활기 있게 유지하는 여러 쌍을 상담했다. 그들은 손으로나 입으로 서로를 즐겁게 하는 것이 덜 위협적으로 느껴졌다고 했다. 비록 아놀드는 오럴섹스를 시도해보고 싶어 했지만, Hope Springs 영화에 나오는 케이와 아놀드처럼, 다른 부부는 결코 구강성교에 참여하지 않았다. 나는 안아주거나, 터치하거나, 키스하는 연습이 어떤 부부들에게는 실제로 오럴 섹스로 이어지는 것을 발견하였다.

오럴 섹스는 로맨틱한 감정을 강화한다. 뉴욕대학교의 심리학자 고든 갤럽은 헬렌 피셔와의 개인적 대화에서, 자기의 연구에 의하면, 일반적으로 오럴 섹스와 특히 정액은 낭만적 열정에 기여하는 면이 있다고 밝혔다. 고든 교수와 연구원들은 정자를 둘러싼 정액에는 도파민과 노르에피네프린뿐 아니라 타이로신도 포함돼 있는데, 이는 두뇌가 도파민을 더 생산하는 데 필요로 하는 아미노산이다.Why We Love, p.195 남성 사정 액에도 테스토스테론과 여러 가지 에스트로겐, 옥시토신과 바소프레신이 포함되어 있는데, 이 모든 호르몬이 낭만적 감정에 기여한다. 정액 안의 여러 에스트로겐은 여성의 흥분과 오르가슴을 보조한다.

정액과 우울증

고든 갤럽과 그의 연구 학생, 리베카 버취와 스티븐 플라텍은 「성행동 기록보관소」라는 논문집에 논문을 제출했는데, 그 논문에서 "정액은 항우울성 물질을 포함하고 있는가?"라고 묻고 있다. 그들은 정액이 여성에게 항우울제가 될 수 있는 몇 가지 방법을 제안하였다. 정액에는 베타엔돌핀beta-endrphin이 포함되어 있는데, 이는 두뇌에 직접 도달해 몸과 마음을 진정시킬 수 있는 물질이다.

남성 정액은 이 책에서 다루고 있는 세 가지 기본적 짝짓기 충동을 위한 필수 요소들을 모두 포함하고 있다. 낭만의 느낌과 로맨스 프로그램은 강화된 에너지와 열정적 행동의 결과다. 물론 이런 요소들은 우울증에 걸린

사람 속에 공존할 수 없는 것이다.Why We Love, p.196

나는 이 말의 신화성을 없애기 위해 오럴 섹스를 거론하였다. 빅토리아 시대에는 혼외의 섹스는 더러운 것으로 간주되었다. 그러나 우리는 그 단계를 지나왔다. 오럴 섹스에 대해서도 같은 말을 할 수 있을 것이다. 이것도 한때는 타락한 행동으로 간주되던 시절이 있었다. 우리는 성적인 존재다. 그리고 나는 이 논의가 당신의 성생활에서 배우자를 기쁘게 하는 이 국면을 더 탐색하도록 도와주기를 바란다.

접촉을 잃지 마세요 : 섹스는 당신에게 좋은 것이다

중요한 것은 부부가 문제를 회피하거나 문제에 대해 대화하는 것을 거절하지 않는 것이다. 그리고 이보다 더 중요한 것은 부부가 계속 섹스를 한다는 것이다. 성생활을 하는 것은 애착을 창출하도록 돕는다. T테스토스테론가 낮은 배우자가 섹스를 사랑이 담긴 돌봄의 선물로 생각할 수 있다면, 오르가슴 동안에, 남자에게는 바소프레신이 급증하고 여자에게는 옥시토신이 증가하기 때문에 섹스는 도움이 된다. 바소프레신과 옥시토신이 '애무 호르몬'cuddle chemicals이라고 불리는 이유가 여기에 있는 것이다.

이 두 호르몬은 남자와 여자 사이의 연합과 친밀감과 애착에 이바지한다. 성교의 행위를 활발하게 유지하는 것이 당신의 관계를 위해 중요하다. 섹스는 당신을 위해 좋은 것이다. 섹스는 당신의 피부와 근육과 신체조직을 탄력 있게 하는데 도움이 된다. 이것은 흥분을 제공하는데, 옥시토신과 바소프레신은 테스토스테론을 증가시킨다. 이것은 로맨스와 성적 욕망의 연료가 된다.

부부가 그들의 성애를 유지할 필요가 있는 또 다른 이유는 이것이 서로에 대한 애착을 증진하고 자극하기 때문이며, 또한 원초적 낭만적 에너지를 새롭게 재생하기 때문이다. 이것은 절대적으로 꼭 필요한 것이다. 왜냐하면 어느 정도의 흥분과 행복감이 없으면, 권태나 '지긋지긋한 일상성'terrible dailiness이 두 사람의 부정적 특성을 드러내기 때문이다.

'말 안함' 규칙을 바꿔보라

당신의 성생활에 대해 이야기하는 것은 중요하다. 그렇지 않으면, 테스토스테론 수준이 높은 배우자가 징징거리고 잔소리하며 비판할 것이다. 이것은 테스토스테론이 낮은 배우자가 더 멀어지게 만들 것이다. 그러면 내가 앞에서 언급한 '바가지 긁는 사람/침묵의 악순환'에 들어갈 것이다.

'신체적 완력'으로서 의지는 내가 앞에서 언급했던 원리이다. 그리고 이것을 인식하는 것이 중요하다. 당신은 기분 내키는 대로 행동하는 것보다 올바른 행동을 해서 올바른 기분으로 전환하는 것이 낫다는 것이다.

T테스토스테론가 낮은 사람은 섹스를 할 기분이 나지 않을 것이다. 그러나 두 사람이 이 문제에 대해 이야기하고 합리적 시간을 갖고, 성적인 행동을 하기로 계약을 맺는다면, T가 낮은 배우자는 즐거운 섹스를 누리게 되기가 쉽다. '애무 호르몬'이 분비될 것이고, 당신은 더 가깝게 느끼게 될 것이다.

비중격만곡증deviated septum : 휘여진 경막 을 되돌아보다

케이와 아놀드는 영화 '호프 스프링스'에서 그들의 결혼 상태를 '비중격 만곡증'이라는 말로 표현했다. 관계가 비정상적으로 휘어진 부부들은 최악의 경우, 호흡하는 것도 힘들어한다. 자동적으로 하락하는 단계들이 이 지점에 도달하면, 커플의 결혼은 악취와 혐오에 도달하게 되는데, 이것은 서로를 거의 동물적으로 거절하는 상태가 된다. '호프 스프링스'라는 영화에서 아놀드로 행동하게 했던 단 한 가지는 치료사가 그에게 케이가 귀가하면 아마도 그에게 이혼을 요청할 것이라고 말해주는 장면이었다. 아놀드는 재빠르게 행동을 취할 필요가 있었다.

결혼이 〈사랑 후 스트레스 장애〉PRSD 3등급에서 낮은 지점에 도달하면 커플은 빨리 그 상태에서 벗어나야만 한다. 그렇게 하는 것은 치료사의 도움이 없이 어려울 것이다. 왜냐하면 곤경에 빠진 부부가 스스로의 노력으로 '함정'을 벗어나기가 어렵기 때문이다. 그들의 핵심적 역기능성의 패턴은 이 단계에서 완전히 무의식적이다. 대부분의 사람은 일반적으로 욕망과 특별히 성적 욕망이 그들의 견고한 자아정체감과 긴밀하게 통합되어 있다는 것을 완전히 의식하지 못한다. 높은 수준의 욕구장애가 있는 부부들을 보면 어떤 것에도 별로 욕망이 없다. 그들에게는 야망이 거의 없으며, 김빠지고 지루한 생존방식에 정착해 버렸고, 섹스를 비롯해 삶의 어느 측면에 대해서도 별다른 욕구가 없다.

아놀드와 케이가 호프 스프링스에서 치료사와 아무런 좋은 결과를 내지 못하는 것처럼 보일 때, 그들이 완성하려 시도했던 연습문제가 그들의 두뇌를 바꾸는 영향을 미쳤다. 케이의 이혼하기 위해 떠나겠다는 강력한 움직임이 새로워진 성생활을 자극하는 촉진제가 되었다. '행동 원칙'은 부부의 성적 행동을 새롭게 하는데 있어 무엇보다 중요하다.

Post-Romantic Stress Disorder

11

2단계 '나'me 영역 : 상호의존으로 가는 관문으로서 독립

네 이웃을 네 자신과 같이 사랑하라.

마가복음 12:31

해리엇 러너는 그녀의 아주 유익한 책 「친밀감의 춤」The Dance of Intimacy 에서 다음과 같이 쓰고 있다. "어떤 관계 문제를 변화시키는 것은 직접적으로 그 관계에 더 깊이 헌신하는 우리의 능력에 달려 있다. 분명하고 온전하며 분리된 '나'가 없이는, 관계가 지나치게 강력하거나, 지나치게 거리가 있거나, 또는 둘 사이에서 왔다 갔다 하게 된다."

앞에 나왔던 7장에서, 나는 가족의 기본적 임무는 그 모든 구성원들에게 분화differentiation를 허락하는 것, 되고 싶은 사람이 되게 하는 것, 그래서 자신만의 독특한 소명과 운명을 발견하게 하는 것이라고 진술했다.

너 자신을 알라 : 그리스 신화에서

그리스 신화에서, 아폴로신전의 신탁은 문제를 제시한 사람들에게 "너 자신을 알라"고 말했다. 이것은 아무래도 신비스러운 대답처럼 보였다. 사실, 이 단순한 가르침은 어려운 주문이며 혼자서는 이행할 수 없는 것이다. 우리 자신을 발견하는 것은 전인적인 발달 과정이다. 이것은 우리의 어머니나 일차적 돌봄 제공자가 반영하는 얼굴에서 시작한다. 이것은 아동기를 통과하며 계속되다가 위대한 심리학자 에릭 에릭슨이 '정체감의 위기'라고 불렀던 사춘기 후기와 성인기 초기 도달하게 된다. 이것은 우리가 사랑에 빠질 때, 애착관계를 맺고, 성숙한 애정관계를 창조하려 시도할 때에도 계속된다. 우리가 누구인지 아는 것은 해결되지 않은 자신의 문제로 다른 사람을 부담스럽게 하는 일을 멈추는 길이다.

「인생 후반에 의미를 발견하기」에서, 제임스 홀리스 박사는 "우리가 우리 자신에 대해 모르는 것은 거의 언제나 다른 사람들에게 큰 부담이 되는 것으로 드러난다."고 쓰고 있다. 홀리스 박사가 염두에 두었다고 믿는 것은 우리의 발달단계의존욕구결핍, 우리의 해소되지 않은 애도 그리고 우리의 그림자 즉 무의식, 우리가 타인에게 투사하는 우리의 소유되지 않은 부분들이다.

'거짓 자기'가 되는 것의 위험성

참으로 자신을 모르는 것은 사랑에 빠지는 문제에 이르면 재앙이 된다. 사랑의 열병 속에 빠져 있는 사람은 자신의 내면적 자아에 대해 반추할 수 있는 능력이 사라지고 또한 그들을 황홀한 상태에 묶어두고 있는 투사를 정리할 수 있는 능력도 잠정적으로 멈춘다. 뿐만 아니라, 우리가 사랑에 빠지면, 우리의 투사들이 우리가 사랑한다고 고백하는 타인을 비인격화한다.

사람에게 진정한 자기 개념이 없거나 자기혐오나 유독성 수치심이 가득하면, 그들은 거듭 거듭 사랑하려 시도하지만, 그들이 원하는 사랑의 주제는 자신의 공허함을 대상화한 투사가 된다. 그리고 그들의 연인은 정신적 유물이 된다. 건강한 자기 정체감을 개발하는 것은 우리를 위한 자연의 계획이 구체화되는 것이다.

자기와 참된 자기

우리는 견고한 자기 정체감이 없이는 진정으로 사랑하지 못한다. 20세기 말을 대표하는 두 명의 위대한 정신과 의사 해리 설리반과 스캇 펙은 자기 됨selfhood을 포함하는 사랑의 정의를 제공하였다. 펙은 사랑을 '자기 자신과 타인의 영적정신적 성장을 도모할 목적으로 자기 자신을 확대하려는 의지'라고 정의하였다. 설리반은 내가 사랑하는 사람의 감정과 필요와 욕구가 나 자신의 그것만큼이나 나에게 중요할 때 거기에 사랑이 존재한다고 생각했다. 누구든지 펙과 설리반이 묘사한 것과 같은 방식으로 다른사람을 사랑하려면 견고한 자기 정체감solid sense of self을 가져야 한다.

'참된 자기'란 무엇인가?

지금까지 모든 영적 전통은 우리에게는 독특하고 되풀이할 수 없는 자기가 있다고 가르쳐왔다. 대부분의 영적 전통들은 이러한 참된 자기를 영혼이라고 불렀다. 우리 조상들이 영구불변한다고 믿었던 부분이다. 많은 사람들은 영혼과 같은 단어를 좋아하지 않는다. 그래서 나는 모든 사람이 갖고 태어난 참된 자기의 존재를 가정하는 심각한 과학적 용어를 제시하려 한다. 나는 독자의 시선을 진화심리학의 최근 작품으로 돌리려 한다. 이 책은 맬콤 슬라빈과 다니엘 크리그만이 쓴 「인간 정신의 적응적 설계」 The Adaptive Design of the Human Psyche라는 제목이 붙어있다.

여기서 저자들은 말한다. "애초부터, 우리는 우리 자신에 대해 주어진 어떤 것을 알 수 있는 나름의 암시적 직관 능력이 있다. 우리에게는 일단의 동기가 있는데, 이것들은 대체로 관계의 영향으로부터 독립되어 있다. 우리는 결코 '동기는 오직 살아본 경험에서만 나오는 것'이라는 주장을 허락하는 방식으로 설계할 수 없었다."

슬라빈과 크리그만은 참 자기를 알 수 있는 우리의 직관적 능력을 강조하고 있다. 그들은 우리의 참된 자기가 우리의 일생을 통해 협상되고 재협상된다고 믿는다. '참된 자기는 타인의 존재 앞에 혼자일 수 있는…그리고 우리 자신에게 주어진 일정한 조건을 직관적으로 알 수 있는 직관적 능력에 수반하는 것이다.'고 쓰고 있다. 다른 곳에서 그들은 참된 자기는 '생동 감각, 누가, 무엇이 당신을 살아나게 하는지, 당신은 관계적 맥락 안에 어디에 속하는지를' 주목해서 경험할 수 있다고 주장한다.

프로이드와 억압

슬라빈과 크리그만은 프로이드Freud가 억압이라고 지칭했던 것이 우리의 '참된 자기'와 가장 밀접한 관계가 있다고 믿는다. 우리는 참된 자아를 소유하는 것이 우리에게 안전하다고 확신할 때까지 참된 자기를 억압한다. 제임스 힐만은 「영혼의 코드」The Soul's Code라는 제목의 책을 썼는데, 그는 이 책에서 유명한 인사들이 차례로 아동기에 자기의 참 자기를 억압하다가 성인기에 이르러 참 자기가 만발한 것을 보여주고 있다. 북극을 발견한 페리 제독은 자기 어머니 곁을 거의 떠난 적이 없는 '계집애 같은 사람'이었다.

스페인의 투우사 매놀릿은 11살이 될 때까지 소심하고 두려움이 많으며 섬세하고 병약한 사람이었다. 그가 12살이 되던 해에 모든 것이 변했다. 그는 투우에 집착하면서 십 대 후반에 투우를 시작했다. 그는 옛날 스타일을 바꾸고 투우제도의 이상을 새롭게 해서 두각을 나타냈는데, 면도날같이 날카로운 뿔로 자기에게 으르렁대며 달려오는 1000파운드가 넘는 검은 황소를 용감하게 직면하였다. 그는 서른 살에 Islero라는 황소에게 생명을 잃었는데 동물은 그의 사타구니와 배를 들이받았다. 한 때 소심했던 소년은, 무명의 인물로 사라질 뻔 했으나 국가적 영웅이 되었다. 사람들은 스페인 역사상 가장 큰 장례인파를 목격하였다.

아마도 가장 좋은 예는 오프라 윈프리일 것이다. 그는 가난한 가정에 태어나 어려운 아동기를 보냈다. 처음에 그녀의 할머니가 미시시피에서 어린 그녀를 양육했다. 그러다가 밀워키에 있는 그녀의 어머니가 양육했고, 마지막으로 테네시에 있는 아버지가 양육했다. 그녀는 9살 때부터 세 명의 남자에게 성적 학대를 당했으며, 두려움과 떨림 속에서 생활했다.

그녀는 책과 배움 속에서 위로를 찾았으며 십대가 되면서 학대를 피해 가정에서 도망쳤다. 좌절한 어머니는 그녀를 내쉬빌에 있는 아버지에게 보냈다. 아버지는 엄격했으나 그녀를 격려하는 사람이었다. 그는 교육에 우선순위를 두었다. 그녀는 고등학교를 졸업하고 방송국에 취직했다. 처음에 그녀는 뉴스 진행자와 보도 기자 사이에 허둥대면서 자기의 진로 문제로 갈등했다. 너무 감정적이라는 평가를 받기도 했다.

그러나 그녀는 마침내 토크 쇼 진행자로서 자리를 잡았다. 그 선택은 그녀로 안전함을 느끼게 했고, 그녀의 참된 자기가 출현하도록 만들었다. 한 때 삽베 자루로 만든 옷를 입어야 했던 이 가난한 소녀가 가장 부유하고,

가장 영향력이 있으며, 세상에서 가장 인정받는 여인 중 하나가 되었다.

독특한유일무이한

우리는 독립심과 견고한 자존감이 있어야 한다. 그렇지 않으면 우리는 제대로 사랑할 수도 없고, 우리가 사랑하는 사람에게 우리 자신을 줄 수도 없다. 내가 누구인지도 모르는데, 내가 어떻게 당신을 마음을 다해 사랑하겠는가? 나의 견고한 자기분화감은 내가 존재하는 핵심적 이유다.

나 자신이 되는 것은 나의 소명과 운명의 성취이다. 내가 된다는 것은 내가 누구인지를 안다는 것이다. 내가 이곳에서 무엇을 하고 있는지에 대한 어느 정도 확실한 감각이 있는 것을 암시한다.

예수회 시인 저라드 맨리 홉킨스는 그의 시 '물총새들이 불이 붙고'의 한 구절에서 이것을 아름답게 표현하였다.

> 사멸하는 모든 것은 저마다 한 가지 일을 행하나니
> 저마다 내면에 거주하는 존재를 표출하고 있다.
> 자신을 표현한다-자신을 행한다. '자신'을 말하고 쓴다.
> '내가 하는 것이 나이며, 그 때문에 내가 왔다'고 외치면서

연인들은 서로 참된 자기를 실현하도록 도와주기 위해 진부하고 사소한 어린애 같은 철없음을 거두어 내야 한다.

마치…인 것처럼 행동하라

위대한 영적 거장들은 전능하신 하나님께서 너무 광대하셔서 조물주의 한 측면만을 나타낼 수 있게 하였다고 주장했다. 그들은 우리 각자가 특별하고 미묘한 뉘앙스이며, 창조주의 특별한 성육신이라고 주장했다.

당신이 참으로 사랑하는 사람을 생각해보라. 만일 그들을 묘사하는데 단 한 단어를 사용한다면 그것이 무엇이겠는가? 아들, 존John을 위해서 '객관적이고 정직하다'를 선택할 것이다. 아내, 캐런Karen을 위해서 '신실하고 공감적이다'를 선택할 것이다. 딸, 아리엘Ariel을 위해서는 '독립적이고 호기심이 많다'를 선택하겠다. 손녀딸 브렌다Brenda를 위해서 '용감하고 단호하다'를 선택할 것이다. 양아들 브래드Brad를 위해서는 '별나고 창의적이다'를 선택하겠다. 나는 이와 같이 계속 할 수 있을 것이다.

내 요지가 전달되었기 바란다. 분명한 특성이 그 소유주가 독특한 것을 나타낸다. 그들은 하나님이 소유해야 하는 특성이기도 하다. 나의 아들, 딸, 아내, 손주의 특성을 알기에, 나는 창조주의 본질에 즉각적인 느낌이 있는 것이다.

신성한 사랑Sacred Loving

그러므로 서로를 알고 사랑하므로, 우리는 신적인 것을 살짝 살펴볼 수 있는 것이다. 그 그림자는 오직 당신과 오직 나만 드러낼 수 있는 것이다. 그래서 당신을 알고 사랑함으로, 나는 당신만이 나타내는 하나님의 어떤 측면을 알고 사랑할 수 있다. 당신은 하나님의 특별한 빛을 계시할 수 있는, 도서관의 유일한 책이다. 그리고 당신이 죽을 때, 이 책은 영원히 사라진다. 그러므로 만일 우리가 함께 성숙한 사랑을 창출할 수 있다면, 우리는 자연을 초월하여 우리의 영성을 풍요롭게 할 수 있다. '독특한 성육신이론'은 하나의 믿음이다. 절대로 증명할 수 있는 것은 아니다. 나는 이 이론을 당신에게 강요하는 것은 아니다. 그러나 이것이 사실이라고 가정해보자. 신성함으로 이뤄진 세계에 산다는 것이 얼마나 놀라운가! 각 배우자가 파트너를 신성하고 거룩한 계시로, 하나님의 작은 성육신으로 본다고 상상해보라.

2단계에 있는 나의 내담자들에게, 즉 성숙한 사랑을 개발하는 중에 있는 이들에게, 이 신학적 입장이 사실인 것처럼 살아보라고 과제를 주었다. 어떤 경우에는, 나는 이것을 하나의 과제로 내주면서, 90일 동안 이 이론이 사실인 것처럼 살아보라고 부탁했다. 소수의 사람들에게 이것은 효과가 없었다. 그러나 이 믿음을 실천한 수많은 사람들에게, 그 결과는 나의 예상을 뛰어넘는 것이었다!

저 위대한 유대인 신학자 마틴 부버가 '나와 너'의 관계에 초점을 맞추었을 때, 그는 특별한 신성함을 염두에 두었다. 나와 너는 서로를 도와 서로의 참된 독특함을 충분히 실현하게 도와준다. 그리고 그 독특함 속에, 그들은 창조주 하나님을 실현하도록 돕는다. 우리의 전체 생애는 우리만이 구현하는 신성의 뉘앙스를 계시할 수 있는 단 하나의 성육신적 존재가 되어가는 여정이다. 그리고 그것은 다른 방법으로는 알려질 수 없는 것이다. 창조의 모든 것, 특히 사랑의 가장 높은 수준은 신적인 생명과 사랑이 어떤 것인가를 보여주는 놀라운 계시의 일부인 것이다. 그러므로 커플은 서로를 위해 여기에 있다. 시인 릴케가 말한 것처럼, 각자는 '타인의 고독을 지지하는 후견인'이 되어야 한다. 참된 사랑을 위해, 우리는 서로가 '당신이 떠있는 물'시인 데이비드 화이트가 사용한 표현을 찾아주는 발견의 촉진자가 되어야 한다. 당신을 움직이게 하는 물은 정확하게 무엇인가?

릴케는 '백조'라는 시를 썼다. 그 시에서, 그는 백조가 땅 위를 걸을 때 얼마나 어색한가를 기술하고 있다. 물속에서 나오면, 즉 소명과 목적을 떠나 밖으로 나오면 백조는 어색하다. 일단 백조가 물을 찾으면, 그들은 은혜의 소용돌이에 밀려가는 듯 힘들이지 않고 움직인다. 릴케는 말한다. 백조들은 '왕과 같이, 여왕과 같이' 된다. 이 시를 읽은 다음에, 시인 데이비드 화이트David Whyte는 우리에게 묻는다. '당신을 움직이게 하는 물은 어디에 있는가?' 당신의 삶에서 당신이 가장 은혜로울 수 있는 곳은 어디인가? 당신을 살아나도록 하는 사람들은 누구인가?

슬라빈과 크리그만이 참된 자기를 활력과 살아있는 자리, 당신에게 딱 맞는 자리라고 불렀던 것을 기억하라. 당신이 그 행동, 그 자리, 그 사람들을 발견한다면, 당신은 소명과 운명의 장소를 찾기 시작한 것이다. 사랑의 위대한 행동 가운데 하나는 서로를 도와 우리의 '물'을 찾게 하는 것이다. 각자가 상대의 촉진자가 되고, 각자가 서로의 내조자가 되는 것이다.

로맨스와 정욕의 더 큰 목적은 다른 사람과 참된 연결감, 애착을 성취하는 것이다. 당신은 어머니와 '안정된 애착'을 경험하였기 바란다. 만일 제대로된 애착을 맺지 못하였다면, 새로운 애착경험이 당신을 치유할 수 있을 것이다.

상호적 사랑과 지원

아내의 작품과 그녀의 놀라운 프로젝트를 지원하면서, 내가 아주 초월적인 장소로 옮겨가고 있다는 것을 어떻게 알 수 있는가? 나는 나 자신을 뛰어넘을 수 있는 것을 깨달았다.나에게는 넘어갈 자기가 있었다 마찬가지로, 아내는 사랑의 동기로 나의 사역을 칭찬했고, 워크숍에 참여했으며, 내가 그들의 절단된 환상과 어린 시절의 장애를 포기하도록 도와주는 정도가 아니라 훨씬 더 많은 일을 하고 있다고 인정해 주었다. 나는 그들에게 희망을 선사하고 있었고, 자기 발견의 여정에 들어가도록 도와주었고, 집으로 들어가는 긴 여정에 적극적인 조종사가 되고 있었다.

부부는 성장하는 사랑 속에서 특히 2, 3단계에서 전에는 알지 못했던 영역으로 들어간다. 그러나 그들은 결혼 초기에 어린애처럼 떼쓰고 싸우는 과정 없이 그곳에 도달하지 못했을 것이다. 스캇 펙 박사가 말했듯이, "우리의 갈등은 용기와 창의력을 불러낸다." 우리의 갈등은, 여러 가지 면에서 용기와 진정성을 만들어낸다.

반영하기 | mirroring

갓난아이였을때 우리는 우리를 반영하는 어머니 눈을 통해 자신을 알게 되었다. 2단계에서 우리는 사랑하는 이들의 양육적 눈을 통해, 참된 친구들의 눈을 통해 자신에 대해 배웠다. 나는 2단계에서 배우자간에 존재하는 많은 우정을 보아왔다.

다행스럽게도 2단계에 오면 결혼한 부부는 자기들이 어디를 다녀왔는지를 깨닫는다. 그리고 무엇을 버리고 무엇은 지킬 가치가 있는지를 안다. 어떤 것은 참된 자기에게 적합하고 활력이 넘치기 때문이다. 또한 어떤 문제는 결코 완전히 해소되지 않는다는 것도 안다. 2단계에 도달하면 각 배우자는 살아있는 지혜를 얻는다.

AA익명의 알콜중독자 모임에서 사용하는 평온을 비는 기도가 있다. "하나님이여, 나에게 변화시킬 수 없는 것은 수용할 수 있는 평안함을 주시고, 내가 바꿀 수 있는 것은 변화시킬 수 있는 용기를 주시며, 이 둘을 구별하는 지혜를 주시옵소서."

지혜라는 것은 당신의 실제 강점과 한계에 대해 아는 것이다. 지혜는 우리에게 누군가를 사랑하는 가장 위대한 은사를 준다. 우리는 전혀 다른 비전의 은사를 가질 수 있다. 우리는 우리 배우자의 다름을 다름으로 볼수 있게 되는 것이다. 우리는 그들을 '나의 영역'안에서 본다. 이 '나'의 영역은 아장아장 걷는 유아기에 시작해서 분리되어, 개인적 자아경계선의 기초를 형성하면서 발달한 것이다. "아니요"라고 말하는 것, "싫어", "그건 내거야"라고 선언하는 것은 누군가에게 자기 됨selfhood의 첫 번째 진술이다. 우리 각자는 우리의 안전지대를 떠날 용기가 있었고, 생기로 우리를 다른 사람들로부터 분리하고, 우리의 참된 자기를 찾도록 용기를 주었다. 경계선에 대한 이들 초기의 유연한 시도에 실패하는 것은 그런 것들이 후에 환경에서 재연된다는 것을 의미한다. 성인기에 이런 것들이 재연될 때는 이들은 더 혼란스럽고 해를 끼친다.

다행스럽게도, 이러한 퇴행된 정서적 장벽은 해결될 수 있는 것이다. 그리고 각 파트너는 각자 어린아이의 일을 포기하는 지점에 도달할 수 있다.

그들은 견고한 정체감을 가진 성인이 될 수 있다. 성인이 된다는 것은 유치함을 포기하고 유쾌한 어린아이Childlike Adult 같이 생활하는 것을 의미한다. 또한 견고한 정체감이 있다는 것은 어느 정도 침투할 수 있는 경계선이 있는 것을 의미한다.

경계선

LA에 사는 나의 좋은 친구 잭 솔Jack Soll은 다음에 나오는 내용을 나와 나누었다. 경계선은 한 나라의 국경선과 같은 것이다. 우리가 이 나라에서 저 나라에 들어가려면 여권이 필요하다. 경계선은 마치 우리만이 열 수 있는 문들과 같다. 우리의 발달단계의존욕구결핍을 다루는 것은 우리를 도와 좋은 경계선을 개발하게 한다.

발달 과정상의 의존욕구에는 다음과 같은 것이 포함된다.

1. 당신만의 공간을 가질 수 있는 권리

2. 누가 당신을 터치할 수 있는가를 결정할 권리
   어디서 당신이 그들을 터치할 수 있는가를 결정할 권리

3. 당신이 언제, 어디서, 어떻게 상대방을 성적으로
   대우할까를 결정하는 권리

4. 감정의 중립성에 대한 권리

    감정은 옳은 것도 아니고 틀린 것도 아니다.

    그저 당신이 느끼는 것일 뿐이다.

5. 자신의 아이디어와 의견에 대한 권리

    당신은 단순히 자기의 생각의 결과를 취할 수 있다.

6. 당신 자신의 하나님을 선택하고 자신의 취향에 따라

    예배드릴 수 있는 권리

한 사람의 견고한 자기분화를 구성하는데 여러 가지 요인이 있다. 경계선이 없이는, 아무도 견고한 자기정체감이 있을 수 없다. 어떤 경계선은 순전히 성별 지향적인 것이다. 예를 들어, 남성은 자기만의 공간을 원하고 필요로 한다.그러나 그 장소가 동굴 속일 필요는 없다 그리고 많은 여성이 혼자만의 시간에 대한 강력하고 특별한 욕구가 있기는 하지만, 일반적으로 여성은 함께 하는 것을 좋아한다. 여성은 그들의 감정을 억제하는 법을 알지만, 일반적으로 감정 나누기를 좋아한다. 여성은 자기의 취약함을 남자들만큼 두려워하지 않는다.물론, 규칙에는 언제나 예외가 있다

자기분화정도를 측정하는 연습문제

스스로 우리 자신을 기만할 수 있는 가능성은 매우 크다. 우리는 수시로

우리의 견고한 정체감을 점검해볼 필요가 있다. [차트 11A]는 당신의 자기분화 정도를 점검해 보는 테스트다. 어떤 설문지도 모든 것을 다 담을 수 없지만 이 검사를 해보면 자기분화에 관련된 기초 문제들에 대한 감각을 얻을 수 있고, 더 작업해볼 필요가 있는 영역에 대한 정보도 얻게 될 것이다. 이들 10개의 진술문은 자아경계선을 다루고 있다. 낮은 점수는 당신이 그 특정 이슈에 어느 정도 열정을 쏟아야 한다는 것을 보여주는 것이다. 각 진술문과 관련해-4, 3, 2, 1 등-점수를 배정하고 나서, 총점을 더해보라. 당신의 총점이 18점 이하이면, 당신에게는 할 일이 있다.

Chart 11A 당신의 견고한 정체감을 위한 테스트

당신의 경험에 근거해 다음 문장 끝에 적절한 숫자를 적어 넣으라.

- 언제나 그렇다 : 4
- 자주 그렇다 : 3
- 가끔 그렇다 : 2
- 결코 그렇지 않다 : 1

1. (   ) 내가 무엇을 느끼는지 알고 나의 감정을 표현한다. 그렇게 하는 것이 적절할 때 특별히 분노를 느낄 때 그렇다.

2. (   ) 나의 필요욕구와 가치가 무엇인지를 안다. 그리고 이런 것

이 위협을 받으면, 태도를 분명히 하고 물러서지 않는다.

3. (   ) 나의 강점과 약점취약점에 대해 균형 있는 그림을 가지고 있다. 그리고 나의 중요한 타인들에게 그 그림을 제시한다.

4. (   ) 나의 어렵고 고통스런 문제를 다루며, 나에게 중요한 문제에 대해 입장을 밝힌다.

5. (   ) 다른 사람과 나의 차이점을 진술한다. 그리고 다른 사람에게도 그렇게 하도록 허용한다.

6. (   ) 사태가 심각해질 때도 중요한 타인들에게 정서적으로 연결되어 있다.

7. (   ) 나는 불안과 두려움을 경험할 때 마음을 가라앉히고 자신을 진정시키는 법을 안다.

8. (   ) 나를 고립시키지 않으면서다른 사람으로부터 철수하지 않으면서 고독나 자신과만 혼자 있는 것을 즐긴다.

9. (   ) 우주 속의 내 자리를 안다. 나는 사랑하고, 존귀하게 여기며, 존경하는 전능자a Higher Power를 선택했다.

10. (   ) 나에게 닥치는 고난을 받아들이고 그것을 성장할 수 있
는 기회로 알고 상대한다.

자연의 욕구는 우리가 연인을 발견해, 그들과 애착관계를 맺고, 가족을
이루는 것이다. 그러나 사랑에 대한 필요는 로맨스 프로그램보다 훨씬 더
넓은 것이다. 성숙한 사랑은 주고 싶은 마음을 요구한다. 우리가 사랑 안
에서 성장할 때, 우리는 스스로를 돌보듯이 상대방에 대해 돌아보게 된다.

Post-Romantic Stress Disorder

12

3단계 '우리들' 영역 : 사랑의 결정체로서 상호의존

모두 하난듯, 함께 자랐어.
둘로 보이나 실은 하나인 앵두처럼,
한꼭지에 붙은 쌍딸기처럼,
갈라졌으나 하나에서 출발해 하나로 끝이나는 방패문장처럼
두 몸이지만 한마음으로

세익스피어 「한 여름 밤의 꿈」 3.2, 208-12

[차트 7C]에서 두 번째 네모에 들어있는 '상호의존'을 보라. 나는 이 마지막 단계를 '두 사람이 서로 다른 악기로 같은 노래를 연주하는 것'에 비유하고 싶다. 그들은 각자 자신만의 기술을 갖고 있다. 남자는 피아노를, 여자는 바이올린으로 둘이 함께 연주할 때, 그들은 하나의 노래를 만들어낸다. 노래는 그의 것이나 그녀의 것이 아니다. 노래는 그들의 것이다. 둘이 공유한 창조물이다.

고령의 랍비

1976년에, 고령의 랍비 메나헴 멘델 모겐즈턴은 말했다. "내가 나이기 때문에 내가 나이고, 당신이 당신이기 때문에 당신이 당신이라면, 나는 존재하고 당신은 존재한다. 그러나 만일 당신이 당신이기 때문에, 내가 나이고, 내가 나이기 때문에 당신이 당신이라면, 그렇다면 나는 존재하지 않고 당신도 존재하지 않는다." 나는 이 진술문을 나의 네 권의 책에 인용했다.

랍비는 '두 사람의 독립이 없으면, 관계는 상호의존이 있을 수 없다'는 것을 틀림없이 이해했다. 각 전인each whole person은 다른 사람을 전인으로 사랑한다. '나와 너' 부류의 사랑 어린 연합에는 거룩함이 있다. 각 파트너는 전인이기 때문에 그들은 '궁핍'하지 않다. 그들에게 필요한 것은 있지만, 그들을 온전하게 만들기 위해 상대가 필요한 것은 아니다. 각자가 서로 나누는 그들만의 생활이 있다. 시인 칼릴 지브란Kahlil Gibran이 말한 것처럼, 그들은 함께 하는 것 속에 공간이 있다. 각자에게 견고한 자기정체감sense of self이 있기 때문이다. 그들은 서로에게 공간을 내어줄 정도로 충분히 강하다. 그리고 그렇게 하는 가운데, 서로를 더 잘 알 수 있다. 또 지브란은 말한다. "등산가에게 산은 평지에서 볼 때 더 잘 보인다."

독립은 상호의존을 가능하게 만든다. 건강한 독립감각이 없으면, 어떤 면에 나는 결핍을 느끼기 때문에 당신을 사랑할 것이다. 나는 건강하게 사랑할 필요에서가 아니라, 나의 필요함 때문에 당신을 사랑할 것이다. 에리히 프롬은 그의 책 「사랑의 기술」에서 유명한 구분을 하고 있다. 그는 묻고 있다. "당신은 내가 필요하기 때문에 나를 사랑하는 겁니까, 아니면 당신은 나를 사랑하기 때문에 나를 필요로 하는 것입니까?" 우리 중 아무도 완벽한 사람은 없다. 우리의 모든 사랑에는 어느 정도 필요한 부분이 있을 것이다. 그러나 이상적인 것은 하나의 인간으로서 사랑하는 것이 나의 본성이기 때문에 내가 당신을 사랑하는 것이다. 그러므로 당신이 필요하기 때문에 당신을 사랑하지 않는다. 나의 본질과 인간됨의 한 부분으로서 사랑할 필요가 있는 인간이기 때문에, 나는 당신을 사랑하기 때문에 당신이 필요하다.

부부가 '우리'의 영역을 향해 나아갈수록 서로를 보다 즉흥적인 방식으로 보게 된다. 당신이 어떤 사람이나 행동을 고정된 방식으로 정의하면 그의 이미지를 변화시키는 것은 어렵다. 일종의 경직된 선입견이 당신의 마음에 자리 잡을 수 있다. 그리고 이와 같은 편견적 정의가 있으면 당신의 입장을 지지할 정보를 찾는 성향이 있다. 이와 같은 얼어붙은 편견적 견해는 부부가 상호의존 단계에 이르렀을 때 사라져야 한다. 물론 각 파트너는 배우자의 독특한 개성이나 짜증나게 하는 결함을 알고 있다. 그리고 때때로 커다란 소란이 있을 수도 있겠지만 언제나 어디까지 가도 결코 격노하지 않는 일정한 한계선이 있다.

데본스

데본스 부부는 내가 크게 존경하는 커플이다. 그들은 고등학교 시절에 만난 연인으로서, 잭은 23살, 샤론은 19살이었을 때, 결혼했다. 데본스 부부는 결혼한 지 몇 달 만에 우선적으로 PRSD사랑 후 스트레스 장애 충격을 겪었다. 내가 이들을 처음 만난 것은 이 무렵이다. 이들은 3주째 성관계를 중단하고 있었다. 그들이 처음 나를 찾아왔을 때 이들은 '성적 간격'에 대해 혼란을 겪고 있었다.

잭과 샤론은 둘 다 열정적인 사람들이었다. 그들의 로맨스 단추가 떨어져 나갔을 때 이들은 전혀 준비가 돼 있지 않았다. 네 번째 상담을 받고 나서 다시 현실로 돌아왔다. 나는 그들에게 별 부담이 없는 접촉을 시도하게 하고 서로 손을 잡는 연습을 하게 했다. 이것은 그들을 본 궤도에 올려놓는데 도움을 주었다. 나는 그들을 일요일에 수시로 만나보았다. 우리는 좋은 친구가 되었다.

데본스 부부는 둘째 아들이 태어나고 나서 또 다른 PRSD 충격을 겪었다. 잭은 그의 첫째 아들에게 전적으로 빠져 지냈다. 샤론은 잭이 사랑과 애정을 첫째 아들에게 보이는 것에 비해서 둘째 아들에게 무심한 것 같아 걱정하고 있었다. 그들의 성생활은 온건한 PRSD에 빠져들었다.

잭과 샤론은 둘 다 직접 해보는 체질이었다. 두 사람은 높은 수준의 테스토스테론이 있었으며, 통제하는 것에 익숙해 있었다. 이 상황은 그들을 놀라게 했다. 그들의 의식적이고 무의식적 분노는 성을 유보하는 것으로 드러나고 있었다.

데본스는 학습 면에서 극히 솔직하고 유순한 사람들이었다. 우리는 몇 차례 상담을 통해 상황을 탐색하였다. 잭은 그의 첫째 아들에게 홀딱 반했는데, 이것은 드문 현상이 아니다. 그러나 샤론이 그녀의 감정을 표현한 다음, 잭은 새로 태어난 아들에게도 깊은 헌신을 하고 있다고 다짐해주었다. 그들이 올바른 궤도에 진입하게 된 것은 몇 차례 만지고 안아주는 연습을 하고 난 후였다. 몇 차례의 상담 회기는 서로에게 분노를 표현하는 방법을 터득하게 도와주었다. 전에는 그들이 결코 그렇게 해본 적이 없었다.

매년 그들은 새로운 여행을 떠난다. 가끔은 이전에 크게 즐겼던 곳을 되풀이해 가곤 한다. 잭과 샤론은 좋은 건강의 축복을 받았고, 몸무게를 유지하기 위해 열심히 노력했다. 그들은 캠핑, 낚시, 등산 등 야외활동을 좋아했다.

여러 해에 걸쳐 이들은 여러 곳으로부터 학문적인 프로그램을 주문하였다. 그들은 함께 공부하며 통찰을 나눴다. 두 사람의 마음은 늘 배우는 학생이었고 배우고 나누는 것을 좋아했다. 데본스 부부가 모든 결혼한 부부에게 제공할 수 있는 진짜 교훈은 그들이 공유하고 있는 열심과 열정과 새로운 것을 추구하는 마음이다. 그들은 스스로 생기가 넘치는 생활을 하려고 열심히 노력했고 새로운 것을 함께 했다.

새로운 것을 함께 하면 로맨스가 살아난다

이 책을 위해 조사하면서 새로운 것을 함께 하는 것이 낭만적 열정을 되살릴 수 있다는 많은 연구결과를 발견하였다. 나는 이미 앞에서 PEA/도파민칵테일사랑호르몬이 위험과 두려움과 역경 때문에 강화된다는 것을 진술한 바 있다. 흥분이 되며 약간 위험한 새로운 경험을 추구하는 것이 당신과 참신한 경험을 공유하고 상대방에게 열정을 만들어내는 자극제가 될 수 있다.

아트 아론과 크리스티나 노먼에 의한 연구는 위험하고 흥미 있는 새로운 활동들이 실제로 낭만적 사랑을 자극할 수 있다는 것을 보여주고 있다. 다른 연구들도 신나는 일을 함께 하는 부부는 그들의 관계에서 이미 더 많은 만족을 경험했다는 것을 보여주고 있다. 한 연습은 재미가 있었고 하나는 무미건조했다. 흥미 있는 연습을 한 부부만이 낭만적 사랑을 경험하였다.

데본 부부의 궁극적 새 모험

결혼 40주년을 맞으면서, 상황이 변해 데본 부부는 새로운 아이를 입양하게 되었다. 잭은 62세 샤론은 58세가 되었다. 이들이 아이를 입양했을 때 아름다운 여자 아기는 채 한 살이 안 되었다. 잭은 늘 여자 아이를 기르고 싶었다. 그들의 새로운 딸이 처음에는 부부에게 약간의 스트레스를 안겨주었다. 딸의 존재가 삼각관계를 유발했는데 똑똑한 두 부모가 아이를 기르는 방법을 놓고 논쟁을 벌였기 때문이었다. 나는 여자 아이를 양육하는 문제를 놓고 전문가를 만나 상담해보라고 권면하였다. 그들은 부모로서 진짜 마음을 나누게 되었다. 두 부부는 부모역할이라는 전혀 새로운 경험이 그들의 관계를 더 친밀하게 만들어주는 계기가 되었다고 표현하였다.

8년 후, 잭은 나에게 말했다. "70 나이에, 나는 어린 딸아이를 따라 가느라 애를 먹고 있어요. 어린 아이가 자라는 것을 지켜보는 것보다 스릴 넘치는 일은 없을 거예요. 집에 오면 아이가 달려 나와 안기는 게 얼마나 좋은지 몰라요." 나에게 분명하게 다가오는 것은 두 부부의 너그러운 마음이 한 어린 아이를 구했다는 것이다. 샤론은 그들의 딸은 잭의 것도 아니고 자기의 소유도 아닌 '우리의 소유'라고 나에게 말했다.

내가 마지막으로 데본 부부를 만났을 때, 잭은 나에게 결혼 49년 만에, 자기와 아내의 성생활은 만개하고 있으며, 과거 어느 때보다 친밀한 연합과 유대를 누리고 있다고 말했다. 샤론도 전적으로 동의했다. 데본 부부는 결혼기념일 다음날 새로운 결혼계약서를 쓴다. 그들은 매 5년마다 서약을 새롭게 갱신하고 함께하는 생활을 하고 있다.

양극화와 친밀감

'우리들'의 영역은 말 그대로 '우리들의 것'이다. 당신의 것도 아니고 내 것도 아니다. 그것은 함께 우리의 것이다. 이 단계에서 데본 부부는 서로에게 취약하며, 함께 버티면서 친밀감에 대해 많은 것을 학습했다. 잭과 샤론은 내가 참된 친밀감에 대해서 믿고 있는 바를 확인해주었다.

[차트 12A], '친밀감의 윤곽'에서, 당신은 친밀감에는 여러 가지 양극화가 포함되어 있다는 것을 알게 될 것이다.

안정적plateau 친밀감

사랑의 자생적 단계인 제3단계가 되면, 우리가 사랑에 빠졌을 때의 황홀한 친밀감은 사라지지만 안정적 친밀감이라 부르는 것은 있을 수 있다. 데본 부부는 그들의 삶 가운데 '대양적 일체감'oceanic feeling of oneness이라 묘사한 순간들이 있었다. 그들이 함께 한 지속기간은 매우 중요하다. 이것은 당신이 사랑에 빠진 로맨스 프로그램 동안에는 없었던 것이다. 샤론은 한때 나에게 말했다. "갈등은 있을 수 있지만 아무도 상처받지 않는다는 것을 아는 게 중요합니다."

자기 개방은 친밀감의 가장 어려운 부분이다. 특별히 당신이 유독성 수치심으로 고생하였다면 더 그렇다. 유독성 수치심의 성격 자체가 바로 숨는 것이기 때문이다. 당신은 아무도 당신에게 결함이 있고 흠이 있다는 것을 모르기를 원한다. 여러 해 동안 사랑하고 자신에게 작업을 한 후에, 서로에게 있는 그대로를 수용하게 되면 유독성 수치심은 대개 사라진다.

회계피차 책임을 물음: accountability와 협상성negotiability

회계결산는 언제나 친밀한 관계에서 중요한 부분이다. 나는 나의 배우자에 대해 책임이 있다. 그리고 내가 행한 것에 대해 책임을 져야 한다. 그러나 우리의 관계도 협상이 가능하다. 우리는 때때로 똑같은 것을 하기를 원치 않는다. 그리고 우리가 서로 존중하며 협상하는 것은 가능하며, 서로를 당연하게 생각하면 안 된다.

친밀감은 몇 가지 양극을 포함한다 :

황홀감	지속기간
사랑에 빠진 낭만 프로그램 때문에 특히 놀라운 섹스로 느끼는 극단적 일체감의 순간들	서로를 시험하고 신뢰할 수 있는 충분한 시간. 시간은 커플에게 자신을 알고 서로를 아는 일에 자라갈 시간을 허용한다
정서적 따뜻함	갈등 역량
사랑받는 것에 대한, 친절하고 관대하며 상대방에 대해 양육적인 것에 대한 좋은 기분	효과적, 주도적 의사소통 기술로 분노와 원한을 표현하는데 필요한 신뢰와 정직성
자기개방의 용기	허용함
상대가 진정한 자신의 모습을 알도록 허용함. 배우자에게 우리의 취약성을 보여주는 것을 배우는 겸손함	서로의 고독과 프라이버시 관리인이 됨
서로 책임을 짐	협상성
상대에게 의무감을 가짐 우리의 시간과 행동에 대해 상대에게 회계함	우리의 사적인 관심사와 활동과 성장욕구에 대해 협상할 수 있음

'나는 당신 없이는 못 살아'

간단하게 말하자면, '충분히 좋은' 친밀한 관계에서, 한 사람이 상대방을 사랑하는 것은 상대방의 존재 자체가 바람직하게 인식되기 때문이다. 사람은 그가 갈망하는 사람 속의 주관적 공백을 채우려는 이유 때문에 그 사람을 사랑하는 일은 회피해야 할 것이다. 그런 상황에서는 사람이 자기의 필요를 충족시키려는 방편으로 상대에게 끌리기 때문이다.

'나는 당신 없이 못 살아'는 아주 위험하고, 동반의존적인 진술이다. 두 명의 불완전한 반쪽짜리 인간은 하나의 온전한 사람을 만들 수 없다. 배우자를 '나 보다 나은 반쪽'my better half이라 부르는 것은, 과거로부터 내려오는 표현인데, 크게 진실을 오도하는 문장이다. 반쪽의 반쪽은 1/4쪽이다. 결혼을 지속하고 있는 50% 부부의 17%는 스스로 줄어든 기분을 느끼고 있다. 각 사람은 자기가 얻을 수 있는 것의 1/4을 얻는다. "나는 당신이 없는 삶을 살기를 원치 않아"라고 말하는 것이 더 건강하게 자기를 표현하는 방법이다.

친밀감의 범주

사람들은 로맨스와 섹스의 맥락에서만 친밀감을 생각한다. 그것은 물론 강렬하고 아름다운 친밀감의 영역이다. 그러나 친밀감은 섹스와 로맨스만 관련된 것이 아니다. '친밀감의 범주'라는 제목이 붙은 [차트 12B]를 보라.

나는 부부가 나눌 수 있는 12가지 활동을 열거했다. 배우자와 내가 우리 자녀를 양육하는 것에 대해, 우리가 자녀들에 대해 걱정하는 것에 대해 생각했다. 이것은 깊은 나눔의 시간들이었으며, 우리를 더 가깝게 했다. 목록을 한 번 살펴보라. 어떤 기억이 떠오를지도 모른다.

친밀감의 범주

친밀감을 나누는 영역은 관계의 가능성만큼이나 넓다. 보다 흔한 형태의 친밀감에는 다음과 같은 것이 있다.

* 정서 : 공감 또는 공감적 경청
* 오락 : 재미있는 시간과 함께 노는 것
* 성 : 에로스적이고 오르가슴을 나누는 가까움
* 지성 : 아이디어의 세계를 공유함
* 일 : 공통된 과업을 나눔
* 심미 : 아름다움의 경험을 공유함
* 창조 : 함께 창조하는 행위를 공유함
* 위기 : 문제와 고통을 대처함
* 헌신 : 공통된 자기관심사에서 상호적으로 함께 함
* 종교 : 궁극적 관심사를 나눔
* 의사소통 : 모든 유형의 친밀감의 원천
* 갈등 : 갈등 중에 우리 자신을 드러내면서 서로에 대해 배우게 됨

고독loneliness 대 독거solitude

친밀감이 항상 바람직하지 않다는 것을 아는 것이 중요하다. 인간의 생활에는 어느 정도 고독한 시간이 필요하다. 고독과 독거는 다르다. 고독은 충족되지 않은 사람들의 특성이며, 과거로부터 해소되지 않은 다양한 이슈가 있는 사람의 특성이다. 사실, 온전하기 위해서는 독거가 필요하다. 왜냐하면 독거 속에서 각 사람은 자기를 경험하기 때문이다. 또 이 분리는 우리가 다른 사람의 참된 독특성을 볼 수 있게 해준다. 우리가 서로의 독특한 자기를 보려면 거리가 필요하다. 친숙함 속에 상실되지 않으려면 거리가 필요하다.

친숙함은 혐오감을 낳는다

하나의 커플로서, 두 명의 온전한 사람이 새로운 것을 추구하고, 새로운 것을 배우고, 모험을 함께 한다. 이것은 관계가 유독성 있게 친밀해지는 것을 막는다. 철학자 헤겔은 말한 적이 있다. "어떤 사물은 친숙한 만큼 알려지지 않는다." 필요함과 속박 속에 갇힌 부부는 꼼짝달싹 못하고 정체된다. 그들은 마치 카누 속의 두 사람과 같다. 한 사람이 한쪽으로 가면, 다른 사람은 같은 쪽으로 움직인다. 그들은 친숙해지며 서로를 당연시 여기며 배우자 안의 변화를 두려워하게 된다. 반면에, 건강한 친숙함은 각 파트너로 상대방과 안전하게 느끼도록 허용한다.

원한과 용서

두 명의 독립된 사람들은 사소한 일로 발목을 잡지 않는다. 그들은 성장에 헌신한다. 그들은 용서할 용의가 있다. 원한감정에 얽매어 있는 사람들은 앞으로 나가지 못한다. 원한은 프랑스어의 *resentire*에서 유래한 말로 다시 느낀다는 의미이다. 원한은 같은 것을 거듭 다시 느끼는 것이다. 이것은 끔찍한 덫이다. 용서는 용서하는 사람을 위한 것이다. 왜냐하면 용서는 원한을 붙잡는데 소모되는 에너지에서 사람을 놓아주기 때문이다. 그들은 더는 과거에 매어있지 않는다. 강한 사람들은 더 쉽게 용서하나, 약한 사람들은 용서를 힘들어 한다. 당신의 그릇을 깨끗하게 비우고 새로 시작하라!

당신을 내 마음에 넣으면 당신은 말라버릴 것이며
당신을 내 눈에 넣으면 당신은 가시가 될 것이다.
아니다! 내 영혼에 당신을 위한 자리를 새길 것이다.
그리하여 이 생 너머 어디 에서든 당신은 내 사랑이 되리라.

루미Rumi

삶의 마지막 순간, 인생에서 가장 중요한 두 가지가 떠오를 것이다. 내가 사랑한 사람이 누구였는지, 그리고 나는 얼마나 충만하게 나 자신의 삶을 살았는지. 이것이 바로 '죽음이 당신을 찾아 올 때, 당신이 진짜 살아있기를 바란다'는 아프리카 속담의 의미다. 살아있어야 죽을 수 있다.

나는 죽음을 맞을 때, 내가 어떤 사람이었는지 알지 못하는 것보다 더 비참한 것이 없다고 생각한다. 유산처럼 남길 자기소개문이 있는가? 매 순간 감각이 살아 있었는가? 자신만의 독특한 성육신 흔적을 남겼는가?

물론 우리 평생 업적이 유산의 일부가 될 것이다. 그러나 가장 성스러운 순간은 부부가 자녀들과 살아온 여정, 친구들과 함께한 흔적들, 특별히 배우자와 함께 했던 '나와 너'의 순간이라고 생각한다. 날마다 서로 사랑하는 것, 기꺼이 상대방을 아끼고 배려하는 친절을 계속하는 것, 이것을 통해 지금도 우리는 배우자를 사랑함으로 이 땅에서 천국을 조금씩 맛보고 있다.

저자에 대하여

　존 브래드쇼John Bradshaw는 상담자와 저자, 신학자, 경영 컨설턴트, 대중 강연자, 교사 등의 역할을 동시에 수행하면서 중독/회복과 가족체계 분야의 주도적 인물로 부상하였다.

　텍사스 휴스톤에서, 알코올중독자 아버지에게 버림받은 채 역기능가정에 태어난 저자는 학문적 과잉성취자가 되었고 통제가 어려운 십대를 보냈다. 그는 성 바실 수도원에서 운영하는 신학교에서 로마 신부가 되기 위해 공부했다. 그는 9년간 신학공부를 하였는데, 신부서품을 받기 직전에 수도원을 떠났다. 이 기간 동안에, 그는 토론토 대학교에서 심리학과 신학 분야의 학위를 취득했다. 고등학교 음주문제가 완전한 중독으로 발전한 것도 바로 이 기간이었다.

　1965년 12월 11일, 저자는 스스로 과감한 조치를 취했다—오시틴 주립병원에 입원한 것이다. 6일 후 그는 퇴원 수속을 마치고 알코올 회복프로그램에 들어갔다. 곧 이어 그는 지역교회에서 강의를 시작하였는데, 오래지않아 저자는 교사와 상담자, 강사, 기업체 컨설턴트로 초청을 받게 되었다.

　1986년 「가족 : 진정한 나를 찾아 떠나는 심리여행」이 총 6번 시리즈와 두 차례 특집으로 공중파를 타면서 수백만 명의 시청자를 감동시켰다. 1996년에는 독립방송국에 직접 판매하는 TV 쇼 '브래드쇼가 가져다주는 차이'The Bradshaw Difference에 출연하기도 하였다. 이 기간에 저자는 또한 한 번에 수천 명씩 참여하는 워크숍을 인도하기도 하였다.

그가 이 책 이전에 저술한 책에는 「가족 : 진정한 나를 찾아 떠나는 심리여행」Bradshaw On: The Family, 「수치심의 치유」Healing the Shame, 「상처받은 내면아이 치유」Homecoming, 「창조적인 사랑」Creating Love, 「가족의 비밀」Family Secrets, 「덕성을 다시 찾기」Reclaiming Virtue가 있다.

그는 현재 애리조나 주 위켄버그에 있는 중독치료센터인 메도우The Meadows에 선임연구원으로 있으며, 전국적으로 자신이 선구자적 역할을 한 내면아이와 감성작업에 대한 강연을 하고 있다. 메도우에 합류하기 전, 10년 동안 저자는 잉글사이드병원 내에 존 브래드쇼 센터를 창설하여 운영하기도 했다.

네 명의 자녀와 입양아의 아버지이고 세 명의 손주를 둔 할아버지이기도 한 저자는 아내 캐런 앤과 함께 텍사스 휴스턴에서 생활하고 있다. 그는 자기만의 독특한 치유사역에 참여한 50만에 가까운 참가자들과 여러 권의 베스트셀러와 TV 시리즈로 수백만 명에게 영향을 미치면서 진정한 의미에서 '장로'elder가 되었다. 2001년 Common Boundary 잡지의 편집자들과 독자들은 존 브래드쇼를 20세기 심리학과 영성 분야에 가장 영향력 있는 작가 100인 중 한 명으로 선정하였다.

저자는 전 세계를 다니며 강의와 워크숍을 인도하고 있다. 앞으로 계획하고 있는 강연과 워크숍, 기조연설에 대한 정보를 얻기 위해서, 또는 PBS 시리즈를 포함해 존의 워크숍과 강의 시리즈를 담은 CD나 DVD를 구입하기 위해서는 www.johnbradshaw.com에 들어가 보라.

존 브래드쇼와 직접 교신하려면 다음 주소로 연락하라.

John Bradshaw
PO Box 667147
Houston, TX 77266-7147
or
youcanheal@aol.com

역자 소개

역자 정동섭은 현재 가족관계연구소장으로 부부관계와 부모자녀관계를 강화하는 사역에 전념하고 있다. 가족관계를 비롯한 인간관계가 행복의 가장 중요한 요인이라고 믿기 때문이다.

경희대학교에서 영어영문학을, 침례신학대학교에서 기독교교육학MRE을 공부했으며, 미국 트리니티복음주의신학교Trinity Evangelical Divinity School에서 상담심리 석사MA/CP와 가정사역 전공 철학박사 학위Ph.D.를 받았다. 침례신학대학교대전에서 기독교교육학과 상담심리학 교수로 18년간 재직했으며 2014년까지 한동대 교육대학원 외래교수를 역임하였다. 캐나다 VIEW대학원 교수로 한세대, 총신대, 하이패밀리, 고양상담코칭센터, YWAM 열방대학, 침례신학대학교 등에서 기독교 상담과 가정생활을 가르치고 있다.

「부부연합의 축복」, 「좋은 남편, 좋은 아내가 되려면」, 「부부행복의 비결」, 「완벽하지 않아도 괜찮아」, 「구원개념 바로잡기」, 「자존감 세우기」를 비롯해 15권의 저서가 있으며 「모험으로 사는 인생」, 「서로를 이해하기 위하여」, 「강자와 약자」, 「상한 마음으로부터의 자유」, 「크리스천 코칭」, 「자녀를 위한 기질플러스」, 「상담과 심리치료」, 「결혼 클리닉」을 비롯해 50여권의 역서가 있다.

한국가정사역협회 초대회장을 역임했으며, 한국기독교상담 심리치료학회 감독회원, 사이비종교피해대책연맹 총재로 있으며, 현재 강남중앙침례교회(담임 피영민) 협동목사로 섬기고 있다. 신성회 독서상담실 대표로 있는 이영애 사모와의 사이에 두 아들과 두 명의 손녀를 두고 있다.

구원파의 정체를 폭로하여 16차례에 걸쳐 피소되었으나 모든 재판에서 승소하였다. 2014년 4월 세월호 참사가 일어난 후 4개월 동안 CNN, KBS, MBC, SBS는 물론 JTBC, TV 조선, 채널 A, MBN, YTN, CTS, CBS, 극동방송, 교통방송 등 여러 방송에 출연해 유병언과 구원파의 실체에 대해 증언하였다.

RESOURCES

I'm sincerely grateful to the following, whose work I have quoted in this book.

Bandler, Richard and John Grinder. Frogs into Princes: Neuro Linguistic Programming. Moab, UT: Real People Press, 1979.

Bowen, Murray. Family Therapy in Clinical Practice. Lanham, MD: Jason Arnson, Inc., 1993.

Bradshaw, John. Bradshaw on: The Family : A New Way of Creating Solid Self Esteem. Deerfield Beach, FL.: Health Communications, Inc., 1990.

____. Creating Love: The Next Stage of Growth. New York : Bantam Books, 1994.

____. Healing the Shame that Binds You. Deerfield Beach, FL : Health Communications, Inc., 2005.

____. Homecoming: Reclaiming and Championing Your Inner Child. NewYork: Bantam Books, 1992.

Cancian, Francesca. Love in America: Gender and Self-Development. NewYork: Cambridge University Press, 1990.

Carnes, Patrick. Out of the Shadows: Understanding Sexual Addiction. Center City, MN : Hazelden Publishing, 2001.

Carnes, Patrick and Joseph Moriarity. Sexual Anorexia. Center City, MN: Hazelden Publishing, 2004.

Fisher, Helen. Why We Love: The Nature and Chemistry of Romantic Love. New York: Holt Paperbacks, 2004.

___. Anatomy of Love: A Natural History of Mating, Marriage and Why We Stay Together. New York: Ballantine Books, 1994.

Gottman, John. The Seven Principles for Making Marriage Work: A Guide from the Country's Foremost Relationship Expert. New York: The Crown Publishing Group, 2000.

___. What Predicts Divorce? The Relationship Between Marital Processes and Marital Outcomes. New York: Psychology Press, 1993.

Greenberg, Mark, Dante Cicchetti, and E. Mark Cummings. Attachment in the Preschool Years: Theory, Research, and Intervention. Chicago : University of Chicago Press 1990.

Lerner, Harriet. The Dance of Intimacy: A Woman's Guide to Courageous Acts of Change in Key Relationships. New York : Harper Perennial, 1997.

Love, Patricia. The Truth About Love: The Highs, the Lows, and

How You Can Make it Last Forever. New York: Touchstone, 2001.

Mellody, Pia. Facing Love Addiction : Giving Yourself the Power to Change the Way You Love. New York: HarperOne 2003.

___. The Intimacy Factor: The Ground Rules for Overcoming the Obstacles to Truth, Respect, and Lasting Love. New York: HarperOne, 2004.

Nathanson, Donald. Shame and Pride: Affect, Sex, and the Birth of the Self. New York: W.W. Norton & Company, Inc., 1992.

Schwartz, Jeffrey, with Sharon Begley. The Mind and the Brain : Neuroplasticity and the Power of Mental Force. New York: Regan Books, 2003.

Whyte, David. See http://www.davidwhyte.com.

RECOMMENDED RESOURCES FOR FURTHER ENRICHMENT

Ainsworth, Mary, Blehar, Mary C. and Everett Waters. Patrons of Attachment: A Psychological Study of the Strange Situation. New York: Psychology Press, 2014.

Bander, Leslie. They Lived Happily Ever After: Methods for Achieving Happy Endings in Coupling. Capitola, CA: Meta Publications, 1978.

Begly, Sharon. Train Your Mind, Change Your Brain: How a New Science Reveals our Extraordinary Potential to Change Ourselves. New York: Ballantine Books, 2007.

Berg, S.J. and K.E. Wynne-Edwards. Changes in testosterone, cortisol, and estradiol leverls in men becoming fathers. 76(6) (2001): 582–92.

Black, Claudia. Deceived: Facing Sexual Betrayal, Lies, and Secrets. Center City, MN: Hazelden Publishing, 2009.

Bowlby, John. A Secure Base: Parent-Child Attachment and Healthy Human Development. New York: Basic Books, 1988.

Bradshaw, John. Family Secrets: The Path from Shame to Healing. New York : Bantam Books, 1996.

____. Reclaiming Virtue: How We Can Develop the Moral Intelligence to
     Do the Right Thing at the Right Time for the Right Reason. New
     York : Bantam Books 2009.

Buber, Martin. I and Thou. New York: Touchstone, 1971.

Campbell, Susan. The Couples Journey: Intimacy as a Path to Wholeness.
     Atascadero, CA: Impact Publishers, 1980.

Canning, Maureen. Lust, Anger, Love: Understanding Sexual Addiction
     and The Road to Healthy Intimacy. Naperville, IL : Sourcebooks,
     2008.

Catlett, Joyce and Robert Firestone. Fear of Intimacy. Washington, DC :
     American Psychological Association, 1999.

Covington, Stephanie. Awakening Your Sexuality : A Guide for
     Recovering Women. San Francisco: Harper San Francisco, 1992.

Coontz, Stephanie. Marriage, a History: How Love Conquered Marriage.
     New York: Penguin Books, 2006.

____. The Way We Never Were: American Families and the Nostalgia
     Trap. New York: Basic Books, 1993.

Covitz, Joel. Emotional Child Abuse: The Family Curse. Salem, MA:
     Sigo Press 1986.

Damasio, Antonio. Descartes Error: Emotion, Reason, and the Human
     Brain. New York: Penguin Book, 2005.

____. The Feelings of What Happens: Body and Emotion in the Making
     of Consciousness. Boston, MA: Mariner Books, 2000.

Ellis, Havelock. Studies in the Psychology of Sex, Volume 1-The Evolution of Modesty; The Phenomena of Sexual Periodicity; Auto-Erotism. Ontario: Ontario Classic Books, 2010.

Darwin, Charles. The Expressions of Emotions in Man and Animals. New York: CreateSpace Independent Publishing Platform, 2012.

Doidge, Normon. The Brain That Changes Itself: Stories of Personal from the Frontiers of Brain Science. New York: Penguin Books, 2007.

Erikson, Erik H. Insight and Responsibility. New York: W. W. Norton & Company Inc., 1994.

____. Childhood and Society. New York: W. W. Norton & Company Inc., 1993.

Farber, Leslie. The Ways of the Will: Selected Essays Expanded Edition. New York: Basic Books, 2000.

Firestone, Robert. The Fantasy Bond: Structure of Psychological Defenses. Santa Barbara, CA: Glendon Association, 1987.

Fosha, Diane. The Transforming Power of Affect: A Model for Accelerating Change. New York: Basic Books, 2000.

Fromm, Erich. The Art of Loving. New York: Harper Perennial Modern Classics, 2006.

Haley, Jay. Uncommon Therapy: The Psychiatric Techniques of Milton H. Ericson, M.D. New York: W. W. Norton & Company Inc., 1993.

Hastings, Anne S. Discovering Sexuality That Will Satisfy You

Both: When Couples Want Different Amounts and Different Kinds of Sex. Novato, CA: Printed Voice, 1993.

Hendrix, Harville. Getting the Love You Want: A Guide for Couples, 20th Anniversary Addition. New York: Henry Holt & Co., 2007.

Hillman, James. The Soul's Code: In Search of Character and Calling. New York : Grand Central Publishing, 1997.

Hoffman, Bob. No One Is to Blame: Freedom from Compulsive Self-Defeating Behavior; The Discoveries of the Quadrinity Process. Palo Alto, CA: Science and Behavior Books, Inc., 1988.

Hollis, James. Finding Meaning in the Second Half of Life : How to Finally, Really Grow Up. New York: Gotham Books, 2006.

____. Hauntings: Dispelling the Ghosts Who Run Our Lives. Asheville, NC: Chiron Publications, 2013.

Jackson, Don and William Lederer. The Mirages of Marriage. New York: W. W. Norton & Company Inc., 1968.

Kassorla, Irene. Putting it All Together: The New Orthomolecular Nutrition. Columbus, OH: McGraw-Hill, 1998.

Kriegman, Daniel and Malcolm Slavin. The Adaptive Design of the Human Psyche: Psychoanalysis, Evolutionary Biology, and the Therapeutic Process. New York : Guilford Press, 1992.

Ledoux. The Emotional Brain: The Mysterious Underpinnings of Emotional Life. New York : Simon and Schuster, 1998.

Lee, John. The Anger Solution: The Proven Method for Achieving Calm and Developing Healthy, Long-Lasting Relationships. Jackson, TN : Da Capo Press, 2009.

Levine, Peter and Ann Federick. Walking the Tiger: Healing Trauma. Berkeley, CA: North Atlantic Books, 1997.

Liebowitz, Michael MD. The Chemistry of Love. New York : Penguin, 1955.

Lowen, Alexander. The Journal of Sex Research Vol. 4. New York : Taylor and Francis, 1968.

Middleton-Moz, Jane. Children of Trauma: Rediscovering Your Discarded Self. Deerfield Beach, FL: Health Communications, Inc., 1989.

Moore, Thomas. The Sould of Sex: Cultivating Life as an Act of Love. NewYork: Harper Perennial, 1999.

Pastor, Marion. Anger and Forgiveness: An Approach That Works. Berkeley, CA: Jennis Press, 1990.

Peck, Scott. The Road Less Traveled: A New Psychology of Love, Traditional Values and Spiritual Growth. New York: Simon and Schuster, 2003.

Pletcher, Claudine and Sally Bartolameolli. Relationships from Addiction to Authenticity Understanding Co-Sex Addiction—A Spiritual Journey to Wholeness and Serenity. Deerfield Beach, FL: Health Communications, Inc., 2008.

Satir, Virginia. Conjoint Family Therapy. Palo Alto, CA: Science and

Behavior Books, 1983.

Scheler, Max. Über Scham ünd Schamgefühl- to French: La Pudeur. Paris: Aubier, 1952.

Schnarch, David. Intimacy and Desire: Awaken the Passion in Your Relationship. New York: Beaufort Books, 2011.

Schneider, Carl. Shame, Exposure and Privacy. New York: W. W. Norton & Co., 1992.

Schore, Allan. Affect Regulation and the Repair of the Self. New York: W. W. Norton & Co., 2003.

____. Affect Dysregulation and Disorders of the Self. New York: W. W. Norton & Co., 2003.

Van der Kolk, Bessel A. Traumatic Stress: The Effects of Overwhelming Experience of Mind, Body, and Society. New York: Guilford Press, 1996.

Watzlawick, Paul and John Weakland. Change: Principles of Problem Formation and Problem Resolution. New York: W. W. Norton & Co., 2011.

Wegscheider-Cruse. Choicemaking: For Spirituality Seekers, Co-Dependents and Adult Children. Deerfield Beach, FL: Health Communications, Inc., 1986.

Whitfield, Charles. Healing the Child Within: Discovery and Recovery for Adult Children of Dysfunctional Families. Deerfield Beach, FL: Health Communications, Inc., 1987.

Wolinsky, Stephen. Trances People Live. Ashley Falls, MA: Bramble Co., 1991.

부부 성 상담

사랑 후 스트레스 장애

2016년 03월 30일 초판 1쇄 인쇄
지은이 | 존 브래드쇼
옮긴이 | 정동섭
펴낸이 | 황성연
펴낸곳 | 글샘출판사
교정·교열 | 송경주·석윤숙
디자인 | 조세라
주소 | 서울특별시 중랑구 상봉동 136-1 성신빌딩
등록번호 | 제 8-0856
총판 | 하늘물류센타 전화 | 031-947-7777 팩스 | 0505-365-0691
ISBN : 978-89-91358-48-5 03180
Copyright ⓒ 2016, 글샘출판사